卓越系列·高职高专工作过程导向“六位一体”创新型系列教材

普通话口语表达训练

编　　　著　廖广莉
行业指导专家　朱　丽

内容简介

普通话是现代汉语标准语，是中华人民共和国通用语言。口才是指人们说话的才能，是当今社会人们交际和求职的一块重要的“敲门砖”。口才与标准的普通话相结合，方能使说话的才能充分展现。而我国幅员辽阔，人们生活在各个方言区，其带有地方口音的普通话会严重影响口才的发挥。《普通话口语表达训练》这本教材便是针对上述情形，并严格依据人们的认知规律编著的。本书结合口才训练的关键在于实践这一特点，分为“普通话语音标准训练”“普通话朗读(诵)训练”及“普通话说话训练”三个模块，模块中提出能力目标和知识目标，每个模块下设项目，首先明确“训练目标”，再从“支撑知识”和“技能训练”两方面入手全面并实际地进行讲解。《普通话口语表达训练》本着知识必需够用的原则，在编写中突出技巧，丰富训练素材，强化训练实践，让学习者通过学习，切实具备普通话口语表达能力。

图书在版编目(CIP)数据

普通话口语表达训练/廖广莉编著.—天津：天津大学出版社，2015.1

(卓越系列)

高职高专工作过程导向“六位一体”创新型系列教材

ISBN 978-7-5618-5261-3

Ⅰ.①普… Ⅱ.①廖… Ⅲ.①普通话－口语－高等职业教育－教材 Ⅳ.①H193.2

中国版本图书馆CIP数据核字(2015)第032260号

出版发行 天津大学出版社
出 版 人 张树俊
地　　址 天津市卫津路92号天津大学内(邮编:300072)
电　　话 发行部:022-27403647
网　　址 publish.tju.edu.cn
印　　刷 廊坊市海涛印刷有限公司
经　　销 全国各地新华书店
开　　本 185mm×260mm
印　　张 13.5
字　　数 337千
版　　次 2015年3月第1版
印　　次 2015年3月第1次
定　　价 32.00元

卓越系列·高职高专工作过程导向“六位一体”创新型系列教材

编审委员会

前言

语言是人们用来表达思想、进行交流的必备工具，口才是指人们表达思想、进行交流时的说话技巧。好口才的评价标准是：出口成章，言简意赅，达情达意，语音标准。好口才是建立在普通话的基础上的，即以北京语音为标准音，以北方话为基础方言，以典范的现代白话文著作为语法规范。

很多国家都非常重视口语表达，在西方国家，沟通交际学是大学生的必修课，公众演讲能力，也是21世纪每个成功人士必备的能力和素质。表达能力是美国主流社会最为看重的个人素养之一，也是每个美国人从小就被不断训练的能力，如从小学开始，课堂报告就成为美国学生学习的重要内容之一……目前不少高校已充分认识到口才的重要性，纷纷开设了“大学语文”“演讲与口才”“普通话训练”等课程，以培养学生交流沟通这一核心能力。然而，培训效果却事与愿违：或由于课程目标、课程内容等的限制，学生的口才培训缺乏计划性，要么是各课程都不讲，要么是各课程重复讲；或受高校以知识讲授为主的教学方式的影响，只侧重口才知识的灌输，而缺乏口才能力的训练。为此，我们认为：首先，有必要对学生进行口才培训；其次，明确该门课程的任务是培养和提高学生的语言表达和沟通交流能力；再次，需要一本对相关内容进行整合的口才训练教材。基于此，我们编写了这本教材。

本教材的主要特色有以下四个方面。

①针对性。依据专业培养目标，对学生进行职业岗位能力分析，既培养其通用语言能力，也培养其在不同岗位专业的职业语言能力。

②超前性。超前性是指在训练内容上将富有时代特色的交际内容、各行业流行的职业用语融合进来。

③层次性。采用模块式编写，每一模块下设项目，项目中包含训练目标、支撑知识、技能训练等，既注重整体性，又注重局部的独立性。

④实践性。好口才必须通过口耳的训练才能实现，本书知识内容的选择遵循必需、够用原则，只在技巧说明上有所体现，其余多为口才训练的实践。训练任务及目标的设计既符合学生的实际，又符合职业岗位的要求，学生不但能学会，而且学过之后就能操作。比如对于营销、导游、酒店、医护、物业管理等行业对应专业的学生，训练中就采用模拟情境，为零距离上岗打下基础。

本教材由廖广莉编著，包括拟定写作大纲，进行总撰和定稿。钟敏、谢梦珊、胡萍、陈芳等提供资料。因编者水平有限，书中尚有不尽如人意甚至错误之处，恳请广大读者不吝赐教。

编　者

2014年5月

目　录

模块1　普通话语音标准训练

模块2　普通话朗读(诵)训练

模块3　普通话说话训练

附录

模块 1 普通话语音标准训练

模块能力目标

学生能准确发普通话声母、韵母、声调，正确拼合音节；能正确音变。

模块知识目标

掌握普通话声母、韵母、声调、音变发音方法。

模块内容简介

普通话语音标准训练模块包括声母、韵母、声调和音变 4 项内容。普通话语音最基本的结构单位是音节，绝大多数音节都包括声母、韵母、声调 3 部分。从声韵调系统来看，普通话有辅音声母 21 个（另有 1 个零声母），韵母 39 个，声调 4 类。在普通话学习中，语音标准就是声韵调 3 部分都必须按标准发音。

普通话声母和韵母相拼构成的基本音节（包括零声母音节）有 400 多个，加上声调的区别有 1 200 多个音节。这 1 200 多个音节的能量非常大，它构成了语言中成千上万的词。

项目 1.1 普通话声母发音训练

训练目标

①准确发普通话声母。

②辨别并发准难点声母。

一、声母基础知识

声母是汉语音节开头的辅音。如音节“shēngmǔ”中的 sh 和 m 就是辅音声母。辅音声母总表,见表 1.1。

东风破早梅,向暖高枝开。(d f p z m,x n g zh k)

冰花索然去尽,春从天上来矣。(b h s r q j,ch c t sh l y)

上述两句共 22 个音节,包含了普通话 21 个辅音声母以及一个零声母 y。

表 1.1 普通话辅音声母总表

发音部位	塞音		塞擦音		擦音		鼻音	边音
	清音		清音		清音	浊音	浊音	浊音
	不送气	送气	不送气	送气				
双唇音	b	p				m		
唇齿音					f			
舌尖前音			z	c	s			
舌尖中音	d	t					n	l
舌尖后音			zh	ch	sh	r		
舌面音			j	q	x			
舌根音	g	k			h			

二、声母发音方法及技巧

声母发音方法是指声母发音时喉头、口腔和鼻腔节制气流的方式和状况;或者说是声母发音时某两个发音器官构成阻碍,气流冲破阻碍而发音的方式和状况。发音器官详见图 1.1。

1. 双唇音 b、p、m 发音方法

上唇与下唇成阻。下唇向上运动与上唇接触,双唇闭拢成阻。

b 发音时,双唇闭合,软腭上升,堵塞鼻腔通路,声带不颤动,较弱的气流冲破双唇的阻碍,迸裂而出,爆发成音。

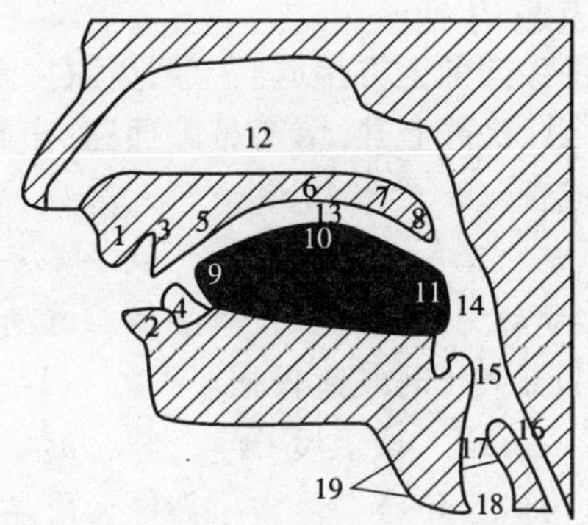

图1.1 发音器官示意图

1—上唇;2—下唇;3—上齿;4—下齿;5—齿龈;6—硬腭;7—软腭;8—小舌;9—舌尖;10—舌面;11—舌根;12—鼻腔;13—口腔;14—咽头;15—会厌;16—食道;17—声带;18—气管;19—喉头

字词练习:巴 簸 摆 保 颁 奔 帮 泵 比 别 卑 表 变 鬓 冰

八宝 报表 版本 褒贬 奔波 背包 标榜 表白 病变 步兵

p 发音时与 b 稍有不同的是有一股较强的气流冲开双唇。

字词练习:怕 破 排 赔 炮 剖 攀 喷 胖 蓬 批 瞥 漂 偏 聘

爬坡 排炮 澎湃 批判 匹配 瓢泼 偏旁 品牌 乒乓 铺排

m 发音时较 b、p 不同的是气流振动声带并从鼻腔通过。

字词练习:马 摩 买 梅 卯 眸 慢 闷 忙 梦 密 灭 秒 谬 免

麻木 埋没 卖命 谩骂 盲目 美貌 梦寐 明媚 秘密 牧民

2. 唇齿音 f 发音方法

下唇接近上齿,形成窄缝,气流从唇齿间摩擦而出,声带不颤动。

字词练习:发 佛 费 否 翻 分 方 福 风

发放 犯法 方法 放风 仿佛 非法 肺腑 奋发 丰富 夫妇

3. 舌尖前音 z、c、s 发音方法

舌尖与上门齿背成阻。舌尖平伸,与上门齿背接触或接近成阻。

z 发音时,舌尖平伸,抵住上齿背,软腭上升,堵塞鼻腔通路,声带不颤动,较弱的气流把阻碍冲开一条窄缝,从窄缝中间挤出,摩擦成声。

字词练习:杂 则 紫 灾 贼 早 邹 暂 怎 脏 增 租 昨 罪

栽赃 在座 藏族 自尊 自责 总则 宗族 祖宗 罪责 遭灾

c 和 z 的发音区别不大,不同的地方在于 c 气流较强。

字词练习:擦 册 词 猜 草 凑 残 涔 仓 层 促 错 脆 忖 匆

猜测 残存 草丛 苍翠 层次 从此 粗糙 璀璨 摧残 匆匆

s 发音时,舌尖接近上齿背。气流从窄缝中挤出,摩擦成声,声带不颤动。

字词练习:飒 色 寺 赛 嫂 散 森 桑 僧 苏 索 随 酸 孙 送

色素 三思 僧俗 松散 思索 搜索 诉讼 速算 琐碎 素色

4. 舌尖中音 d、t、n、l 发音方法

舌尖与上门齿龈成阻。舌尖向前上方抬起与上门齿龈接触、抵住成阻。

d 发音时，舌尖抵住上齿龈，软腭上升，堵塞鼻腔通路，声带不颤动，较弱的气流冲破舌尖的阻碍，迸裂而出，爆发成音。

字词练习：搭 得 逮 兜 旦 当 顿 等 敌 蝶 吊 丢 电 督

大地 达到 带动 单调 当代 导弹 道德 调度 订单 对待

t 发音的状况与 d 相近，只是发 t 时气流较强。

字词练习：他 特 台 逃 透 谈 汤 疼 替 贴 跳 天 亭 土

抬头 贪图 淘汰 体态 天堂 调停 团体 推托 妥帖 探讨

n 发音时，舌尖抵住上齿龈，软腭下降，打开鼻腔通路，气流振动声带，并从鼻腔通过。

字词练习：拿 讷 奶 内 挠 难 嫩 囊 能 聂 鸟 妞 年 您 宁

南宁 奶牛 男女 恼怒 能耐 呢喃 泥泞 袅娜 女奴 农奴

l 发音时，提软腭，堵塞鼻腔通路，舌尖由硬腭前向上门齿方向弹动，气流振动声带并从舌头两边通过。

字词练习：拉 勒 类 漏 烂 狼 愣 李 俩 列 料 流 练 凛 领

来历 老路 磊落 理疗 联络 料理 浏览 履历 伶俐 嘹亮

5. 舌尖后音 zh、ch、sh、r 发音方法

舌尖与硬腭前部成阻。舌体稍向后缩，舌尖向上方翘起，与硬腭前部接触或接近成阻。

zh 发音时，舌尖上翘，抵住硬腭前部，软腭上升，堵塞鼻腔通路，声带不颤动。较弱的气流把阻碍冲开一条窄缝，从窄缝中挤出，摩擦成声。

字词练习：炸 者 治 债 周 照 展 涨 真 正 祝 抓 卓 拽 坠

债主 战争 折中 珍重 珍珠 政治 郑州 忠贞 主张 住宅

ch 发音的状况与 zh 相近，只是气流较强。

字词练习：插 彻 池 柴 抽 掺 常 趁 成 出 戳 揣 吹 船 窗

查抄 铲除 长城 车窗 出差 穿插 橱窗 惆怅 春潮 吃穿

sh 发音时，舌尖上翘接近硬腭前部，留出窄缝，气流从缝间挤出，摩擦成声，声带不颤动。

字词练习：莎 蛇 室 筛 谁 稍 瘦 陕 商 甚 剩 书 刷 硕 摔

沙石 杀手 山水 赏识 少数 绅士 事实 舒适 税收 硕士

r 发音状况与 sh 相近，只是声带颤动。

字词练习：惹 日 饶 肉 纫 攘 仍 儒 弱 瑞 软 润 容

冉冉 忍让 人人 仍然 柔韧 软弱 柔软 荣辱 如若 闰日

6. 舌面音 j、q、x 发音方法

舌面前部与硬腭前部成阻。舌尖向下前伸抵住下齿背，舌面向上抬起，接触或接近硬腭前部成阻。

j 发音时，舌面前部接触硬腭前部，软腭上升堵塞鼻腔通路，声带不颤动，较弱的气流把阻碍冲开，形成一条窄缝，气流从窄缝中挤出，摩擦成声。

字词练习：鸡 家 节 脚 旧 间 将 近 敬 举 绝 捐 俊 炯

积极　基金　即将　家教　加剧　坚决　艰巨　京剧　经济　究竟

q 发音的状况与 j 相近，只是气流较强。

字词练习：旗　恰　且　撬　秋　钱　强　亲　清　取　却　全　裙　穷

齐全　气球　恰巧　欠缺　亲戚　请求　全球　确切　清泉　轻巧

x 发音时，舌面前部接近硬腭前部，留出窄缝，软腭上升，堵塞鼻腔通路，声带不颤动，气流从窄缝中挤出，摩擦成声。

字词练习：西　侠　泄　消　秀　先　象　新　星　许　穴　宣　训　胸

喜讯　细心　下乡　鲜血　纤细　相信　想象　消息　行星　学习

7. 舌根音 g、k、h 发音方法

舌根与软腭成阻。舌体后缩，舌根隆起与软腭接触或接近成阻。

g 发音时，舌根抵住软腭，软腭后部上升，堵塞鼻腔通路，声带不颤动，较弱的气流冲破舌根的阻碍，爆发成音。

字词练习：旮　割　该　给　稿　够　感　跟　刚　耕　顾　瓜　郭　拐　跪

改革　尴尬　高歌　公告　故宫　观光　古怪　广告　国歌　骨干

k 发音的状况与 g 相近，只是气流较强。

字词练习：喀　课　凯　考　抠　看　抗　肯　坑　酷　夸　廓　快　亏　宽

开阔　坎坷　慷慨　可靠　刻苦　空旷　苦口　宽阔　亏空　困苦

h 发音时，舌根接近软腭，留出窄缝，软腭上升，堵塞鼻腔通路，声带不颤动，气流从窄缝中摩擦成声。

字词练习：哈　喝　海　黑　好　后　捍　航　恨　衡　虎　华　或　踝　会

憨厚　航海　豪华　好汉　合伙　后悔　欢呼　黄昏　火红　荷花

一、声母发音训练

声母发音训练可借助于绕口令的练习。绕口令练起来有些绕口、难发音，但它却是学好普通话必不可少的练习。练习者最初应特别注意字音质量，要把音发准，劲使稳，打开韵腹，利索收音，做到吐字准确、清晰、圆润。然后由慢到快，逐渐加速，可按音、字、词、句、段五步练习法循序渐进。

1. 双唇音 b、p、m 发音训练

①吃葡萄吐葡萄皮，不吃葡萄不吐葡萄皮，吃葡萄不吐葡萄皮，不吃葡萄倒吐葡萄皮。

②八百标兵奔北坡，炮兵并排北边跑。炮兵怕把标兵碰，标兵怕碰炮兵炮。

③白庙外蹲一只白猫，白庙里有一顶白帽，白庙外的白猫看见了白帽，叼着白庙里的白帽跑出了白庙。

2. 唇齿音 f 发音训练

①粉红墙上画凤凰，红凤凰，粉凤凰，粉红凤凰，红粉凤凰。

②红饭碗，黄饭碗，红饭碗盛满碗饭，黄饭碗盛半碗饭，黄饭碗添半碗饭，像红饭碗一样满碗饭。

3. 舌尖前音 z、c、s 的发音训练

①小四约小石学写字，小石约小四看电视。小四不看电视只要学写字，小石不学写字只要看电视。

②一个大嫂子，一个大小子。大嫂子找大小子比包饺子，看是大嫂子包的饺子好，还是大小子包的饺子好？再看是大嫂子包的饺子少，还是大小子包的饺子少？大嫂子包的饺子又小又好又不少，大小子包的饺子又小又少又不好。

4. 舌尖中音 d、t、n、l 发音训练

①调到敌岛打特盗，特盗太刁投短刀，挡推顶打短刀掉，踏盗得刀盗打倒。

②牛郎恋刘娘，刘娘念牛郎，牛郎年年恋刘娘，刘娘年年念牛郎，郎恋娘来娘念郎，念娘恋娘，念郎恋郎，念恋娘郎，绕不晕你算我白忙。

5. 舌尖后音 zh、ch、sh、r 发音训练

①大车拉小车，小车拉石头，石头掉下来，砸了脚趾头。

②四和十，十和四，十四和四十，四十和十四。说好四和十，得靠舌头和牙齿。谁说四十是"细席"，他的舌头没用力；谁说四十是"适时"，他的舌头没伸直。认真学，常练习，十四、四十、四十四。

6. 舌面音 j、q、x 发音训练

七巷有一个锡匠，西巷有一个漆匠。七巷的锡匠拿了西巷漆匠的漆，西巷的漆匠拿了七巷锡匠的锡；七巷的锡匠嘲笑西巷漆匠拿了锡，西巷的漆匠讥笑七巷锡匠拿了漆。

7. 舌根音 g、k、h 发音训练

哥挎瓜筐过宽沟，赶快过沟看怪狗，光看怪狗瓜筐扣，瓜滚筐空哥怪狗。

二、难点声母辨正发音训练

1. 舌尖后音 zh、ch、sh 与舌尖前音 z、c、s

由于发声母 zh、ch、sh 的时候，舌尖上翘，接近或接触硬腭前部，所以又叫翘舌音；发声母 z、c、s 的时候，舌尖平伸，轻触上齿背，所以又叫平舌音。

我国很多方言都会出现平翘舌音不分的现象，如"开始"读成"开死"，"姓周"发成"姓邹"等。

分辨 z、c、s 和 zh、ch、sh 有以下几种方法。首先，依据发音条件学会发音，进行舌尖后音的定位强化练习和从舌尖后音到舌尖前音（或相反方向）的移动舌位的练习；其次，逐步掌握和记忆常用字中哪些字的声母是读舌尖前音的，记忆的方法可利用汉字的偏旁类推；再次，根据声韵配合规律，ua、uai、uang 三个韵母不能和 z、c、s 拼合，只能和 zh、ch、sh 拼合；最后，还有记少不记多等方法。

1）zh、ch、sh 与 z、c、s 对比辨音练习

自愿－志愿　鱼刺－鱼翅　私人－诗人　仿造－仿照　粗布－初步
姿势－知识　新村－新春　宗旨－中止　资助－支柱　自动－制动
物资－物质　糟了－招了　近似－近视　搜集－收集　增订－征订
从来－重来　资源－支援　阻力－主力　木材－木柴　桑叶－商业
申诉－申述　栽花－摘花　五岁－午睡　八层－八成　肃立－树立

2)读准 zh、ch、sh 和舌尖前音 z、c、s

振作 正宗 赈灾 职责 沼泽 制作

差错 陈醋 成材 出操 除草 储藏

上司 哨所 深思 生死 绳索 石笋

杂志 栽种 增长 资助 自制 自重

财产 采茶 残喘 操场 磁场 促成

散失 扫射 宿舍 随时 所属 诉说

3)练读绕口令

①史老师讲时事,常学时事长知识。时事学习看报纸,报纸登的是时事。常看报纸要多思,心里装着天下事。

②四是四,十是十,十四是十四,四十是四十,不要把十四说成四十,不要把四十说成十四。

4)练读诗歌(含歌词)

本书所选诗词大多是声母难点音比较集中的,朗读时注意发音部位和发音方法。

训练要求:诗词朗读节奏不宜太快,要在集中解决语音难点问题的基础上,再考虑内容的表达。

望庐山瀑布

李白

日照香炉生紫烟,遥看瀑布挂前川。

飞流直下三千尺,疑是银河落九天。

水调歌头

苏轼

明月几时有?把酒问青天。不知天上宫阙,今夕是何年。我欲乘风归去,又恐琼楼玉宇,高处不胜寒。起舞弄清影,何似在人间?

转朱阁,低绮户,照无眠。不应有恨,何事长向别时圆?人有悲欢离合,月有阴晴圆缺,此事古难全。但愿人长久,千里共婵娟。

春风吻上我的脸

(歌词)

春风她吻上了我的脸,告诉我现在是春天,虽说是春眠不觉晓,只有那偷懒人儿才高眠;春风她吻上了我的脸,告诉我现在是春天,虽然是春光无限好,只怕那春光老去在眼前。趁着那春色在人间,起一个清早跟春相见,让春风吹到我身边,轻轻地吻上我的脸。春风她吻上了我的脸,告诉我现在是春天,春天里处处花争艳,别让那花谢一年又一年。

2. 舌尖中音 n 与 l

学习这两个声母主要有两方面的困难:第一,读不准音;第二,分不清字。要读准舌尖中音 n 和 l,关键在于控制软腭的升降,二者之不同在于有无鼻音,是从鼻腔出气,还是从舌头两边出气。发好 n 的关键是舌尖抵住上齿龈,软腭下降,气流振动声带且从鼻腔通过。想发好 l 不妨按以下步骤进行练习。

步骤一：提软腭（半打哈欠）。

步骤二：舌尖由硬腭前部往上齿方向弹动。

步骤三：借助前一音节开口度大的韵母，发后一音节中的 l 声母。如压力、鸭梨、条例等。

分清哪些字的声母是 n，哪些字的声母是 l，可按以下几种方法辨别。

方法一：记无不记有。韵母 ou、ia、uen 一般不与 n 相拼，nou 只有一个"耨"。

方法二：记少不记多。韵母与 n 相拼只有"呢、女、馁、囊、攮、能、您、娘、酿、暖"等。

方法三：记声旁带一串（见附录 1）。

1）n 与 l 对比辨音练习

老路－恼怒　拉手－拿手　刘郎－牛郎　锡兰－西南　旅客－女客

水流－水牛　留恋－留念　硫黄－牛黄　学联－学年　游离－油泥

2）读准 n 和 l

纳凉　奶酪　耐劳　脑力　内陆　能力　能量　逆流　年龄　浓烈　努力

来年　老年　冷暖　连年　两难　留念　落难　理念　辽宁　列宁　老农

3）练读绕口令

①刘六养了六头牛，牛儿头头黑溜溜。这天刘六去放牛，忽然看见六棵柳。六棵柳，六头牛，六棵柳拴六头牛。柳拴牛，牛靠柳，刘六放牛乐悠悠。

②路东住着刘小柳，路南住着牛小妞。刘小柳拿着大皮球，牛小妞抱着大石榴。刘小柳把大皮球送给牛小妞，牛小妞把大石榴送给刘小柳。牛小妞脸儿乐得像红皮球，刘小柳笑得像开花的大石榴。

4）练读诗歌（含歌词）

山居秋暝

王维

空山新雨后，天气晚来秋。
明月松间照，清泉石上流。
竹喧归浣女，莲动下渔舟。
随意春芳歇，王孙自可留。

江城子·乙卯正月二十日夜记梦

苏轼

十年生死两茫茫。不思量，自难忘。千里孤坟，无处话凄凉。纵使相逢应不识，尘满面，鬓如霜。

夜来幽梦忽还乡。小轩窗，正梳妆。相顾无言，惟有泪千行。料得年年肠断处，明月夜，短松冈。

绿岛小夜曲

（歌词）

这绿岛像一只船，在月夜里摇呀摇，姑娘哟，你也在我的心海里飘呀飘，让我的歌声随那微风，吹开了你的窗帘；让我的衷情随那流水，不断地向你倾诉。椰子树的长影，掩不住我的情意,明媚的月光,更照亮了我的心。

3. 唇齿音 f 与舌根音 h

湘、赣、闽、粤等方言都不能分辨声母 f 与 h,而且北方、西南及江淮地区也存在 f 与 h 混读的现象。学习时,首先应注意 f 与 h 的发音区别,然后记住声母 f 与 h 相对应的字词。

1)f 与 h 对比辨音练习

舅父-救护　公费-工会　附注-互助　仿佛-恍惚　防虫-蝗虫

飞机-灰鸡　非凡-辉煌　斧头-虎头　复员-互援　奋战-混战

2)读准 f 与 h

发话　发慌　反悔　繁华　丰厚　复合　混纺　后方　化肥　洪峰　画符　花粉

3)练读绕口令

①丰丰和芳芳,上街买混纺。红混纺,粉混纺,黄混纺,灰混纺,红花混纺做裙子,粉花混纺做衣裳。红、粉、灰、黄花样多,五颜六色好混纺。

②初入江湖:化肥会挥发。

小有名气:黑化肥发灰,灰化肥发黑。

名动一方:黑化肥发灰会挥发;灰化肥挥发会发黑。

天下闻名:黑化肥挥发发灰会花飞;灰化肥挥发发黑会飞花。

一代宗师:黑灰化肥会挥发发灰黑讳为花飞;灰黑化肥会挥发发黑灰为讳飞花。

超凡入圣:黑灰化肥会挥发发灰黑讳为黑灰花会飞;灰黑化肥会挥发发黑灰为讳飞花化为灰。

天外飞仙:黑化黑灰化肥会挥发发灰黑讳为黑灰花会回飞;灰化灰黑化肥会挥发发黑灰为讳飞花回化为灰。

4)练读诗歌

出塞

王昌龄

秦时明月汉时关,万里长征人未还。
但使龙城飞将在,不教胡马度阴山。

青玉案·元夕

辛弃疾

东风夜放花千树,更吹落,星如雨。宝马雕车香满路。凤箫声动,玉壶光转,一夜鱼龙舞。
蛾儿雪柳黄金缕,笑语盈盈暗香去。众里寻他千百度,蓦然回首,那人却在,灯火阑珊处。

4. 舌尖后音 zh、ch、sh 与舌面音 j、q、x

粤、闽、湘及江浙地区会出现声母 zh、ch、sh 与 j、q、x 混用的情况,如把“知道”读成“机道”,“少数”读成“小数”等。

北方方言、江浙方言及湘方言,常常把 j、q、x 发成 z、c、s,把团音(即声母 j、q、x 与 i、ü 或以 i、ü 起头的韵母相拼)发成尖音(即声母 z、c、s 与 i、ü 或以 i、ü 起头的韵母相拼)。如把“jiǔ”读成“ziǔ”。其实普通话不分尖团,声母 z、c、s 不能和 i、ü 或以 i、ü 起头的韵母相拼,而 j、q、x 则可以。产生这种错误的主要原因是舌面前音 j、q、x 是由舌面前部与硬腭形成阻碍而发声的，有些人在发音时，成阻、除阻的部位太靠近舌尖，发出的音带有“刺刺”的舌尖音，应属于语音缺陷。

1）zh、ch、sh 与 j、q、x 对比辨音练习

墨迹－墨汁　交际－交织　密集－密植　边际－编制　就业－昼夜　艰辛－艰深

浅明－阐明　砖墙－专长　洗礼－失礼　详细－翔实　缺席－确实　电线－电扇

2）读准 zh、ch、sh 与 j、q、x

缉私　集资　其次　袖子　下策　习字　戏词　资金　字迹

字据　劝酒　自己　自觉　瓷器　刺激　思绪　私交　私情

私心　司机　丝线　迁就　四季　剪除　精致　趋势　消失

秩序　沉寂　深浅　审讯　少将　求救　机器　急切　军区

3）练读绕口令

试把四十三支极细极细的紫丝线，试织三十四只极细极细的紫狮子，细紫丝线试织细紫狮子，细紫丝线却织成了死紫狮子，细紫丝线织不成，扯断了细紫丝线四十三支。

5. 舌尖后音 r

声母 r 是与声母 sh 相对应的一个音。凡是没有 zh、ch、sh 的方言一般都没有与之同部位的声母 r。r 声母字不多，3 500 个常用字中只有 55 个，但它在各地方言中有不同的读法，有的方言读成声母 l，有的念成了零声母 y，有的读成了舌根浊鼻音 ng，等等。学习声母 r，关键是找准声母 r 的发音部位，即舌尖上翘接近硬腭前部，形成适度间隙，气流从间隙中摩擦成声，声带颤动；另外就是要记住数量不多、比较常用的 r 声母字。

1）对比辨音练习

出入－出路　热天－乐天　衰弱－衰落　天然－天蓝　入地－陆地

花蕊－花蕾　肉馅－露馅　乳汁－卤汁　柔道－楼道　日子－例子

湿润－诗论　峥嵘－蒸笼　生日－生意　染红－眼红　白人－白银

日历－毅力　土壤－土养　饶恕－摇树　燃料－颜料　叫嚷－教养

2）读准下列各词

日历　燃料　热烈　熔炉　蹂躏　让路　列入　连任　凌辱　凛然　冷热

如意　入夜　燃油　荣耀　饶有　锐意　印染　悠然　炎热　仪容　用人

人员　如愿　日月　如约　圆润　余热　元日　羽绒　鱼肉　渔人　荣誉

3）练读绕口令

①老冉下班去染布，染出布来做棉褥。楼口有人拦住路，只许出来不许入：“如若急着做棉褥，明日上午来送布。”离开染店去买肉，回家热锅炖豆腐。

②饶冉冉和任露露，二人同去副食部，要买软糖、芙蓉果，还买肉、油、豆腐乳。烈日当空天气热，冉冉露露汗水流。

项目1.2　普通话韵母发音训练

训练目标

①准确发普通话韵母。
②辨别、发准难点韵母。

支撑知识

一、韵母基础知识

普通话韵母共有39个。按结构可分为单韵母、复韵母、鼻韵母；按开头元音发音口形可分为开口呼、齐齿呼、合口呼、撮口呼，简称“四呼”。韵母总表详见表1.2。

表1.2　普通话韵母总表

	开口呼	齐齿呼	合口呼	撮口呼
单韵母	-i(前) -i(后)	i	u	ü
	ɑ			
	o			
	e			
	ê			
	er			
复韵母		iɑ	uɑ	
			uo	
		ie		ü
	ɑi		uɑi	
	ei		uei	
	ɑo	iɑo		
	ou	iou		
鼻韵母	ɑn	iɑn	uɑn	üɑn
	en	in	uen	ün
	ɑng	iɑng	uɑng	
	eng	ing	ueng	
			ong	iong

二、韵母发音方法及技巧

1. 单韵母发音方法

由一个元音构成的韵母叫单韵母,又叫单元音韵母。单元音韵母发音的特点是自始至终口形不变,舌位不移动。普通话中单元音韵母共有 10 个:ɑ、o、e、ê、i、u、ü、-i(前)、-i(后)、er。

1)舌面元音

舌面元音有 ɑ、o、e、ê、i、u、ü 7 个。发音时,起主要作用的是舌面,由舌位的高低、前后及唇形的圆扁决定它的音色,如图 1.2 所示。

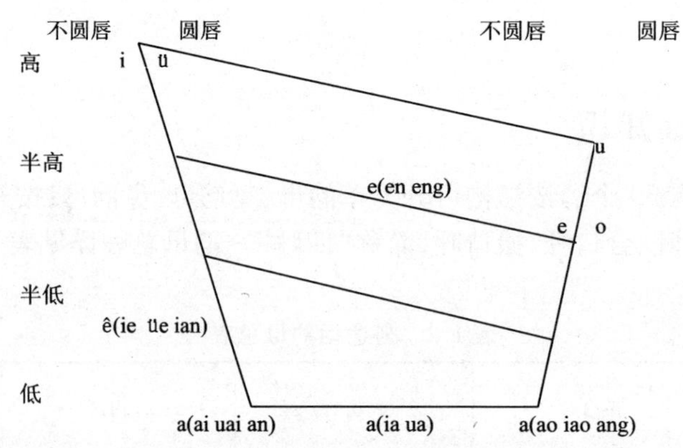

图 1.2 舌面元音舌位唇形图

ɑ 发音时,口腔打开,舌位低,舌自然放平,嘴唇成自然状态。

字词练习:发达 马达 大厦 打岔 打蜡 哈达 妈妈 拉萨 沙发 喇叭

o 发音时,口腔半合,舌位半高,舌头后缩,嘴唇拢圆。

字词练习:婆婆 默默 磨墨 薄膜 泼墨 伯伯 波波 嬷嬷 脉脉 馍馍

e 发音状况大体像 o,只是双唇自然展开成扁形。

字词练习:特色 哥哥 客车 隔阂 合格 社科 折合 可乐 色泽 特色

ê 发音时,口腔半开,舌位半低,舌头前伸,舌尖抵住下齿背,嘴角向两边自然展开,唇形不圆。如"欸"的读音。在普通话里,ê 很少单独使用,经常出现在 i、ü 的后面,在 i、ü 后面时,书写要省去符号"^",写作"e"。

i 发音时,口腔开度很小,舌头前伸,前舌面上升接近硬腭,气流通路狭窄,但不发生摩擦,嘴角向两边展开,成扁平状。

字词练习:笔记 礼仪 秘密 提议 洗衣 袭击 立即 地契 机器 利息

u 发音时,口腔开度很小,舌头后缩,后舌面上升接近硬腭,气流通路狭窄,但不发生摩擦,嘴唇拢圆成一小孔。

字词练习:部署 补助 目录 服务 读物 突出 路途 互助 住宿 入伍

ü 发音时,口腔开度很小,舌头前伸,前舌面上升接近硬腭,但气流通过时不发生摩擦,嘴唇拢圆成一小孔。发音情况与 i 基本相同,区别是 ü 嘴唇是圆的,i 嘴唇是扁的。

字词练习:旅居 区域 须臾 序曲 语句 豫剧 聚居 雨具 玉宇 栩栩

2)舌尖元音

舌尖元音有-i(前)、-i(后)两个。-i(前)发音时,舌尖前伸,对着上齿背形成狭窄的通道,气流通过不发生摩擦,嘴唇向两边展开。用普通话念“私”并延长,字音后面的部分便是-i(前)。这个韵母只跟z、c、s配合,不和任何其他声母相拼,也不能自成音节。

字词练习:字词 自私 自此 子嗣 次子 刺死 四次 私自 此次

-i(后)发音时,舌尖上翘,对着硬腭形成狭窄的通道,气流通过不发生摩擦,嘴角向两边展开。用普通话念“师”并延长,字音后面的部分便是-i(后)。这个韵母只跟zh、ch、sh、r配合,不与其他声母相拼,也不能自成音节。

字词练习:支持 知识 值日 只是 制止 实施 逝世 食指 日志

3)卷舌元音

卷舌元音只有er一个。er发音时,口腔半开,开口度比ê略小,舌位居中,稍后缩,唇形不圆。在发e的同时,舌尖向硬腭轻轻卷起,不是先发e,然后卷舌,而是发e的同时舌尖卷起。“er”中的r不代表音素,只是表示卷舌动作的符号。er只能自成音节,不和任何声母相拼。

字词练习:儿女 耳环 耳朵 而今 而且 儿童 二哥 儿化 二胡 儿戏

2. 复韵母发音方法

由两个或三个元音结合而成的韵母为复韵母。复韵母发音时,舌位的前后、高低和唇形的圆扁要发生连续的移动、变化,称为“动程”,与单韵母形成对比。普通话共有13个复韵母:ai、ei、ao、ou、ia、ie、ua、uo、üe、iao、iou、uai、uei。

根据主要元音所处的位置,复韵母可分为前响复韵母、后响复韵母和中响复韵母。各类复韵母发音方法如下。

1)前响复韵母

前响复韵母共有4个:ai、ei、ao、ou。它们的共同特点是前一个元音清晰响亮,后一个元音轻短模糊,音值不太固定,只表示舌位滑动的方向。

ai发音时,先发a,这里的a舌位靠前,念得长而响亮,然后舌位向i移动,不到i的高度。i只表示舌位移动的方向,音短而模糊。

字词练习:爱戴 白菜 拆台 买卖 开采 海带 灾害 带来 采摘 晒台

ei发音时,先发e,比单念e时舌位靠前一点,这里的e是个央元音,然后向i的方向滑动。

字词练习:北非 蓓蕾 北美 配备 肥美 妹妹 非得 飞贼 黑煤 贝类

ao发音时,先发a,这里的a舌位靠后,是个后元音,发得响亮,接着向o的方向滑动。

字词练习:报道 包抄 报考 跑道 茅草 牢骚 高考 号召 招考 糟糕

ou发音时,先发o,接着向u滑动,舌位不到u即停止发音。

字词练习:抖擞 兜售 漏斗 豆蔻 口头 口授 喉头 丑陋 收购

2)后响复韵母

后响复韵母共有5个:ia、ie、ua、uo、üe。它们的共同特点是前面的元音发得轻短,只表示舌位从那里开始移动,后面的元音发得清晰响亮。

ia发音时,i表示舌位起始的地方,发得轻短,很快滑向前元音a,a发得长而响亮。

字词练习:家家　假牙　加价　加压　恰恰　下嫁　压价　下牙　掐下　假话

ie 发音时,先发 i,很快发 ê,前音轻短,后音响亮。

字词练习:贴切　铁鞋　趔趄　姐姐　节烈　斜街　谢谢　结节　切切　接界

ua 发音时,u 念得轻短,很快滑向 a,a 念得清晰响亮。

字词练习:哗哗　耍滑　花袜　挂瓦　娃娃　挂花　画画　花瓜　瓜花　抓挖

uo 发音时,u 念得轻短,舌位很快降到 o,o 清晰响亮。

字词练习:错过　蹉跎　做作　哆嗦　堕落　阔绰　罗锅　骆驼　硕果　着落

üe 发音时,先发高元音 ü,ü 念得轻短,舌位很快降到 ê,ê 清晰响亮。

字词练习:雀跃　约略　绝学　略略　虐待　缺血　决绝　学业　决裂　月色

后响复韵母在自成音节时,韵头 i、u、ü 改写成 y、w、yu。

3)中响复韵母

中响复韵母共有 4 个:iao、iou、uai、uei。它们共同的发音特点是前一个元音轻短,后面的元音含混,音值不太固定,只表示舌位滑动的方向,中间的元音清晰响亮。

iao 发音时,先发 i,紧接着发 ao,使三个元音结合成一个整体。

字词练习:巧妙　教条　苗条　吊桥　叫嚣　疗效　秒表　渺小　笑料　调料

iou 发音时,先发 i,紧接着发 ou,紧密结合成一个复韵母。

字词练习:久久　求救　优秀　悠久　牛油　有酒　流油　悠悠　久留　旧友

uai 发音时,先发 u,紧接着发 ai,使三个元音结合成一个整体。

字词练习:乖乖　外快　怀揣　外踝　摔坏　摔跤　歪曲　外表　徘徊　衰弱

uei 发音时,先发 u,紧接着发 ei,紧密结合成一个整体。

字词练习:翠微　垂危　回归　汇兑　推诿　退位　尾随　追随　水位　罪魁

中响复韵母在自成音节时,韵头 i、u 改写成 y、w。复韵母 iou、uei 前面加声母的时候,要省写成 iu、ui,例如 liu(留)、gui(归)等;不跟声母相拼时,不能省写,用 y、w 开头,写成 you(油)、wei(威)等。

3. 鼻韵母发音方法

由一个或两个元音后面带上鼻辅音构成的韵母为鼻韵母。鼻韵母共有 16 个:

an　en　in　ian　uan　uen　üan　ün

ang　eng　ing　iang　uang　ueng　ong　iong

发好鼻韵母,前鼻尾音 n 和后鼻尾音 ng 的发音是关键。前鼻韵母尾音归入 n 叫抵腭韵,归韵时舌尖抵上齿龈,将声音归入鼻腔,由于 n 的位置靠前又称前鼻尾音;后鼻韵母尾音归入 ng 叫穿鼻韵,归音时舌尖下垂,舌根隆起,接触软腭,将声音归入鼻腔,由于 ng 的位置靠后又称后鼻尾音(也叫"后舌撒娇音")。

鼻韵母发音归音时不要拖长鼻音,不要过早地归入鼻腔,只要归到音位就马上停止,否则容易产生鼻化现象。

1)前鼻韵母

an 发音时,先发 a,然后舌尖向上齿龈移动,最后抵住上齿龈,发前鼻音 n。

字词练习:黯然　懒汉　斑斓　惨淡　单产　肝胆　贪婪　谈判　展览　难堪

en 发音时,先发 e,然后舌尖向上齿龈移动,抵住上齿龈发鼻音 n。

字词练习:本分　分身　沉闷　粉尘　愤恨　根本　门诊　人参　深沉　振奋

in 发音时，先发 i，然后舌尖向上齿龈移动，抵住上齿龈，发鼻音 n。

字词练习：近亲 临近 民心 拼音 亲信 信心 濒临 仅仅 辛勤 引进

ün 发音时，先发 ü，舌尖向上齿龈移动，抵住上齿龈，气流从鼻腔通过。

字词练习：军训 均匀 芸芸 俊俏 群众 勋章 驯服 循环 迅速 韵律

in、ün 自成音节时，写成 yin（音）、yun（晕）。

ian 发音时，先发 i，i 轻短，接着发 an，i 与 an 结合得很紧密，由于动程大，a 音被打了折扣，实际略发 ê 音。

字词练习：边沿 变天 垫肩 艰险 简练 检验 脸面 腼腆 前线 演练

uan 发音时，先发 u，紧接着发 an，u 与 an 结合成一个整体。

字词练习：传唤 贯穿 宦官 软缎 酸软 婉转 专款 转换 换算 乱窜

üan 发音时，先发 ü，紧接着发 an，ü 与 an 结合成一个整体。

字词练习：全权 涓涓 渊源 源泉 圆圈 轩辕 全员 捐献 悬挂 宣传

uen 发音时，先发 u，紧接着发 en，u 与 en 结合成一个整体。

字词练习：混沌 昆仑 困顿 温顺 谆谆 春笋 伦敦 论文 春节 顺利

另外，uen 跟声母相拼时，省写作 un。例如 lun（伦）、chun（春）。uen 自成音节时，仍按照拼写规则，写成 wen（温）。

2）后鼻韵母

ang 发音时，先发 a，舌头逐渐后缩，舌根抵住软腭，气流从鼻腔通过。

字词练习：帮忙 苍茫 沧桑 厂房 当场 商场 上当 烫伤 账房 放荡

eng 发音时，先发 e，舌根向软腭移动，抵住软腭，气流从鼻腔通过。

字词练习：承蒙 丰盛 风筝 更正 冷风 萌生 生成 省城 征程 整风

ing 发音时，先发 i，舌头后缩，舌根抵住软腭，发后鼻音 ng。

字词练习：兵营 叮咛 惊醒 精明 零星 明星 命令 轻盈 姓名 倾听

ong 发音时，舌根抬高抵住软腭，发后鼻音 ng。

字词练习：公共 共同 公众 轰动 空洞 恐龙 隆冬 红肿 童工 通融

iang 发音时，先发 i，接着发 ang，使二者结合成一个整体。

字词练习：亮相 洋姜 洋相 湘江 想象 响亮 襄阳 酱香 粮饷 相像

iong 发音时，先发 i，接着发 ong，二者结合成一个整体。

字词练习：炯炯 汹涌 雄壮 熊熊 凶险 胸膛 庸医 踊跃 重用 英勇

uang 发音时，先发 u，接着发 ang，由 u 和 ang 紧密结合而成。

字词练习：狂妄 双簧 网状 装潢 往往 窗框 状况 光明 谎话 双方

ueng 发音时，先发 u，接着发 eng，由 u 和 eng 紧密结合而成。ueng 自成音节，不拼声母。

字词练习：嗡嗡 水瓮 老翁 蕹菜 主人翁 渔翁 白头翁

iang、iong、uang、ueng 自成音节时，韵头 i、u 改写成 y、w。

一、单韵母发音训练

1. 练读绕口令

①十二字绕口令。

ɑ 爸爸妈妈和莎莎搭车去长沙。

o 波波的婆婆默默帮波波磨墨。

e 哥哥骑车又热又渴想喝“可乐”。

i 迷你牌洗衣机最适宜洗皮衣。

u 姑姑住在书屋里看书不舒服。

ü 徐家女婿骑驴去区里买雨具。

er 二叔二儿儿时两耳是招风耳。

②哥哥弟弟坡前坐,坡上卧着一只鹅,坡下流着一条河。哥哥说:宽宽的河。弟弟说:肥肥的鹅。鹅要过河,河要渡鹅。不知是鹅过河,还是河渡鹅。

③要说“尔”,专说“尔”,马尔代夫,喀布尔,阿尔巴尼亚,扎伊尔,卡塔尔,尼泊尔,贝尔格莱德,安道尔,萨尔瓦多,伯尔尼,利伯维尔,班珠尔,厄瓜多尔,塞舌尔,哈密尔顿,尼日尔,圣皮埃尔,巴斯特尔,塞内加尔的达喀尔,阿尔及利亚的阿尔及尔。

2. 练读诗歌

回乡偶书

贺知章

离别家乡岁月多,近来人事半消磨。
惟有门前镜湖水,春风不改旧时波。

钱塘湖春行

白居易

孤山寺北贾亭西,水面初平云脚低。
几处早莺争暖树,谁家新燕啄春泥。
乱花渐欲迷人眼,浅草才能没马蹄。
最爱湖东行不足,绿杨阴里白沙堤。

芙蓉楼送辛渐

王昌龄

寒雨连江夜入吴,平明送客楚山孤。
洛阳亲友如相问,一片冰心在玉壶。

夜雨寄北

李商隐

君问归期未有期，巴山夜雨涨秋池。
何当共剪西窗烛，却话巴山夜雨时。

二、复韵母发音训练

1. 区分词条

1) ai 与 ei 的区分

白废 败北 代培 败类 奶类 内债 内海 擂台

2) ao 与 ou 的区分

保守 刀口 稿酬 毛豆 矛头 手套 柔道 漏勺

3) ia 与 ie 的区分

家业 佳节 假借 嫁接 跌价 截下 野鸭 接洽

4) ie 与 üe 的区分

解决 竭蹶 谢绝 灭绝 月夜 确切 学业 决裂

5) ua 与 uo、o 的区分

花朵 话说 划拨 华佗 帛画 国画 火花 说话

6) iao 与 iou 的区分

交流 娇羞 料酒 校友 要求 丢掉 柳条 牛角

7) uai 与 uei 的区分

怪罪 快慰 快嘴 衰退 外汇 毁坏 追怀 鬼怪

2. 练读绕口令

①十二字绕口令。

ai 戴奶奶爱买翟奶奶卖的白菜。

ei 谁背煤谁累黑妹背煤黑妹累。

ui 崔辉玩水龟被水龟嘴咬了腿。

ao 毛毛发高烧误了高考真糟糕。

ou 瘦猴替瘦狗偷楼后钩上的肉。

iu 刘秋放了九头牛丢了六头牛。

ie 姐姐陪爷爷上街买鞋又买蟹。

üe 岳瘸子约薛瘸子穿靴去滑雪。

②大柴和小柴，帮助爷爷晒白菜。大柴晒的是大白菜，小柴晒的是小白菜。大柴晒了四十四斤四两大白菜，小柴晒了三十三斤三两小白菜。大柴和小柴，一共晒了七十七斤七两大大小小的白菜。

③北风吹，雪花飞，冬天雪花是宝贝，去给麦苗盖上被，明年麦子多几倍。

④一只猴牵着只狗，坐在油篓边上喝点酒，猴喝着酒还就着藕，狗啃骨头也啃油篓。猴拿着油篓口去套狗的头，狗的头进了猴的油篓口，狗啃猴的油篓篓才漏，狗不啃油篓篓不漏油。

⑤高高山上有座庙，庙里住着俩老道，一个年纪老，一个年纪小，庙前长着许多草药，

有时候老老道煮药，小老道采药，有时候小老道煮药，老老道采药。

⑥一把雕刀，雕出好箫。刀是小雕刀，箫是“玉屏箫”。好箫出好调，箫靠好刀雕，雕要艺巧高。

⑦嘴说腿，腿说嘴。嘴说腿爱跑腿，腿说嘴爱卖嘴。光动嘴，不动腿，不如不长腿。光动腿，不动嘴，不如不长嘴。又动腿，又动嘴，腿不再说嘴，嘴不再说腿。

⑧天空飘着一片霞，水上游来一群鸭。霞是五彩霞，鸭是麻花鸭，麻花鸭游进五彩霞，五彩霞网住麻花鸭。乐坏了鸭，拍碎了霞，分不清是鸭还是霞。

⑨王婆卖瓜又卖花，一边卖来一边夸。又夸花，又夸瓜，夸瓜大，大夸花，夸来夸去没人来理她。

⑩坡上长菠萝，坡下玩陀螺。坡上掉菠萝，菠萝砸陀螺。砸破陀螺补陀螺，顶破菠萝剥菠萝。

3. 练读诗歌

晚春

韩愈

草树知春不久归，百般红紫斗芳菲。
杨花榆荚无才思，惟解漫天作雪飞。

江雪

柳宗元

千山鸟飞绝，万径人踪灭。
孤舟蓑笠翁，独钓寒江雪。

凉州词

王翰

葡萄美酒夜光杯，欲饮琵琶马上催。
醉卧沙场君莫笑，古来征战几人回？

枫桥夜泊

张继

月落乌啼霜满天，江枫渔火对愁眠。
姑苏城外寒山寺，夜半钟声到客船。

钗头凤

陆游

红酥手，黄縢酒，满城春色宫墙柳。东风恶，欢情薄，一怀愁绪，几年离索。错！错！错！
春如旧，人空瘦，泪痕红浥鲛绡透。桃花落，闲池阁，山盟虽在，锦书难托。莫！莫！莫！

三、鼻韵母发音训练

1. 鼻韵母 an 与 ang 辨析

1)an 与 ang 对比辨音练习

扳手－帮手 女篮－女郎 反问－访问 担心－当心 弹送－唐宋

水干－水缸 看家－康佳 战防－账房 闪光－赏光 粘贴－张贴

2)读准 an 和 ang

担当 班长 繁忙 反抗 擅长 方案 账单 傍晚 当然 商贩

3)读准 ian 和 iang

演讲 现象 坚强 绵羊 岩浆 量变 两面 想念 香甜 镶嵌

4)读准 uan 和 uang

观光 宽广 观望 万状 端庄 光环 狂欢 双关 王冠 壮观

5)练读绕口令

①一块面擀不满案板,半块面倒擀满案板。

②武汉商场卖混纺,红混纺,黄混纺,粉混纺,红粉混纺最畅销。

③山前有个阎圆眼,山后有个阎眼圆,二人山前来比眼,不知是阎圆眼的眼圆,还是阎眼圆的眼圆。

④杨家养了一只羊,蒋家修了一堵墙。杨家的羊撞倒了蒋家的墙,蒋家的墙压死了杨家的羊。杨家要蒋家赔杨家的羊,蒋家要杨家赔蒋家的墙。

⑤黄山有座城隍庙,城隍庙里两判官。左边是王判官,右边是庞判官。不知是王判官管庞判官,还是庞判官管王判官。

⑥黄花花黄黄花黄,花黄黄花朵朵黄,朵朵黄花黄又香,黄花花香向太阳。

6)练读诗歌(含歌词)

绝句

杜甫

两个黄鹂鸣翠柳,一行白鹭上青天。
窗含西岭千秋雪,门泊东吴万里船。

隐形的翅膀

(歌词)

每一次都在徘徊孤单中坚强,每一次就算很受伤也不闪泪光,我知道我一直有双隐形的翅膀,带我飞飞过绝望。不去想他们拥有美丽的太阳,我看见每天的夕阳也会有变化,我知道我一直有双隐形的翅膀,带我飞给我希望。我终于看到所有梦想都开花,追逐的年轻歌声多嘹亮,我终于翱翔用心凝望不害怕,哪里会有风就飞多远吧。隐形的翅膀让梦恒久比天长,留一个愿望让自己想象。

2. 鼻韵母 en 与 eng 辨析

1)en 与 eng 对比辨音练习

陈旧－成就 真气－蒸汽 诊断－整段 上身－上升 人参－人生 针眼－睁眼

晨风－成风 同门－同盟 瓜分－刮风 出身－出生 粉刺－讽刺 花盆－花棚

分子－疯子　生根－深耕　震中－正中　分针－风筝　审视－省市　深沉－生成

2)读准 en 和 eng

真诚　本能　奔腾　神圣　人生　成本　承认　风尘　证人　登门

3)练读绕口令

姓陈的不能说成姓程,姓程的也不能说成姓陈,禾木是程,耳东是陈,陈程不分,当心认错人。

4)练读诗歌

春夜喜雨

杜甫

好雨知时节,当春乃发生。
随风潜入夜,润物细无声。
野径云俱黑,江船火独明。
晓看红湿处,花重锦官城。

滁州西涧

韦应物

独怜幽草涧边生,上有黄鹂深树鸣。
春潮带雨晚来急,野渡无人舟自横。

3. 鼻韵母 in 与 ing 辨析

1)in 与 ing 对比辨音练习

红心－红星　人民－人名　信服－幸福　劲头－镜头　因而－婴儿　海滨－海兵
临时－零时　禁止－静止　弹琴－谈情　印象－映象　宾馆－冰棺　频频－平平
今天－惊天　亲近－清静　禁赛－竞赛　金银－晶莹

2)读准 in 和 ing

心情　品行　心灵　民兵　金星　灵敏　清音　平民　精心　定亲

3)练读绕口令

①十字路口指示灯,红黄绿色分得清。绿灯行,红灯停。红灯停,绿灯行。

②同姓不能念成通信,通信也不能念成同姓,同姓的可以通信,通信的可不一定同姓。

4)练读诗歌

画竹

吴镇

叶叶如闻风有声,消尽尘俗思全清。
夜深梦绕湘江曲,二十五弦秋月明。

春江花月夜

张若虚

春江潮水连海平,海上明月共潮生。
滟滟随波千万里,何处春江无月明?
江流宛转绕芳甸,月照花林皆似霰。

空里流霜不觉飞，汀上白沙看不见。
江天一色无纤尘，皎皎空中孤月轮。
江畔何人初见月？江月何年初照人？
人生代代无穷已，江月年年只相似。
不知江月待何人，但见长江送流水。
白云一片去悠悠，青枫浦上不胜愁。
谁家今夜扁舟子？何处相思明月楼？
可怜楼上月徘徊，应照离人妆镜台。
玉户帘中卷不去，捣衣砧上拂还来。
此时相望不相闻，愿逐月华流照君。
鸿雁长飞光不度，鱼龙潜跃水成文。
昨夜闲潭梦落花，可怜春半不还家。
江水流春去欲尽，江潭落月复西斜。
斜月沉沉藏海雾，碣石潇湘无限路。
不知乘月几人归，落月摇情满江树。

项目1.3 普通话声调发音训练

①发准声调调值。

②辨析声调调值对语调的影响。

一、声调基础知识

汉语是有声调的语言，汉语的每个音节都有自己的声调。声调是音节的高低升降形式，主要由音高决定。声调的音高与歌曲、乐曲的音高不同。声调的音高是相对音高，而歌曲、乐曲的音高是绝对音高。而且声调的音高是渐变的、滑动的。声调在汉语中的地位非常重要，有着区别意义的作用，例如："mā"和"mǎ"这两个音节唯一的区别就是声调，正是靠它们不同的声调来区别它们的含意。

描写声调的高低通常用五度标记法，如图1.3所示：画一个竖标，等分为5度，最低为1，最高为5。

调值是指字音高低升降曲直长短变化的形式，也就是声调的实际读法。把调值相同的归纳成类，就是调类。

因此，调值决定调类，调值是声调的"实"，调类是声调的"名"。

普通话的声调共有4种基本的调值，因而也就有4个不同的调类：阴平、阳平、上声、去声。

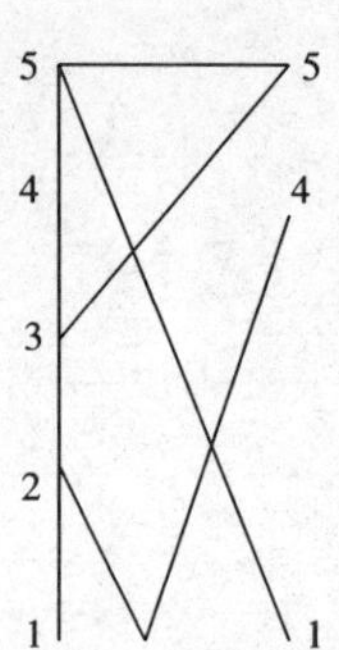

图1.3 五度标记法

1. 阴平

阴平(55)念高平调,用五度标记法表示,就是从5到5,大体没有升降变化,实际发音在起音后略升高一点,末尾稍有一点降的趋势,首尾差别不大,写作55。阴平的发音很重要,如发得不准将影响其他声调的调值。例如,“春天花开”四字都为阴平调类。

2. 阳平

阳平(35)念中升调,用五度标记法表示,就是从3到5,发音起调略高,逐渐升高,升到最高,升高时要直接上升不要拐弯儿曲线上升,写作35。例如,“人民团结”四字都为阳平调类。

3. 上声

上声(214)念降升调,用五度标记法表示,是从2起音,先降到1,再升到4,写作214。上声是普通话四个声调中唯一有弯曲变化,先降后升的声调。发好上声在于起调要较低,还要能降下来,再扬上去。上声调的降升变化是平滑的弯曲变化,不要有折起的硬拐弯儿的感觉。另外由1度到4度的过程是音高逐渐升高,而音量递减,到最后变为升高的一种趋势,不能随音高升高而逐渐加大音量。上声是普通话四个声调中较难掌握,而且在语流中变化较多的一个声调,而先掌握好上声调的发音是最关键的。例如,“远景美好”四字都为上声调类。

4. 去声

去声(51)念高降调,用五度标记法表示,是从5降到1,写作51。发好去声的关键在于起调要高,迅速降,要干脆,不能拖沓。例如,“胜利在望”四字都为去声调类。

二、声调发音方法和技巧

1. 阴平发音方法

在普通话四个声调的发音过程中,容易出现的问题一般是:阴平调值不够高,阳平拐弯上不去,上声硬拐弯,去声起点不够高。

阴平:高升调,音值55。发音时,声带绷到最紧,始终没有明显变化,保持“高而平”的特点,不要发成44或33。

字词练习:听说　书桌　播音　丰收　公安　灯光　工商　鲜花

2. 阳平发音方法

阳平:中升调,音值35。发音时,声带从不松不紧开始,逐渐绷紧,到最紧为止,保持“直线上扬”的特点。

字词练习:人才　排球　实习　辽宁　石油　模型　儿童　红旗

3. 上声发音方法

上声:降升调,音值214。发音时,声带从略微有些紧张开始,立刻松弛下来,稍稍延长,然后迅速绷紧,但没有绷到最紧,保持“曲折”的特点。(练习的词语因上上相连发生音变,前一个上声字调值变为35,后一个上声字不变。)

字词练习:导演　广场　领导　感想　展览　选举　北海　舞蹈

4. 去声发音方法

去声:高降调,音值51。发音时,声带从紧开始,到完全松弛为止,保持"起点高,往下降"的特点。

字词练习:电视 议论 叙事 政策 对话 岁月 大厦 破例

普通话声调的训练应注意单音节字、双音节词语的练习。以强调调值的准确,并符合一定的规格为基础。在进行有内容的句、段、文章、稿件的表达时,则要强调调值的相对音高。为凸显语句重音,明确语句目的时,不应把所有音节都处理在同一个5度之内。把握一定规格,打好基础,才能处理好调值音高的变化。配合音强、音长、音色等的变化及其他表达技巧,突出语句重音,才能准确表述语句目的。

一、词条训练

本训练既练习声调,也练习声母、韵母的发音。注意四声调值要准确。

1. 双音节词语四声不同组合发音训练

阴-阳:新闻 青年 非常 科学 森林 飘扬
阴-上:声母 争取 高考 钢铁 歌曲 珠海
阴-去:声调 师范 真正 专业 播送 规范
阳-阴:来宾 年轻 国家 长江 革新 农村
阳-上:俗语 毛笔 集体 原子 门槛 存款
阳-去:群众 同志 白菜 学术 前进 宁夏
上-阴:采编 减轻 浦东 演播 请安 北京
上-阳:补习 主持 敏捷 谴责 北国 语言
上-去:理论 组建 想象 广泛 举例 访问
去-阴:下乡 办公 贵宾 录音 客观 配音
去-阳:内容 措辞 配合 漫谈 变革 杜绝
去-上:剧本 记者 上海 外语 大胆 电影

2. 四音节词语声调训练

青春光辉 春天花开 公司通知 人民银行 连年和平 农民犁田 圆形循环
彼此理解 理想美满 永远友好 下次注意 世界教育 报告胜利 创造利润
花红柳绿 山明水秀 风调雨顺 兵强马壮 破釜沉舟 救死扶伤 袖手旁观
弄巧成拙 百花齐放 别有用心 赤手空拳 举足轻重 高原广阔 碧草如茵

3. 双音节词语声韵调综合训练

训练要求:除要求每个音节准确、清晰、饱满外,还要考虑到以双音节词为单位,注意音节之间的内部联系。

包括 少女 培养 编纂 推测 若干 浪费 苦衷 降低 夜晚 损坏
昆虫 兴奋 恶劣 挂帅 排斥 存留 上午 按钮 佛教 新娘 全面
均匀 然而 荒谬 怪异 听话 发作 侵略 钢铁 光荣 愿望 恰当

采取	浅显	加速	疲倦	标准	红娘	力量	蜗牛	昂贵	仍然	原因
遵循	何况	上层	陡坡	穷人	富翁	双方	明确	军队	未来	四周
英雄	背后	特别	冲刷	战略	农民	飞船	恰好	夸张	配套	藏身
快乐	难怪	麻醉	篡改	危害	斥责	撇开	原料	攻破	倘使	苍翠
强求	从而	旋转	增加	作用	个体	上下	药品	政党	定律	英雄
人均	情怀	财产	手脚	灭亡	起飞	跨越	挂念	高傲	犯罪	决议
思想	状况	柔软	训练	奥妙	海关	另外	男女	开创	坚决	破坏
天鹅	佛像	所有	珍贵	土匪	而且	虐待	日益	单纯	转变	旋律
文明	作品	共同	从中	测量	投票	迅速	方法	民政	雄伟	运用
轻蔑	家眷	赞美	夸张	其次	搜刮	悄声	给予	将军	折光	超额

二、诗歌训练(含歌词)

格律诗由于有严格的平仄对仗,能尽显汉语声调的音韵美。声调调值读不准则不可能有韵律美。朗读时,先用较慢的速度将音节清楚地读出,特别是韵脚音节要读得饱满(声、韵、调都要到位);其次,再结合诗的情景、情绪、意境,朗读时要言有所指、情有所动、积极交流,不能有字无句、有句无意。声情并茂是朗读诗歌的基本要求。

题菊花

黄巢

飒飒西风满院栽,蕊寒香冷蝶难来。
他年我若为青帝,报与桃花一处开。

白云飞

(民歌)

白云飞,白云飘,飘上黄山九重霄。山越高来景越美,最高峰上谁在笑。啊!黄山的云啊!你是那样洁白,那样崇高。

白云飞,白云飘,飘上悬崖松树梢。崖越陡来松越俏,最陡崖上谁在笑。啊!黄山的云啊!你是那样美丽,那样骄傲。

登鹳雀楼

王之涣

白日依山尽,黄河入海流。
欲穷千里目,更上一层楼。

黄鹤楼送孟浩然之广陵

李白

故人西辞黄鹤楼,烟花三月下扬州。
孤帆远影碧空尽,唯见长江天际流。

捞出一个丰收年

（民歌）

桃花流水三月天，满河渔歌声声甜。
迎风撒下金丝网，捞出一个丰收年。

春晓

孟浩然

春眠不觉晓，处处闻啼鸟。
夜来风雨声，花落知多少。

丰收

（民歌）

金蝉操琴蝴蝶舞，青蛙蝈蝈敲锣鼓。
农村八月多欢乐，满场满院堆五谷。

如梦令·元旦

毛泽东

宁化、清流、归化，路隘林深苔滑，今日向何方？直指五夷山下。山下山下，风展红旗如画。

校园早晨

（歌词）

沿着校园熟悉的小路，清晨来到树下读书，初升的太阳照在脸上，也照着身旁这棵小树。亲爱的伙伴，亲爱的小树，和我共享阳光雨露，让我们记住这美好时光，直到长成参天大树。

项目1.4　普通话音变发音训练

训练目标

①准确掌握音变。
②语流中运用音变规律。

支撑知识

在语流中，由于受到相邻音节的相邻音素的影响，一些音节中的声母、韵母或声调会发生语音的变化，称为语流音变。

人们说话是在一定的时间内把一连串的音组合起来连续说出来，用以表达一定意义和内容。语音单读时,不会发生音变,也没有必要发生音变;而在连续发音时,为了适应发音器官的运动,相邻的音常常因为相互影响而使得某个音发生变化。这种变化只有在连续时,或者说是在语流中才会发生。任何语音都有语流音变现象。

普通话中最典型的语流音变包括变调、轻声、儿化、语气词"啊"的音变。

技能训练

一、变调发音训练

变调是指音节和音节相连时,声调相互影响而产生的变化。

1. 上声的变调规律

1)上声+上声

前一个上声变为阳平,即35调。

例:粉笔　　美好　　老板　　处理　　走访

2)上声+非上声(即阴平、阳平、去声)

上声变为半上,即21调值。

例:首都　　火柴　　本质　　企业　　敞开

3)上声+上声+上声

(1)单双格:21+35+214

例:厂党委　　老保守　　冷处理

(2)双单格:35+35+214

例:洗脸水　　展览馆　　总统府

4)多个上声相连

可以先按词或语气断句,再变调,例:

我有//五把//小雨伞。35+21//35+21//21+35+214

请你//整理好//演讲稿。35+21//35+35+21//35+35+214

我//选举//小组长。21// 35+21//21+35+214

咱俩//永远//友好! 35+21//35+21//35+214

给你//两碗//炒米粉。35+21//35+21//21+35+214

请你//给我//打//洗脸水。35+21//35+21//21//35+35+214

手表厂//有//好几种//产品。35+35+21//21//21+35+214//35+214

种马场//养有//五百匹//好母马。35+35+21//35+21//35+35+21//21+35+214

洗染//小组//李小//组长//很//了解我。35+21//35+21//35+21//35+21//21//35+35+214

2."一"和"不"的变调规律

1)"一"的变调

"一"单念,或表序数,或处于词句末尾时不变调,其他情况下都要变调。

(1)"一"+去声:"一"变为阳平,即35调值

例:一半　　一道　　一律　　一概　　一个

(2)"一"+非去声(即阴平、阳平、上声):"一"变为去声

例:一张　　一排　　一笔　　一心　　一条

(3)“一”夹在重叠词中间念轻声

例:看一看　　听一听　　说一说　　试一试　　数一数

2)“不”的变调

“不”单念,或处于词句末尾,或在非去声前时不变调,其他情况下要变调。

(1)“不”在去声前变阳平

例:不去　　不动　　不必　　不便　　不但

(2)“不”在非去声前不变

例:不说　　不多　　不行　　不同　　不好　　不可

(3)“不”夹在词语中间读轻声

例:差不多　　来不及　　靠不住　　了不起　　说不定　　看不起

变调只是说话或朗读时的一种自然语音现象,在书写时不需要改变调号。

3. 变调训练

首都　北京　始终　普通　老师　小说　北方　保安　美观　起飞　午餐

祖国　语言　旅行　改良　古文　赶忙　感情　百合　强求　体罚　眼球

感谢　岗哨　翡翠　晚饭　朗诵　准确　草地　韭菜　满载　理发　请假

领导　勇敢　水果　选举　岛屿　把守　表演　马匹　考取　总管　主宰

展览馆　手写体　选举法　蒙古语　好总理　海产品　冷处理　小拇指

一半　一旦　一概　一唱一和　不是　不必　不错　不上不下　不破不立

一般　一边　一端　一心一意　不安　不单　不端　不卑不亢　不骄不躁

一年　一齐　一旁　一言一行　不行　不白　不如　不闻不问　不明不白

一早　一举　一起　一举一动　不比　不敢　不等　不紧不慢　不好不坏

二、轻声发音训练

1. 支撑知识

普通话音节都有一个固定的声调,可是某些音节在词和句子中失去了它原有的声调,读成一种轻短模糊的调子,甚至声、韵母也发生了变化,即为轻声。

1)轻声的作用

①普通话里有些词或词组靠轻声音节与非轻声音节区别意义和词性。

兄弟　xiōngdì　([名]哥哥和弟弟)

兄弟　xiōngdi　([名]弟弟)

能干　nénggàn　([形]有才能,会办事)

能干　nénggan　([形]心灵手巧,精明)

言语　yányǔ　([名]指所说的话)

言语　yányu　([动]开口,招呼)

运气　yùnqì　(词组,武术、气功的一种健身方法)

运气　yùnqi　([名]幸运)

地道　dìdào　([名]地下坑道)

地道　dìdao　([形]真正的)

大意 dàyì （[名]主要的意思）

大意 dàyi （[形]粗心疏忽）

②更多的轻声具有非辨义功能，比如一些助词轻声词、语气词轻声词、习惯读作轻声的双音节词等，主要起功能性作用或韵律作用。

2）轻声的发音规律

（1）语气助词“吗、呢、啊、吧”等读轻声

是吗 他呢 看啊 走吧

（2）助词“着、了、过、的、地、得、们”等读轻声

忙着 来了 看过 我的 勇敢地 喝得（好） 朋友们

（3）名词的后缀“子、头”等读轻声

桌子 椅子 木头 石头

（4）方位词常读轻声

墙上 河里 天上 地下 底下 那边

（5）叠音词和动词的重叠形式后面的字读轻声

说说 想想 弟弟 奶奶 谈谈 跳跳

（6）表示趋向的动词常读轻声

出来 进去 站起来 走进来 取回来

（7）某些常用的双音节词的第二个音节习惯上读轻声

明白 暖和 萝卜 玻璃 葡萄 知道 事情 衣服 眼睛

2. 轻声的发音技巧

轻声音节没有固定的调值，它的音高随前一音节的声调而有高低变化。大致情况如下。

在阴平后念2度：桌子 他的 哥哥 称呼

在阳平后念3度：瓶子 红的 婆婆 合同

在上声后念4度：椅子 我的 姐姐 嘱咐

在去声后念1度：凳子 坏的 弟弟 漂亮

或者说在上声音节后读半高平调44，在非上声音节后读低降调31。

3. 轻声训练

1）轻声词条练习

刀子 宽的 吃了 说着 蹲下 说过 出来 分吧 猜猜 妈妈

笛子 男的 神了 藏着 叠上 读过 回来 抬吧 聊聊 爷爷

本子 你的 惨了 想着 满上 打过 赶来 好吧 管管 姐姐

胖子 大的 坏了 坐着 坐下 看过 进来 去吧 谢谢 弟弟

抽屉 窗户 姑娘 衣服 结实 知识 宽敞 胳膊 规矩 先生

粮食 学生 朋友 脾气 云彩 头发 柴火 什么 勤快 麻烦

眼睛 伙计 买卖 脑袋 喜欢 恶心 哑巴 女婿 打扮 体面

运气 漂亮 笑话 厉害 丈夫 任务 告诉 下巴 帐篷 教训

2）含轻声词语句练习

①这个问题不容易明白，麻烦你再给我讲讲。

②什么事情都可以商量，请不要吵闹。

③我很佩服小李子，他出的主意总是出人意料。

④这小家伙长得很结实，也机灵得很。

⑤我很喜欢马季先生表演的相声。

⑥她见了我的面连招呼都不打，好像不认识我似的。

⑦同学们！把窗户打开透透气，把玻璃擦擦再关上。

3)轻声绕口令练习

①天上日头，地上石头，桌上馒头，床上枕头，嘴里舌头，手掌指头。

②爸爸和妈妈，下地种庄稼。东边地里种高粱，西边坡上栽南瓜，南边土里插红薯，北边地里撒芝麻。五谷杂粮种得全，秋天抱个金娃娃。

③屋子里有箱子，箱子里有匣子，匣子里有盒子，盒子里有镯子；镯子外面有盒子，盒子外面有匣子，匣子外面有箱子，箱子外面有屋子。

三、儿化发音训练

1.支撑知识

1)儿化及儿化韵

er在普通话里是一个比较特殊的韵母，它不与声母相拼，也不能同其他音素组合成复合韵母，可以自成音节。er自成的音节很少，常见的有“耳、而、儿、饵、尔、二、贰、迩”等。此外，er常附在其他音节后边，使这个音节发生变化，成为一个带卷舌动作的韵母，这就是儿化现象。儿化后的韵母称儿化韵。带儿化的韵母的音节，一般用两个汉字来表示。用汉语拼音字母写这些儿化音节，只需在原来的音节之后加上“r”。

2)儿化的作用

儿化在表达词语的语法意义和修辞色彩上都起着积极的作用。

(1)区别词性

盖(动词)－盖儿(名词)

个(量词)－个儿(名词)

(2)区别词义

信(信件)－信儿(消息)

末(最后)－末儿(细碎的或呈粉状的东西)

(3)表示喜爱、温婉或厌恶、讽刺的感情色彩

一朵盛开的牡丹花儿

红红的小脸蛋儿

一首动听的山歌儿

他是一个慈祥的老头儿

多精神的小伙儿

原来是个小偷儿

大地主的小老婆儿

我不喜欢打牌这玩意儿

一股难闻的臭味儿

(4)表示细、小、轻、微的性状

小鱼儿　　门缝儿　　一会儿　　办事儿

2.儿化韵的发音技巧

①韵母为 ɑ、o、e、ê、u 的音节,儿化后主要元音基本不变,后面直接加上表示卷舌动作的"r":

ɑ→ɑr　　号码儿　　o→or　　山坡儿

e→er　　饭盒儿　　u→ur　　水珠儿

②韵母 iɑ、uɑ、ɑo、ou、uo 和 iɑo、iou 等,儿化后主要元音或韵尾基本不变,直接加"r":

iɑ→iɑr　　一下儿　　uɑ→uɑr　　鲜花儿

ɑo→ɑor　　手稿儿　　ou→our　　封口儿

uo→uor　　小说儿　　iɑo→iɑor　　知了儿

③韵母 i、ü 儿化后在原韵母之后加上 er,i、ü 仍保留:

i→ier　　小米儿　　ü→üer　　有趣儿

④韵母 -i(前、后)儿化后失去原韵母,加 er:

i→er　　戏词儿　　i→er　　果汁儿

⑤以 i 或 n 为韵尾的韵母,儿化后丢掉韵尾,主要元音后面加 r:

uɑi→uɑr　　一块儿　　en→er　　树根儿

uɑn→uɑr　　饭馆儿　　uen→uer　　冰棍儿

ei→er　　刀背儿　　ɑi→ɑr　　小孩儿

⑥以 ng 为韵尾的韵母,儿化后丢掉韵尾 ng,主要元音鼻化,同时在鼻化元音后加上 r;韵母是 ing 的,丢掉韵尾加 er,e 同时鼻化:

ɑng→ɑ̃r　　瓜瓤儿　　eng→ẽr　　板凳儿

ong→õr　　抽空儿　　ing→iẽr　　电影儿

⑦韵母 in、ün 儿化后,丢掉韵尾 n,主要元音后加 er:

in→ier　　手印儿　　ün→üer　　花裙儿

3.儿化训练

1)儿化词条练习

挨个儿	半截儿	被窝儿	笔杆儿	别针儿	脖颈儿	唱歌儿
大褂儿	打嗝儿	蛋清儿	刀刃儿	灯泡儿	垫底儿	顶牛儿
肚脐儿	豆芽儿	逗乐儿	耳膜儿	饭盒儿	粉末儿	赶趟儿
瓜瓤儿	拐弯儿	号码儿	合群儿	后跟儿	胡同儿	花样儿
火星儿	火锅儿	记事儿	加油儿	加塞儿	叫好儿	酒盅儿
坎肩儿	口哨儿	口罩儿	老头儿	梨核儿	露馅儿	没谱儿
没准儿	门口儿	冒尖儿	摸黑儿	棉球儿	面条儿	墨水儿
墨汁儿	扇面儿	蒜瓣儿	砂轮儿	手绢儿	碎步儿	跳高儿
玩意儿	戏法儿	心眼儿	小葱儿	小瓮儿	小鞋儿	小说儿
小偷儿	小熊儿	牙签儿	邮戳儿	雨点儿	在这儿	找茬儿
针鼻儿	抓阄儿	做活儿	刀把儿	石子儿	挑刺儿	毛驴儿

2)儿化绕口令练习

①小耗子,趴缸沿儿,拿小瓢,挖白面儿。倒香油,上不去罐儿,抓咸盐,打不开盖儿。想吃烙饼做不成,气得耗子吞干面儿。

②进了门儿,倒杯水儿,
喝了两口运运气儿。
顺手拿起小唱本儿,
唱一曲儿又一曲儿。
练完了嗓子我练嘴皮儿。
绕口令儿,练字音儿。
还有单弦儿牌子曲儿,
小快板儿,大鼓词儿,
又说又唱我真带劲儿。

四、语气词“啊”的音变训练

1.支撑知识

“啊”是附着在句子的末尾的语气助词。由于跟前一个音节连读而受其末尾音素的合音影响,常常发生音变现象。“啊”的音变是一种增音现象(包括同化增音和异化增音)。在不同的语音环境中,“啊”的读音有不同的变化形式。“啊”的不同读音,可用相应的汉字表示如下。

2.“啊”的音变技巧

①前面音节的末尾音素是 ɑ、o、e、i、ü、ê 的,读作“呀”(yɑ)。

快去找他啊(tāyɑ)!
你去说啊(shuōyɑ)!
今天好热啊(rèyɑ)!
你可要拿定主意啊(yìyɑ)!
我来买些鱼啊(yúyɑ)!
赶紧向他道谢啊(xièyɑ)!

②前面音节的末尾音素是 u(包括 ɑo、iɑo)的,读作“哇”(wɑ)。

你在哪里住啊(zhùwɑ)?
他人挺好啊(hǎowɑ)!
口气可真不小啊(xiǎowɑ)!

③前面音节的末尾音素是 n 的,读作“哪”(nɑ)。

早晨的空气多清新啊(xīnnɑ)!
多好的人啊(rénnɑ)!
你猜得真准啊(zhǔnnɑ)!

④前面音节的末尾音素是 ng 的,读作“啊”(ngɑ)。

这幅图真漂亮啊(liàngɑ)!
注意听啊(tīngɑ)!
最近太忙啊(mángɑ)!

⑤前面音节的末尾音素是 -i(前)的,读作“啊”(za);前面音节的末尾音素是 -i(后)的,读作“啊”(ra)。

今天来回几次啊(cìza)!

你有什么事啊(shìra)!

你怎么撕了一地纸啊(zhǐra)!

掌握“啊”的变读规律,并不需要一一硬记,只要将前一个音节顺势连读“a”(像念声母与韵母拼音一样,其间不要停顿)自然就会念出“啊”的变音来。

用汉语拼音拼写音节时,“啊”仍写作 a,不必写出音变情况。

3.“啊”音变训练

啪、啪、啪!谁啊?张果老啊!怎么不进来啊?怕狗咬啊!衣兜里兜着什么啊?大酸枣啊!怎么不吃啊?怕牙倒啊!胳肢窝里夹着什么啊?破棉袄啊!怎么不穿上啊?怕虱子咬啊!怎么不叫你老伴儿拿拿啊?老伴儿死了。你怎么不哭啊?盒儿啊、罐儿啊,我的老伴儿啊。

五、音变综合训练

1.字词练习

1)上声相连的双音节词语

也许 所以 影响 只好 采取 老板 赶紧 可以 品种 勇敢

手指 彼此 小组 水果 雨水 古老 保守 女子 岛屿 饮水

2)带“一”“不”的双音节词语

一一 一半 一定 一般 一起 一生 一路 一天 一体 一行

不好 不顾 不够 不屈 不能 不及 不想 不日 不拘 不适

3)带轻声字的双音节词语

刀子 车子 孙子 丫头 后头 胳膊 抽屉 姑娘 师傅 苍蝇

哆嗦 他们 朋友 时候 记得 心思 知识 软和 月亮 模糊

老婆 那边 在乎 亲家 簸箕 洒脱 似的 别扭 硬朗 便宜

4)带儿化韵的双音节词语

本色儿 好好儿 拈阄儿 拔尖儿 冰棍儿 老头儿 豆角儿 蝈蝈儿

纳闷儿 照片儿 墨水儿 围脖儿 一块儿 起名儿 中间儿 玩儿命

小曲儿 片儿汤 一会儿 做活儿 馅儿饼 山歌儿 雪花儿 心窝儿

2.绕口令练习

1)变调

一个老僧一本经,一句一行念得清,不是老僧爱念经,不会念经当不了僧。

2)轻声

①爸爸和妈妈,下地种庄稼。东边地里种高粱,西边坡上栽南瓜,南边土里插红薯,北边地里撒芝麻。五谷杂粮种得全,秋天抱个金娃娃。

②屋子里有箱子,箱子里有匣子,匣子里有盒子,盒子里有镯子;镯子外面有盒子,盒子外面有匣子,匣子外面有箱子,箱子外面有屋子。

3)儿化

①有个小孩儿叫小兰儿,挑着水桶上庙台儿,摔了个跟头捡了个钱儿。又打醋,又买盐儿,还买了一个小饭碗儿。小饭碗儿,真好玩儿,没有边儿,没有沿儿,中间儿有个小红点儿。

②大伙儿一块儿到花园儿帮忙儿,抓小鸡儿,剪树枝儿。

③一个老头儿上山头儿砍木头儿,砍了这头儿砍那头儿。对面来了个小丫头儿,给老头儿送来一盆儿小馒头儿,没留神撞上一块大木头儿,栽了一个小跟头儿。

4)语气词"啊"的音变

鸡啊、鸭啊、猫啊、狗啊,一块儿在水里游啊!牛啊、羊啊、马啊、骡啊,一块儿进鸡窝啊!狼啊、虎啊、鹿啊、豹啊,一块儿在街上跑啊!兔儿啊、鼠儿啊、虫儿啊、鸟儿啊,一块儿上窗台儿啊!

3. 歌词、唱白练习

1)轻声

电视连续剧《老房子》主题歌

桌子、椅子和柜子,汇成这一家子,扇子、炉子和被子,讲的是过日子。是是非非的几口子,像摆不完的棋子儿,恩恩怨怨的几辈子,像扯不完的扣子。

老子、妻子和孩子,凑成这一家子,帽子、鞋子和杯子,暖和着小日子。岁岁年年的老样子,像是生活的镜子,亲亲热热的碎嘴子,好比感情的梳子。

头顶着屋檐下的梦,说着你我他的心思。酒盅里溢出的家常话,飞不出老房子。同一道顶着天的梁,撑着你我他的面子。那灯下聚拢着平常心,盛不下老房子。

2)儿化

京剧《卖水》(片段)

清早儿起来什么镜子照?
梳一个油头什么花儿香?
脸上搽的是什么花儿粉?
口点的胭脂什么花儿红?

清早儿起来菱花儿镜子照,
梳一个油头桂花儿香,
脸上搽的是桃花儿粉,
口点的胭脂杏花儿红。

什么花儿姐,什么花儿郎?
什么花儿的帐子,什么花儿的床?
什么花儿的枕头床上放?
什么花儿的褥子铺满床?

红花儿姐,绿花儿郎,
干枝儿梅的帐子,象牙花儿的床。

鸳鸯花儿的枕头床上放，
木樨花儿的褥子铺满床。

技能考核1 语音标准考核

一、考核目的

按普通话水平测试评分标准对字词的声韵调和音变进行测评，检查应试者对语音标准的掌握情况。

二、评分标准

评分标准见表1.3。

表1.3 评分标准

姓名	读单音节字词(10分)		扣分	读多音节词语(20分)		扣分
	错误0.1/个	缺陷0.05/个		错误0.2/个	缺陷0.1/个	

三、模拟测试卷

样卷一

1.读单音节字词(10分)

征 戏 颌 孙 硫 肿 拳 悔 您 反
测 逢 略 死 方 也 氦 仍 艘 绕
年 汝 瘸 汪 持 恐 酶 窘 完 对
脑 卧 洒 捐 许 矢 板 丛 寡 赦
团 踹 舔 遵 逃 追 锁 汤 裴 状
字 讲 熊 驻 苍 环 枪 澳 厅 二
究 婶 插 某 俊 贼 垦 白 眯 映
闸 爽 叨 下 寝 闭 瞥 末 邹 粗
冰 奎 禹 谬 果 言 氯 拐 傍 恩
攻 瞭 阻 蹭 陈 破 淡 衣 巡 花

2.读多音节词语(20分)

苟且 平日 家伙 学者 三轮车 外宾 冲刷
夸张 之前 小丑儿 选举 衡量 萌发 玻璃
篡夺 恍惚 送信儿 宝贵 电压 围裙 富翁
无穷 调节 矿产 邮戳儿 作用 命运 衰老

屁股	照片儿	钢铁	专门	打算	原则	存在
儿童	热爱	退守	丢人	赶快	其次	佛经
红娘	少女	虐待	飞机	帘子	偶然性	卑劣

样卷二

1. 读单音节字词(10分)

砍	奈	夺	信	稿	啼	粪	存	列	虫
窘	蒜	耍	略	江	码	颇	闯	思	守
锅	兑	挺	休	循	榜	弗	彼	缴	朱
捏	廊	茬	搜	褶	挖	谎	投	举	晒
底	抓	自	擒	远	绕	喊	用	掐	值
选	而	柳	震	惊	骗	升	怀	票	吕
缺	末	巅	阳	遵	媚	婚	磁	巴	旁
摧	嗓	楼	卧	贼	逆	忘	根	泵	儒
叶	搭	讽	埠	扔	团	乖	渺	群	件
敲	娥	筐	雅	铭	闹	评	善	汞	时

2. 读多音节词语(20分)

胸口	爆炸	儿童	衰竭	温柔	民歌	乐曲
冠军	傲慢	飞快	做活儿	配偶	农产品	柜子
语法	得到	凄凉	妓女	佛寺	方向盘	改编
清楚	状态	日益	画面	无穷	疲倦	黑人
鲁莽	深层	顶牛儿	在乎	本领	完全	传播
苍蝇	家庭	虽然	下等	财政	夸张	小瓮儿
维持	中学	亏损	运动	铁索	掉价儿	民主

样卷三

1. 读单音节字词(10分)

练	允	眉	帅	刮	袍	关	隋	丙	捐
躲	嫩	软	迁	腿	恰	手	孤	雪	俭
鸟	框	歪	躺	蹿	缕	潮	乌	袄	趴
笋	灭	欧	内	瞻	仇	灰	试	广	社
垫	坑	特	贼	袜	呆	进	词	蜂	足
改	眯	焚	必	亡	剑	尺	自	而	宾
润	眸	确	脓	末	邪	者	坪	入	钩
绳	癣	侧	诊	噎	馋	松	害	椒	用
墙	法	熔	晾	癖	秋	兑	息	坎	鲸
很	刘	衔	雄	锅	您	嗓	博	返	鸭

2. 读多音节词语(20分)

苗头	大约	花白	干脆	正面	阴阳	丢掉
窘迫	膀子	双方	所属	开创	绝招儿	新娘

劳动力	日益	儿女	撒谎	朋友	存在	被窝儿
规格	佛像	热门	饲料	传说	来源	通信
后跟儿	群众	定额	早婚	冲刷	全部	露馅儿
曲解	飞快	主人翁	少年	下级	甲板	附近
位置	苟且	竞赛	宽阔	苍穹	难怪	命题

样卷四

1. 读单音节字词(10分)

急	澈	艇	腻	裹	外	妈	酿	盘	衬
导	蛙	耳	苑	贼	春	禾	亩	橘	恋
暖	录	丢	唤	棕	架	仍	毁	曰	四
掉	重	昂	并	桥	癣	快	袄	虹	鞭
硅	乱	颠	牛	晒	眨	寸	取	立	蕊
若	堂	抚	招	肥	踹	脂	鸣	疆	穴
材	讨	哑	旺	守	仓	苯	社	贫	双
扣	瞥	雄	叠	美	轮	敢	牵	寡	波
日	咸	谎	钩	匹	膜	她	词	僧	罗
翻	寝	蒜	穷	对	允	台	押	做	津

2. 读多音节词语(20分)

公司	柔软	卫生	活塞	配偶	主人翁	细菌
也许	客观	战略	时光	亏损	赞成	佛经
地下水	门票	整修	厌倦	头发	内在	来宾
拥有	香肠儿	应酬	夸张	骚扰	风格	从而
打盹儿	强烈	聋子	排斥	状况	玩耍	民族
觉悟	妥当	情怀	恶化	面条儿	群众	恰好
婢女	难怪	摧残	老虎	窘迫	被窝儿	全体

样卷五

1. 读单音节字词(10分)

丰	迭	庚	咬	插	势	颇	扛	嘴	膜
昭	赛	高	裙	恐	麻	竖	德	许	团
藤	仲	丑	字	床	晋	挥	弱	扯	用
凡	蠢	内	偏	朽	涡	斩	掐	艇	肉
撂	远	非	货	揩	滑	僵	杂	败	峦
梭	犬	溶	医	瘸	霸	松	耐	鹅	既
隶	盆	歪	略	拐	贼	粉	丢	案	征
瓶	吞	要	弦	土	次	星	水	鳖	兽
草	君	卤	嫡	烤	阳	举	翁	囊	醋
址	妙	寝	鼾	爽	味	盒	歹	匣	二

2. 读多音节词语(20分)

人民	胡萝卜	抖擞	乾坤	共同	疲倦	针鼻儿

绝对 宣传 少女 采访 嫩绿 名堂 迅速

节日 无穷 半导体 佛寺 红娘 引起 率领

叫好儿 稳定 英雄 电压 转弯 矿产 热爱

上层 荒谬 光泽 增长 怀孕 翅膀 家乡

拉链儿 尾随 胚胎 发票 卓越 深奥 袜子

村庄 而且 寡妇 哲学 南北 邮戳儿 亏损

样卷六

1. 读单音节字词(10分)

舔 灵 扑 攫 冶 蝉 许 账 民 却

岛 歪 昂 伏 河 滨 十 兄 麝 条

荒 此 粪 允 昧 肝 向 广 滩 唇

彩 塘 灭 邱 坪 专 清 秧 垦 字

暖 帅 给 若 古 艘 醉 吃 碘 滑

争 契 叼 郡 洒 闹 崔 趁 拿 悲

加 柔 路 馆 霜 夏 吮 儿 闭 宠

雨 蜡 环 扔 法 宣 蹭 我 呆 礼

贼 爱 篇 蕊 楼 垮 缉 墙 纵 婆

后 讽 邢 帮 弥 阔 阁 拖 窘 驳

2. 读多音节词语(20分)

富翁 穷尽 测算 规模 早上 培植 作怪

狠心 手套儿 群体 谬论 经费 绿洲 国防

木匠 牵挂 创办 恩人 差别 然而 在这儿

存款 状况 面孔 牙刷儿 把柄 中旬 了解

承担 参赛 激烈 痛快 变更 恰好 少女

定额 小伙子 应用 似乎 谋略 日益 线圈

胖墩儿 佛学 队伍 委员会 牛皮 深刻 大娘

样卷七

1. 读单音节字词(10分)

耕 劳 标 伟 条 骂 歪 牛 莫 咱

碱 蹬 吮 猴 鲁 义 兵 瘸 辉 您

挺 速 袍 柯 取 撅 房 孙 蝶 彻

光 而 闯 丝 恨 远 庞 倦 引 队

北 弥 聚 抓 册 戳 内 肿 贼 漏

唤 流 涮 情 怪 整 群 搓 抬 弓

波 日 版 锈 软 踢 鳌 拟 吊 词

洋 法 匆 买 胸 舔 翔 矢 蜂 根

堵 门 偏 绒 括 均 恰 草 臣 寡

连 搜 反 啮 抠 葬 霞 许 氨 用

2. 读多音节词语(20 分)

包子	儿童	镇压	顶点	技能	崇尚	茶馆儿
侵略	没准儿	脑筋	钢铁	收缩	配套	率领
加油儿	贫穷	聪明	大量	罪恶	转眼	必然性
窘迫	支持	柔和	骨髓	快活	规律	撇开
妇女	夸耀	挨个儿	荒谬	增多	新娘	里头
千瓦	佛寺	宣布	完全	汗水	虐待	农村
参与	花生	云彩	教训	非常	主人翁	狂笑

样卷八

1. 读单音节字词(10 分)

残	涧	穷	歪	雅	捉	凑	怎	坏	冷
符	肉	梯	船	溺	北	剖	民	邀	旷
炯	粗	袄	翁	癣	儿	履	告	筒	猫
霎	果	憋	捺	装	群	精	唇	亮	馆
蹦	耍	德	扰	直	返	凝	秋	淡	丝
敛	墙	岳	黑	巨	访	自	毁	郑	浑
暖	快	酒	除	缺	杂	搜	脾	锋	税
躬	莫	虽	绢	挖	伙	聘	英	条	笨
日	贼	孔	哲	许	尘	谓	忍	填	颇
囊	训	辱	碟	栓	来	顶	墩	忙	哀

2. 读多音节词语(20 分)

包括	不用	培养	编纂	扎实	推测	吵嘴
若干	加塞儿	浪费	苦衷	降低	夜晚	小熊儿
损坏	昆虫	兴奋	恶劣	挂帅	针鼻儿	排斥
存留	上午	按钮	佛教	新娘	逗乐儿	全面
均匀	收成	然而	满口	怪异	听话	大学生
发作	侵略	钢铁	孩子	光荣	愿望	恰当
采取	利索	荒谬	少女	电磁波	前仆后继	唐宋

普通话朗读(诵)训练

模块能力目标

学生通过训练,能够声情并茂地朗读(诵)。

模块知识目标

掌握语调各因素的表现特点。

模块内容简介

朗读就是朗声读书,即运用普通话把书面语言清晰、响亮、富有感情地读出来,变文字的视觉形象为听觉形象。朗诵是在朗读基础上的夸张,包括声音、表情、布景等的夸张。朗读(诵)是一门口头语言的艺术,是将书面语言转化为发音规范的有声语言的活动。如果说写文章是一种创造,则朗读(诵)是一种再创造。

项目 2.1 朗读(诵)的技巧

朗读(诵)的技巧体现在呼吸、发音、吐字、停连、重音、语速、句调和语气 8 个方面。

一、呼吸

学会自如地控制自己的呼吸非常重要,因为这样发出来的声音坚实有力,音质优美,而且传送得较远。有的人在朗读时呼吸显得急促,甚至上气不接下气,这是因为他使用的是胸式呼吸,不能自如地控制自己的呼吸。朗读需要有较充足的气流,一般采用的是胸腹式呼吸法。呼吸的特点是胸腔、腹腔都配合着呼吸进行收缩或扩张,尤其要注意横膈膜的运动。可以进行缓慢而均匀的呼吸训练,从中体会用腹肌控制呼吸的方法;可以通过“同声韵四声夸张训练”,体会随音高变化而调整气流量、气流力度、呼吸支点上下通畅移动等呼吸控制运动状态。

1. 同声韵四声夸张组合训练

八拔把爸　坡婆叵破　猫毛卯貌　非肥匪废　多夺躲剁
偷头钭透　囡南赧难　拎林凛吝　跟哏艮茛　科咳可克
豁活火或　家颊假价　妻齐起气　些鞋写谢　珠竹主住
冲虫宠冲　声绳省圣　嚷瓤壤让　嘬昨左坐　村存忖寸
虽随髓岁　区渠取去　圈权犬劝　妞牛扭拗　先闲显现
晕云允运　星行醒性　挖娃瓦袜　挨癌矮爱　弯玩晚万

2. 绕口令呼吸训练

运用绕口令进行呼吸训练,目的在于扩大胸腔容量,有效控制气息。练习时,要从容适度,要快而柔和。用鼻子而不是用嘴吸气,用嘴吸气声音会给人以气喘吁吁的感觉。呼气要均匀、平缓,舒畅自如,切忌勉强造作。读绕口令时,要求连续快读,一气呵成。但不可为了追求一气读完,便含糊、吃字,注意每一个音要发得清楚、准确。

①出东门,过大桥,大桥底下一树枣儿。拿着竿子去打枣儿,青的多,红的少。一个枣儿,两个枣儿,三个枣儿,四个枣儿,五个枣儿,六个枣儿,七个枣儿,八个枣儿,九个枣儿,十个枣儿;十个枣儿,九个枣儿,八个枣儿,七个枣儿,六个枣儿,五个枣儿,四个枣儿,三个枣儿,两个枣儿,一个枣儿。这是一个绕口令儿,一口气儿说完才算好。

②一口气,数不了,二十四个葫芦,四十八块瓢,一个葫芦两块瓢,两个葫芦四块瓢,三个葫芦六块瓢,四个葫芦八块瓢,五个葫芦十块瓢,六个葫芦十二块瓢,七个葫芦十四块瓢,八个葫芦十六块瓢,九个葫芦十八块瓢,十个葫芦二十块瓢,十一个葫芦二十二块瓢,十二个葫芦二十四块瓢,十三个葫芦二十六块瓢,十四个葫芦二十八块瓢,十五个葫芦三十块瓢,十六个葫芦三十二块瓢,十七个葫芦三十四块瓢,十八个葫芦三十六块瓢,十九个葫芦三十八块瓢,二十个葫芦四十块瓢,二十一个葫芦四十二块瓢,二十二个葫芦四十四块瓢,二十三个葫芦四十六块瓢,二十四个葫芦四十八块瓢。

二、发音

发音的关键是嗓子的运用。朗读者的嗓音应该柔和、动听和富于表现力。为此,首先要注意保护自己的嗓子,不要长期高声喊叫,也不要让过热或过于辛辣的饮食刺激嗓子。其次要注意提高自己对嗓音的控制和调节能力。声音的高低是由声带的松紧决定的,音量的大小则是由发音时振动用力的大小决定的。朗读者不要自始至终高声大叫。再者还要注意调节共鸣,这是使音色柔和、响亮、动听的重要技巧。人们发声的时候,气流通过声门,振动声带发出声波,再经过口腔或鼻腔的共鸣,形成不同的音色。改变口腔或鼻腔的条件,音色就会大不相同。例如舌位靠前,共鸣腔浅,可使声音清脆;舌位靠后,共鸣腔深,可使声音洪亮刚强。

朗读(诵)时发音吐字的综合感觉应该是:声音像一条弹性的带子,下端从小腹拉出,垂直向上,至口咽腔,沿上腭中纵线前行,受口腔的节制,形成字音,字音好像被"吸着"而"挂"在硬腭前部(即声挂前腭),由上门齿处弹出,流动向前。

朗读(诵)发音的基本要求:准确规范,清晰流畅;圆润集中,朴实明朗;刚柔并济,虚实结合;色彩丰富,变化自如。

三、吐字

吐字的技巧不仅关系到音节的清晰度,而且关系到声音的圆润、饱满。要吐字清楚,首先要熟练地掌握常用词语的标准音。朗读(诵)时,要熟悉每个音节的声母、韵母、声调,按照它们的标准音发音。其次要力求克服发音含糊、吐字不清的毛病。导致这类毛病的原因一是在声母的成阻阶段比较马虎,不大注意发音器官的准确部位,二是在韵母阶段不大注意口形和舌位,三是发音吐字速度太快,没有足够的时值。朗读(诵)跟平时说话不同,要使每个音节都让听众或考官听清楚,发音就要有一定力度和时值,每个音素都要到位。平时多练习绕口令就是为了练好吐字的基本功。

朗读(诵)需要对每个音节保证一定的时值。语流中凡需要特别强调的音节、处在语句重音位置的音节、最集中体现语句目的的音节时值较长,长到何种程度需要依朗读(诵)者在语言表达中的理解和表达的需要而定。时值的变化虽然没有区别词义的作用,但是在语流中对语句目的强调的程度和情感表达的分寸都有重要的作用。

四、停连

停连包含两层意思,一是朗读进程中的停顿,二是朗读进程中的连读。如果应该停顿的地方不停顿,应该连读的地方未连读,就会出现"停连不当"以致破坏句子的现象。

停连有的是由于朗读者在朗读时生理上的需要,有的是句子结构上的需要,还有的是为了充分表达思想感情的需要,同时也可给听者一个领略和思考、理解和接受的余地,帮助听者理解文章含义,加深印象。停连是有声语言进行中显示语意、抒发感情的方法。

从生理上说,一口气读完一篇作品是不可能的,中间需要换气,要调节声音,要休息声带、唇舌,所以没有停顿不行;但同时也没有必要一字一顿地说话、读书,有声语言的表达没有连接也不成。

从心理上说,停连应该是积极主动的,需要服从思想感情运动的需要。只有服从了思想感情运动的需要,才能发挥有声语言运用停连表达情感的组织、区分、转折、呼应、回味、想象等作用。在停连的运用上,生理必须服从心理需要,不可因停害意,因停断情。

朗读(诵)时,有些句子较短,按书面标点停顿就可以。有些句子较长,结构比较复杂,句中虽没有标点符号,但为了表达清楚意思,中途也可以做些短暂的停顿。但如果停顿不当就会破坏句子的结构,称为读破句,朗读(诵)中忌读破句。正确的停连有以下几种类型。

1. 标点符号停顿

标点符号是书面语言的停顿符号,也是朗读(诵)作品时语言停顿的重要依据。标点符号的停顿规律一般是:句号、问号、感叹号、省略号停顿略长于分号、冒号、破折号、连接号;分号、冒号、破折号、连接号的停顿时间又长于逗号;逗号停顿的时间要比顿号停顿时间长些。以上停顿,也不是绝对的。有时为表达感情的需要,在没有标点的地方也可以停顿,在有标点的地方也可以不停顿。

2. 语法停顿

语法停顿是句子中间的自然停顿。它往往是为了强调、突出句子中主语、谓语、宾语、定语、状语或补语而做的短暂停顿。学习语法有助于在朗读中正确地停顿断句,不读破句,正确地表达作品的思想内容。

3. 感情停顿

感情停顿不受书面标点和句子语法关系的制约,完全是根据感情或心理的需要而做的停顿处理,它受感情支配,根据感情的需要决定停与不停。它的特点是声断而情不断,也就是声断情连。

【例文】

所以在这阴冷的四月里,奇迹不会发生。任凭游人扫兴和诅咒,牡丹/依然安之若素。它不苟且、不俯就、/不妥协、不媚俗,甘愿自己冷落自己,它遵循自己的花期、/自己的规律,/它有权利为自己选择/每年一度的盛大节日。/它为什么不拒绝寒冷?

(朗读作品 30 《牡丹的拒绝》)

七、八、九三个月/给我提供了/进行回顾、研究、写作的良机,/并将三者有机融合,而善于回顾、研究和总结/正是优秀教师素质中/不可缺少的成分。

(朗读作品 44 《我为什么当教师》)

注:“/”为停顿符号,“︵”为连接符号,以下同。

五、重音

重音是指那些在表情达意上起重要作用,在朗读时要加以特别强调的字、词或短语。重音是通过声音的强调突出语言意义的,它能给色彩鲜明、形象生动的词增加分量。重音有以下几种情况。

1. 语法重音

语法重音是按语言习惯自然重读的音节。这些重读的音节大都是按照平时的语言规律确定的。一般来说,语法重音不带特别强调的色彩。

2. 强调重音

强调重音不受语法制约,它是根据语句所要表达的重点决定的,它受表达者的意愿制约,在句子中的位置是不固定的。强调重音的作用在于揭示语言的内在含义。由于表达目的不同,强调重音就会落在不同的词语上,所揭示的含义也就不相同,表达的效果也不一样。

3. 感情重音

感情重音可以使朗读的色彩丰富,充满生气,具有较强的感染力。感情重音大部分出现在表现内心节奏强烈、情绪激动的地方。

重音表达方式包括重读、轻读、慢读、高读等。

【例文】

雪纷纷扬扬,下得很大。开始还伴着一阵儿小雨,不久就只见大片大片的雪花,从彤云密布的天空中飘落下来。地面上一会儿就白了。

(朗读作品5 《第一场雪》)

我有两个愿望,第一个是,妈妈天天笑眯眯地看着我说:“你真聪明。”第二个是,老师天天笑眯眯地看着我说:“你一点儿也不笨。”

(朗读作品51 《一个美丽的故事》)

注:打点为重音符号。

六、语速

作品的内容和体裁决定朗读(诵)的速度,其中内容是主要的。朗读(诵)时,适当掌握作品语速的快慢,可以渲染作品的情绪和气氛,增强语言的表达效果。

决定不同语速的因素有如下几种。

1. 不同的场面

急剧变化发展的场面宜用快读(朗读作品27 《麻雀》第四自然段);平静、严肃的场面宜用慢读(朗读作品35 《世间最美的坟墓》)。

2. 不同的心情

紧张、焦急、慌乱、热烈、欢畅的心情宜用快读(朗读作品18 《家乡的桥》第六自然段);沉重、悲痛、缅怀、悼念、失望的心情宜用慢读(朗读作品42 《我的母亲独一无二》第五自然段)。

3. 不同的叙述方式

作者的抨击、斥责、控诉、雄辩,宜用快读;一般的记叙、说明、追忆,宜用中读。

【例文】

反动派暗杀李先生的消息传出以后,大家听了都悲愤痛恨。我心里想,这些无耻的东西,不知他们是怎么想法,他们的心理是什么状态,他们的心怎样长的!(捶击桌子)其实很简单,他们这样疯狂地来制造恐怖,正是他们自己在慌啊!在害怕啊!所以他们制造恐怖,其实是他们自己在恐怖啊!特务们,你们想想,你们还有几天?你们完了,快完了!你们以为打伤几个,杀死几个,就可以了事,就可以把人民吓倒了吗?其实广大的人民是打不尽的,杀不完的!要是这样可以的话,世界上早没人了。

(闻一多《最后一次讲演》)

4. 不同的谈话方式

辩论、争吵、疾呼,宜用快读;闲谈、絮语,宜用慢读。

5. 不同的人物性格

年轻、机警、泼辣的人物的言语、动作宜用快读;年老、稳重、迟钝的人物的言语、动作宜用慢读。

读得快时，要特别注意吐字的清晰，不能为了读得快而含混不清，甚至“吃字”；读得慢时，要特别注意声音的明朗实在，不能因为读得慢而显得疲疲沓沓，松松垮垮。总之，在掌握朗读的速度时，要做到快而不乱和慢而不拖。

朗读任何一篇文章，都不能自始至终采用一成不变的速度。朗读者要根据作者的感情的起伏和事物的发展变化随时调整自己的朗读速度。

七、句调

句调指句子里声音高低升降的变化，其中以结尾的升降变化最为重要，一般是和句子的语气紧密结合的。朗读者如能注意句调的升降变化，语音就有了动听的腔调，听起来便具有音乐美，也就能够更细致地表达不同的思想感情。句调变化多端，主要有以下几种。

①高升调。高升调多在疑问句、反诘句、短促的命令句子里使用，或者是在表示愤怒、紧张、警告、号召的句子里使用。朗读时，注意前低后高、语气上扬。

②降抑调。降抑调一般用在感叹句、祈使句或表示坚决、自信、赞扬、祝愿等感情的句子里。表达沉痛、悲愤的感情，一般也用这种句调。朗读时，注意调子逐渐由高降低，尾字低而短。

③平直调。平直调一般多用在叙述、说明或表示迟疑、思索、冷淡、追忆、悼念等句子里。朗读时，始终平直舒缓，没有显著的高低变化。

④曲折调。曲折调用于表示特殊的感情，如讽刺、讥笑、夸张、强调、双关、特别惊异等句子里。朗读时由高而低后高，把句子中某些特殊的音节特别加重加高或拖长，形成一种升降曲折的变化。

句调能对声调产生一定的影响，比较突出地表现在句末音节（字词）上，一般情形如下。

1. 句调上升时

1）字调后部为上升，则使其升得更高一点

阳平＋升调：你去济南？

上声＋升调：你姓李？

2）字调是平的，则使字调后部上升

阴平＋升调：你喜欢小说？

3）字调是降的，则变为降升

去声＋升调：你想去重庆？

2. 句调下降时

1）字调后部为上升，则变为升降调

阳平＋降调：我去桂林。

上声＋降调：你快走。

2）字调是平的，则使字调变为平降调

阴平＋降调：我们今天去北京。

3）字调是降的，则降得更低

去声＋降调：她姓杜。

【例文】

朗诵叶挺的《囚歌》,注意句调的处理。

为人进出的门紧锁着,(→平调)[冷眼相看]

为狗爬出的洞敞开着,(→平调)

一个声音高叫着:爬出来吧,给你自由!(⤻曲调)[嘲讽]

我渴望自由,(→平调)

但我深深地知道——(→平调)

人的身躯怎能从狗洞子里爬出!(↑升调)[蔑视、愤慨、反击]

我希望有一天(→平调)

地下的烈火,(稍向上扬)[语意未完]

将我连这活棺材一起烧掉,(↓降调)[毫不犹豫]

我应该在烈火与热血中得到永生!(↓降调)[沉着、坚毅、充满自信]

八、语气

语气是朗读(诵)及说话的表达技巧之一,是"思想感情运动状态支配下语句的声音形式"。语气一方面是一定的具体思想感情,一方面是一定的具体声音形式。思想感情不同导致声音形式的变化,而恰当的声音形式将准确体现思想感情的运动状态,不恰当的声音形式将影响思想感情的准确体现。

思想感情包含两方面的内容:一是语气的感情色彩,一是语气的分量。语气的感情色彩,主要指语句所包含的喜、怒、哀、怨、惧、爱、憎等态度感情方面的具体性质。语气以句子为单位,但句子又存在于篇章之中,既要准确把握这一句的个性特点,又不能脱离具体的语境谈"个性"。语气的分量,是在把握语气感情色彩的基础上,进一步掌握其"度"的要求。语气的分量分为重度、中度、轻度三个等级。

语气的声音形式的变化主要是口腔状态、气息状态和声音各要素的变化造成的。表达不同的思想感情,口腔的松紧、开合,吐字力度的强弱,气息的深浅、强弱,声音的高低、强弱、长短和音色等都会有所不同。这些不同造成了声音形式的丰富变化,使语流呈现出波澜壮阔的状态。

此外,不同的体裁、不同的传播对象、不同的传播方式等都会对声音形式的运用产生影响,表现出的语气也就会有所不同。所以,应该注意不同语境对声音形式的不同要求。

【例文】

爱的凝聚

2月26日那天下午4点30分,由牡丹江开往天津的152次直快列车,在沈山线上一个不该停车的四等小站——高岭车站戛然停住了。

列车上的行李车车门打开以后,两个中年男子抱着一个满脸是血、瘫软昏迷的小男孩,匆匆来到车门前,乘务员把他们接上了车,列车一声长鸣,飞驰而去。

这个生命垂危的孩子叫王利军,刚刚七岁,是辽宁省绥中县小蝌蝗村小学学前班的儿童。这天下午两点多钟,小利军和邻居的两个小伙伴在一个柴火垛旁边玩耍时,被一匹受惊的骡子重重地在脑门上踢了一下。顿时,皮开肉绽,血流不止,昏倒在地上……

一个小时以后,小利军被送到了附近的高岭镇医院,医生打开包扎的围巾一看,深深的伤口中,破碎的颅骨隐约可见。医生对孩子的父母说:"孩子的伤势很重,这种手术我们这儿做不了,你们得赶紧转院。"孩子的父母心想:离高岭最近的大医院要数秦皇岛医院了。但是,高岭到秦皇岛没有直达慢车,快车呢在高岭火车站又不停,怎么去呢?

他们抱着因失血过多脸色苍白、双眼紧闭的小利军,心急火燎地赶到了高岭火车站调度室里,请求救援。值班员马永付见此情景,立即抓起直通锦州铁路分局调度所的电话,报告了这个紧急情况。锦州铁路分局调度所立即做出决定,同时下达命令给 152 次直快客车,在高岭火车站特殊停车一分钟。

152 次列车载着小利军火速前进,下午 5 点 15 分,开进了秦皇岛火车站。

小利军的父亲抱着孩子,急促地下了车,在纷乱的人流中,朝地下道口走去。这时候已经是傍晚时分,面对这座陌生的城市、陌生的人群,护送小利军的亲人茫然不知所措,医院在哪儿?怎么走?他们焦急万分!

突然,一位身穿铁路制服的女同志穿过拥挤的人群到他们跟前,问道:"同志,你们是从高岭站上车的吧?""是啊!""汽车在检票口儿外边等着你们哪!快带孩子去医院吧!"

简短、亲切的话语,使小利军的亲人们又惊又喜。

这位女同志是秦皇岛站客运值班员孟芙蓉。15 分钟之前,她接到山海关车站打来的电话,传达了 152 次列车的通知:让秦皇岛车站准备好汽车,孩子一到,立即送往医院。孟芙蓉脱不开身,就叫来了服务员杨晓峰,让他陪小利军去了市医院。

在秦皇岛市第一医院的急诊室里,值班医生检查了小利军的伤情,当即决定:"马上组织手术抢救!"

医院立即派车接来了脑外科医生杨宗德。这几天,杨大夫接连做了几个大手术,已经疲惫不堪。这天晚上,本想早点休息,但当他接到医院的通知后,迅速穿好衣服,赶到医院。

晚上 9 点钟,手术开始了。无影灯下,杨大夫用牵引器拉开伤口,仔细观察:伤口长约 10 厘米,颅骨粉碎性骨折,额骨凹陷 2 厘米,碎骨压在矢状窦上。这种手术,对于经验比较丰富的杨大夫来说,难度并不算大。但是,他深知矢状窦是向脑半球供血的主要血管,如果手术稍微不慎,被碎骨压迫,就会引起脑出血,那后果将不堪设想。

经过一个小时十分钟的紧张工作,手术成功了,孩子得救了。

十天以后,一个风和日丽、春意融融的下午,小利军拉着爸爸的手,谢过医护人员,蹦蹦跳跳地走出了医院。

小利军和他的亲人们,多么想一一去感谢那些挽救了他生命的人哪!然而,他们中的许多人,他没法子找到,他们挽救了小利军的生命之后,又带着安然的微笑,悄悄地回到了自己的岗位上,在繁忙的调度室,在奔驰的列车上……然而,小利军的心中将永远记住他们。因为,在他的生命中,曾凝聚着他们的爱!

(付程《实用播音教程:语言表达》第 2 册,2002 年,P205)

【分析】

《爱的凝聚》一文赞扬了社会各界为救受伤儿童小利军,克服种种困难,急人所急,真诚助人的动人事迹。文章的节奏类型为紧张型。紧张焦虑、热情赞扬为总的感情色彩和分量,但具体到文章的语句中其感情色彩的差异及分量差异又都是鲜明的,朗读者应注意把握语气。

第 1 自然段:叙述中提出了问题,开始气息较下沉,但到“高岭车站戛然停住了”,气息略上提,句尾落点略高。整句较紧凑。

第 2 自然段:感情色彩以紧张为主,词密度较大,气息沉中略提,语势平中略扬。

第 3 自然段:第 1 句,亲切地叙述,气息平稳,语势由低到高再向低;第 3 句,紧张急切,分量为重度,声音发展由低到高,幅度不大,口腔较紧。

第 4 自然段:第 4 句,内心焦虑,紧张思考,气息上提,吐字欲快还慢,语势盘旋上升。

第 5 自然段:第 2、3 句,以赞扬的色彩表现马永付等毫不推诿、急他人所急的精神,气息沉稳,吐字利落。

第 8 自然段:孟芙蓉的语言要体现出真诚的关切,声音较明亮畅达,语势略扬。

第 12 自然段:第 3 句,总体以赞扬为主,前部分量较轻,后部较重,前部口腔略松,后部略紧,声实气沉,吐字利落。

第 13 自然段:第 2 句,认真仔细地观察,气息为弱控制,略提,声虽轻但口腔略紧。

第 14 自然段:由衷的喜悦,气息下沉,口腔略松,语势由低到高再向低。

第 15 自然段:轻松喜悦的心情,活跃的气氛,声音较明亮,气息较饱满,语流有较明显的跳跃感。

第 16 自然段:第 1 句,感激的心情,气息沉稳,吐字饱满,字要叼住,但吐字力度不强;第 2 句,声音略低,气息略松,语言舒展;第 3、4 句,与第 1 句类似,分量略重。

项目2.2 诗词朗读(诵)训练

训练目标

①读得顺畅、读出节奏。

②读出感情、读出形象。

一、诗词朗读(诵)基础

诗词属于韵文范畴,相对于散文、小说而言,更讲究修辞与语音的搭配,构成一种特有的回肠荡气之美。朗读(诵)此类体裁,需要依据原文的格律美进行再创作,读出诗词的真情和神韵。

1. 读诗词的标准

以声传情和声情并茂,是读诗词的标准。这个标准具体阐释为四个方面:读得顺畅、读出节奏、读出感情、读出形象。

1)读得顺畅

读得不拗不阻、流利顺畅。要做到这一点,方法很简单:多读、熟读。

2)读出节奏

音乐有音乐的旋律,诗歌有诗歌的节奏。诗的语言是最富有节奏感和音乐美的,朗读(诵)的时候一定要注意。诗的节奏主要体现在停顿、轻重和缓急上,此外平仄和押韵也有一定影响。

3)读出感情

朗读(诵)者必须充分理解诗的内涵,充分了解作者的身世背景才有可能进入诗歌的意境,触摸到诗人的情感脉搏,从而唤起自己的内心体验,与诗人的情感同呼吸共命运,同患难共欢乐,完全融为一体。不仅能获得感官上的愉悦,还能得到审美上的享受。为达到朗读(诵)的此种境界,一方面需要加强修养,培养良好的情感品质;另一方面是对作品进行认真分析、揣摩和内化,产生与作者情感上的共鸣。在朗读(诵)的时候,要有一种"我就是作者"的感觉。就是说要把自己设想成作者的化身,自己就是抒情的主人,诗中的话就是我要说的话,诗中的情就是我要抒的情。

4)读出形象

根据作品提供的条件,在思想感情的支配下,充分发挥想象力,获得对诗中所反映的生活形象的感受。也就是说,朗诵的时候,脑海里要"过电影",不仅有情,而且有形,形神兼备,生动感人。

诗要反复吟,读诗倘能读出节奏,读出情感,读出形象,便是读出了诗味,也就达到了以声传情、声情并茂的境界。

2. 诗歌的选材

诗歌的选材主要是看作品的思想性和艺术性,但还有一些因素也是必须考虑的。

1)时代感

所选作品要富有时代气息,要能引起听者思想感情上的强烈共鸣。20 世纪 60 年代的《雷锋之歌》和 70 年代的《一月的哀思》《小草在歌唱》曾经震撼了多少人的心灵,使之产生了何等强烈的共鸣!20 世纪 80 年代以来,歌颂改革开放和社会主义建设的优秀作品也普遍受到人们的欢迎。过去的某些优秀作品在当时反响强烈,但今天拿来在一般场合朗诵,可能效果就不一定好了。所以选材一定要注意时代感。

2)场合

选材必须要考虑场合。中秋晚会,朗诵苏轼的《水调歌头》(明月几时有)、吴正的《月是故乡的圆》;庆祝教师节,朗诵徐鲁的《献给老师的花束》、尹世霖的《献给教师节的歌》,效果定然不错。屈原的作品在一般场合朗诵不太合适,但在中文系的诗词鉴赏会上就可以了。

3)对象

选材还得考虑对象,对象不同,朗诵的作品也应该不同,不能什么人都朗诵同一篇作品。一般不适合给小学生朗诵《致橡树》,也不适合对大学生朗诵《爸爸的老师》。

4)个人特点

选材还要顾及个人的特点,如年龄、气质、声音等。十几岁的初中生朗诵柳永的《雨霖铃》、戴望舒的《雨巷》,就不一定合适。声音比较单薄的人朗诵岳飞的《满江红》,效果是不会很好的。

3. 关于配乐

有的诗配上合适的音乐朗诵,确实能起到烘托气氛和渲染情感的积极作用,收到更好的效果。关键是音乐要配得好,一定要与朗诵作品相吻合,这并不容易,因为很难选到合适的音乐。真正讲究的是按照诗作现场创作音乐。要注意控制音量,不要喧宾夺主,压了朗诵。现在有些配乐诗朗诵,往往是临时抓音乐来放,有的根本与诗不协调,有的音量开得很大,严重地干扰了朗诵,其效果反倒弄巧成拙,费力不讨好。与其这样,不如不配。

二、诗词朗读(诵)技巧

1. 掌握诗词的停顿规律

格律诗词每句字数一定,节拍相同,节奏感强。诵读者应注意节奏的整齐匀称。五言诗一般是三顿,第一顿时间较长。七言诗一般是四顿,第二顿时间较长。五言有二一二的,有二二一的,七言有二二二一的,有二二一二的,读时要注意区别。例如李白的《塞下曲》:

五月天山雪,(二二一)无花只有寒。(二二一)
笛中闻折柳,(二一二)春色未曾看。(二二一)
晓战随金鼓,(二一二)宵眠抱玉鞍。(二一二)
愿将腰下剑,(二二一)直为斩楼兰。(二一二)

又如鲁迅的《无题》:

惯于长夜过春时,(二二一二)挈妇将雏鬓有丝。(二二一二)
梦里依稀慈母泪,(二二二一)城头变幻大王旗。(二二二一)
忍看朋辈成新鬼,(二二一二)怒向刀丛觅小诗。(二二一二)
吟罢低眉无写处,(二二一二)月光如水照缁衣。(二二一二)

一般来说,古诗特别是格律诗音顿比较固定,不能破坏,但也不能呆板地数着拍子一顿一顿地死读。要根据情感的需要、速度的变化和结构的特点,灵活处理。慢读时,音顿比较明显,快读时,音节之间衔接比较紧凑,音顿不明显。结构关系密切的,也要读得连贯些。

再比如杜甫的《绝句》:"两个黄鹂鸣翠柳,一行白鹭上青天。窗含西岭千秋雪,门泊东吴万里船。"前两句和后两句音顿不同。"两个黄鹂""一行白鹭"都是整体,作主语,要连贯。后两句是动宾结构,"西岭千秋雪""东吴万里船"是整体,要稍连,主要音顿在"窗含""门泊"之后,也就是说,二顿反而小于一顿。如果不是这样,而是二顿大于一顿,把"窗含"和"西岭"、"门泊"和"东吴"先组合,那就破坏了结构和意义,是绝对不行的。

词中也有不少七字句,有的音顿和诗是一样的,上四下三,如"无可奈何花落去,似曾相识燕归来"(晏殊《浣溪沙》),"四海翻腾云水怒,五洲震荡风雷激"(毛泽东《满江红·和郭沫若同志》),有的不一样,读时要注意。例如辛弃疾的《太常引》:

一轮秋影转金波,飞镜又重磨。
把酒问姮娥,被白发欺人奈何!
乘风好去,长空万里,直下看山河。
斫去桂婆娑,人道是清光更多。

这首词的第一句是上四下三,而第四句和最后一句,则是上三下四,要读成"被白发∨欺

人奈何”,“人道是∨清光更多”。还有秦观的《鹊桥仙》也有类似情况:

纤云弄巧,飞星传恨,银汉迢迢暗度。
金风玉露一相逢,便胜却人间无数。
柔情似水,佳期如梦,忍顾鹊桥归路。
两情若是久长时,又岂在朝朝暮暮。

这首词上下阕的最后一句,都是上三下四格式。

还有的更特殊,如“六朝旧事随流水,但寒烟衰草凝绿”(王安石《桂枝香·登临送月古》),“石榴半吐红巾蹙,待浮花浪蕊都尽,伴君幽独”(苏轼《贺新郎·夏景》)。其中的第二句都是一六格式,要断成“但∨寒烟衰草凝绿”“待∨浮花浪蕊都尽”。

新诗较散,句式长短不一。长句快点,停顿少点、短点;短句慢点,停顿多点、长点。这样,总体上依然是匀称的,具有整齐的美,但内部又有变化,具有参差美,便有了节奏感。例如,贺敬之《雷锋之歌》片段:

你用我们旗帜一样
鲜红的颜色,
写下了
你短暂的
却是不朽的
历史,
你在阶级的伟大事业里,
在“为人民服务”的无限之中,
找到了啊——
最壮丽的
人生!

按上述要求朗读这段诗,会感受到一种鲜明的节奏感。

读音的轻重、速度的快慢,随着情感的波澜而变化,形成了一种抑扬顿挫、轻重缓急的节奏感。

2. 读好诗词的韵脚

无论是绝句还是律诗,通常双句押韵,单句不押韵,首句有时也押韵。双句最后一个音节为韵脚,全诗一般押平声韵,一韵到底。诵读格律诗,不可以将韵脚含含糊糊一带而过,应适当加以强调。即便韵脚不是重音,也应比非韵脚音节诵读得响亮突出一些,给人以和谐优美和委婉动听的诗的美感。如贺知章的《咏柳》:“碧玉妆成一树高,万条垂下绿丝绦。不知细叶谁裁出,二月春风似剪刀。”其中一、二、四句押韵,押平声韵 ɑo,韵脚是“高”“绦”“刀”。诵读时应适当强调韵脚“高”“绦”“刀”的读音,使之清晰响亮、和谐动听。

3. 强调诗词的平仄

平仄是指声调的抑扬,平即平声,包括阴平和阳平;仄即仄声,包括上声、去声和入声(入声在普通话里已不复存在,分别归入阴、阳、上、去四声)。古人写诗,对平仄要求相当严格。有本句交替、对句对立、上下相黏之说。即一句之内平仄交替,一联之内上句和下句平仄相对,两联之间上联下句和下联上句平仄一致。例如王之涣的《登鹳雀楼》:

白日依山尽,(平仄平平仄) 黄河入海流。(平平仄仄平)

欲穷千里目,(仄平平仄仄) 更上一层楼。(仄仄仄平平)

平声字高扬,仄声字低抑。格律诗在字数、语节、韵脚已定情况下,有了平仄,诵读起来语势将更为错落有致,节奏也将更加鲜明。

诵读诗词,强调平仄但不必拘泥于平仄。这是指没有必要把入声字读成又短又促的古入声调子,而应按照普通话标准音读。入声字按照普通话标准音读,可能会出现上下句平仄不相对的情况,这时只要通过适当的诵读技巧处理,就可以使平仄不相对的情况得到改观。比如诵读“不识庐山真面目,只缘身在此山中”两句,本来上句的“识”是古入声字,和下句的平声字“缘”平仄相对,但“识”若按普通话标准音读阳平,就变得和“缘”不相对而相同了。怎么办?这时只要把阳平“识”的阳平时值读短促一些,不相对的情况就可以得到改观。因为阳平读短促一些,就显得不那么高扬,进而与高扬的“缘”形成基本相对的音感。凡是现在读阴平、阳平的古入声字,都可以通过这种方法处理。

4. 讲究诗词的对仗

对仗就是结构相同、词性相同、词义相对的上句和下句组成对偶句,比如“山重水复疑无路,柳暗花明又一村”两句。诵读这样的对偶句,应注意上下句的重音、节拍都要上下成对,以形成整齐优美且和谐悦耳的效果。

5. 体会诗词的意境

分析诗的意境,尽可能准确地表达出诗人的真实情怀。比如唐代诗人王维的《鹿柴》:“空山不见人,但闻人语响。返景入深林,复照青苔上。”这是一首五言绝句,全诗20字。前两句“空山不见人,但闻人语响”,写眼睛看到的景象和耳朵听到的声音。空荡的山中,看不到行人,说明了“静”。但“静”并不是万籁俱寂,正是因为“静”才能听到看不见的人说话的声音。有静有动,一幅优美的有声画面浮现于脑海。后两句“返景入深林,复照青苔上”描写深林夕照。“深林”“青苔”构成一片清幽的境界,一缕夕阳更为画面平添了些许生机,使人感到温暖而舒适。四句诗所表现出的声息、动态、色彩,仿佛可见可闻,给人诗情画意、身临其境之感。经过体会和想象,将自己融入诗中去感受,然后通过语调的变化,传达出诗歌优美静谧、引人入胜的意境。

古人写诗常以景托情,借所描写的景象来抒发自己的情怀。诵读格律诗之前,可了解一下诗人的身世境遇,然后琢磨诗中字词的含义,以此体味诗人的情怀,确定诵读的语调。

6. 把握练习的基调

基调是贯穿全篇作品的总的感情色彩和分量,也就是一篇作品的主导情感及其强度。诵读中要自始至终把握住基调。基调要既统一,又富于变化。全篇的处理都要服从于总的基调,但又不是从头到尾一个调,还要有变化,局部的变化又要服从于总的基调,不能游离基调外,即要做到基调统一。有人在朗诵《再别康桥》时,用了一种悲伤压抑的声调,这就不对了。阔别多年之后,诗人徐志摩又来到了自己曾经学习、生活过的地方——英国剑桥大学,心情是激动的。诗中表达的是无限欣喜、眷恋之情以及静思默想的心境,基调应当是明丽的、轻柔的、宁静的。

确定并把握好基调,重要的是要在内容上下功夫,达到真正的内化。了解作者的情况和风格特点,了解具体的写作背景,对把握基调是大有好处的。

游子吟

孟　郊

慈母手中线，游子身上衣。
临行密密缝，意恐迟迟归。
谁言寸草心，报得三春晖。

【朗读指导】

《游子吟》是唐代著名诗人孟郊的代表作，千百年来被人们广为传颂。

朗读此文，要情真意切。开始诵“慈母”时应快而有力，头脑中浮现母亲的形象，和蔼可亲的母亲定格在我们脑海中，“手中线”语气缓慢，一边读一边忆想母亲的点滴往事。“游子”声音略提高，“身上衣”声音低缓，前两字连读，“衣”字稍拖。“临行”节奏放慢，表现出难舍之情，“密密”连在一起，声音低沉且有力度，语速不宜快，“缝”声音缓和但吐字有力，延长读出。“意恐”音量稍高较慢，声音中饱含担心之意，表达出母亲对孩子的牵挂之情，“迟迟”两字声音比较低沉，语速适中。前四句是对人的特写，后两句则是对物的描写，由人及物达到升华主题的目的。虽然表面上看是描写大自然，但实际上也是对母亲的颂扬。“谁言”语气轻，语速缓和，“寸草心”连读，语气低缓。“报”响亮而有感情，“得”字紧跟“报”并延长时量，“三春晖”声音缓和并拖音读出，渗透着子女无法报答像阳光一样的母爱的内疚心情。

虞美人

李　煜

春花秋月何时了？
往事知多少。
小楼昨夜又东风，
故国不堪回首月明中。
雕栏玉砌应犹在，
只是朱颜改。
问君能有几多愁？
恰似一江春水向东流。

【朗读指导】

李煜的《虞美人》是千古传诵的佳作。此词是作者降宋后所作，用白描手法抒发出亡国之痛。

读这首词的基调是低沉的、郁闷的，也是觉醒的、理智的，故朗诵时不能像诵读李煜前期作品那样浪漫、高调。“春花秋月”隐含作者对往昔的留恋与痛惜，也蕴含宇宙永恒无常的哲理，音调相对后面可高一些，但“何时了”笔锋一转，直抒悲愁，要带痛亦质问之情，“何”重读，加强共鸣，声音拉长。“往事知多少”勾起了作者对过去的回忆，用叹息语气，

"往"要用气音,"知多少"在"事"后停顿一会儿再表达。"小楼昨夜又东风"是直述,在"又东风"前停顿,"又"字加重,但后句要马上承接上来。"不堪回首"重读,音调可放高,以示心中的呼号,而"月明中"要停顿后再读,调低沉,表达出无奈。"雕栏玉砌"声音平稳,应重读,"在"音不可长,稍带一丝气息,这是呼号后无力的停歇,使高昂与低沉形成对比。"只是"拉长音,腹部紧收,送气,"朱颜改"的停顿是"朱颜∨改"。"问君能有几多愁?"整句音调觉醒、理智,也为最后的一句自答做铺垫。"恰似一江春水向东流"音放低,用停顿,不能有激情成分,舒缓地,再度利用共鸣,"流"字送气轻而绵长,使全词在悲愁的基调中收尾。

七律·长征

毛泽东

红军不怕远征难,
万水千山只等闲。
五岭逶迤腾细浪,
乌蒙磅礴走泥丸。
金沙水拍云崖暖,
大渡桥横铁索寒。
更喜岷山千里雪,
三军过后尽开颜。

【朗读指导】

《七律·长征》是毛泽东的一首著名诗作。该诗写于1935年10月,当时中国工农红军经过二万五千里长征到达了陕北,取得了长征的伟大胜利。这就决定了该诗的朗诵基调:豪放大气,乐观向上。

第一句开头应缓慢,徐徐道来,以显示长征道路的艰难,"不怕"二字略重读,稍停,以表现红军战士的英勇气概。第二句"水"和"山"字,稍拖音,"闲"字快收,以表现路途虽遥远,但红军战士不畏艰险的精神。第三句"逶"和"迤"二字延长拖读,"腾"字快读,"细浪"紧跟送出。第四句"乌蒙磅礴"慢读,"走泥丸"略加快,用升调,显现无视困难的态度。下两句中,"沙"字与"拍"字,"渡"字与"横"字,均须略停,由"金沙"至"暖",语速逐渐加快,至"大渡"一句,语速由快及慢,"暖"用升调,"寒"用降调。接后一句,可用中速,恢复平直语调,缓缓述出,为下句蓄势,到"雪"字带升调。最后一句,以雄浑气势涌出,"尽开颜"一字一顿,加重音量,以展示胜利的喜悦心情。

青春之歌

阮章競

每个人只能得到一次生命,
每一年,只有三个月是春天。
琴弦断了,可以续一千次,
但是青春之歌,
却唱不了十个十年!

珍贵的青春之歌呀，
应该骑上天马，凌空高唱，
不应该躺在软沙地上，
为空虚的幻想低吟。

不要等待这样一天：
沙漠已经结满苹果，
荒山已经崛起新城，
冰川开着白色的素馨；
在那个时候，你才拄着拐棍，
踏着青年时代朋友的脚印，
歇在他们亲手栽出来的树阴下，
才听到你这同时代的人，
那副衰老而又沙哑的声音。

不要过着这样的日子：
在戈壁，或在草原的公园里，
一群小鹰似的儿童向你走来：
“公公，哪个石阶是你砌的？”
在那个时候，你才“英勇”地说：
“当时我正在编写争待遇、
忙风雨、搞恋爱、闹情绪的喜剧，
耽误了坐上那次直达快车，
结果是老态龙钟才赶到这里。”

【朗读指导】

这是一首青春的赞歌，基调是明朗向上的。

诗的第一节属直抒胸臆式的慨叹，“却”要重读，“唱不了十个十年”要语气加重，起惊叹的作用。“珍贵的青春之歌呀”这里的表达要坚定。

以下几节诗人以想象的画面用第二人称的口气劝诫人们要珍惜青春。语气深沉而诚恳，真心地告诫人们青春的可贵，不要因错过而追悔莫及。

教师的日历

林 染

教师的日历挂在哪里？
谁说挂在办公室的墙壁？
当一批毕业生走出校门，
便带走教师一页页日历——

飞行员把它贴上螺旋桨，

船长把它珍藏在罗盘里;
它带给荒山探矿的锤声,
它给沙漠增添绿色的欢喜。

它带着智慧飘向研究室,
那里将诞生高能加速器;
它也许又变成五月的繁花,
让新教师装点山寨、戈壁……

教师的日历不属于自己:
每分钟都是无私的赠礼;
每一页日历都洒满彻夜的灯光,
有一天将化为焰火万里。

教师的日历挂在哪里?
在天空,在海洋,在大地。
有一页飞上了我的诗笺,
这首诗就充满感激和敬意。

【朗读指导】

《教师的日历》含蓄而新颖地表达出对老师的崇敬之情。

第一节以教师的日历作引,委婉地导出下文:教师的日历,被学生们带走了一页又一页。第二、三节中的“螺旋桨”上、“研究室”中出现了教师的功劳,是教师“带给荒山探矿的锤声”,“给沙漠增添绿色的欢喜”。最后一节与首节相呼应,诗歌含蓄地表达出对教师的赞美。

全诗基调是轻柔明快的,作者采用柔和而内敛的抒情语气。朗诵时要娓娓道来,缓缓而诉,语调平和,饱含深情,不宜过分高扬。

项目2.3 作品朗读(诵)训练

训练目标

①朗读(诵)标准、流畅。
②朗读(诵)带有感情。

支撑知识

用于普通话水平测试的60篇朗读(诵)作品,选材广泛,偏重散文体裁,具有情感性及口语化特征,适宜朗读。作品朗读也是对应试者普通话运用能力的综合检测形式。在测查声母、韵母、声调读音标准程度的同时,重点测查连续音变、停连、语调以及流畅程度。朗读(诵)者如能明确其基本要求,掌握朗读(诵)的基本技巧,会使自身朗读(诵)能力得以提高。

一、使用普通话标准语音

朗读(诵)与说话不同,它除了要求应试者忠于作品原貌,不添字、漏字、改字和回读外,还要求朗读(诵)时在声母、韵母、声调、轻声、儿化、音变以及语句的表达方式等方面都符合普通话语音的规范。

1. 分辨普通话与方言在语音上的差异

普通话与方言在语音上的差异,大多数的情况下是有规律的。这种规律又分为大的规律和小的规律,规律之中往往又包含一些例外。单是总结还不够,要多查字典和词典,要加强记忆,反复练习。在练习中,不仅要注意声韵调方面的差异,还要注意轻声词和儿化韵的学习。

2. 读准多音字

一字多音是容易产生误读的重要原因之一,必须十分注意。多音字可以分两类学习:第一类是意义不同的多音字,要着重弄清它的各个不同的意义,从各个不同的意义记住其不同的读音;第二类是意义相同的多音字,要着重弄清其不同的使用场合,这类多音字大多数情况是,一个音使用场合“宽”,一个音使用场合“窄”,只要记住“窄”的即可。

3. 区别由字形相近或由偏旁类推引起的误读

由于字形相近把甲字张冠李戴地读成乙字,这种误读十分常见。由偏旁本身的读音或者由偏旁组成的较常用字的读音类推一个生字的读音而引起的误读,也很常见。所谓“秀才认字读半边”闹出笑话,就是指这种误读。

4. 读准异读词的读音

普通话词汇中,有一部分词(或词中的语素)音义相同或基本相同,但在习惯上有两个或几个不同的读法,这些被称为“异读词”。为了使这些读音规范,国家于20世纪50年代就组织了“普通话审音委员会”,并对普通话异读词的读音进行了审定。历经几十年,几易其稿。1985年,国家公布了《普通话异读词审音表》,要求全国文教、出版、广播及其他部门和行业所涉及的普通话异读词的读音、标音,均以新的审音表为准。在使用该审音表的时候,最好是对照着工具书(如《新华字典》《现代汉语词典》等)来看,先看某个字的全部读音、义项和用例,然后再看审音表中的读音和用例。比较以后,如发现两者有不符之处,一律以审音表为准,以达到读音规范的目的。

二、把握作品基调

①首先要熟悉作品,从理性上把握作品的思想内容和精神实质。只有透彻地理解,才能有深切的感受,才能准确地掌握作品的情调和节奏,正确地表现作品的思想感情。

第一,了解作者当时的思想和作品的时代背景。

第二,深刻理解作品的主题,这是深刻理解作品的关键。

第三,根据不同体裁作品的特点,熟悉作品的内容和结构。对于抒情性作品,应着重熟悉其抒情线索和感情基调;对于叙事性作品,应着重熟悉作品的情节和人物性格;对于论述文,需要通过逐段分析理解,抓住中心论点和各分论点,明确文章的论据和论述方法,或者抓住文章的说明次序及说明方法。总之,只有掌握了不同作品的特点,熟悉了作品的具体内容,才能准确地把握不同的朗读方法。

②设计方案,是指在深刻理解作品内容的基础上,设计如何通过语音的具体形式把原作的思想感情表达出来的总体部署。

第一,要根据不同文体,不同题材,不同语言风格以及不同听众对象等因素,确定朗读的基调。

第二,对整个作品的朗读方案应有总体考虑。例如作品中写景的地方怎么读?作品的高潮在什么地方?怎么安排快慢、高低、重音和停连等。

三、朗读各语调因素的运用

语调的内容比较复杂,可参见模块2开始提到的朗读(诵)技巧的各因素的运用,如语句的高低升降,声音的轻重快慢,句子、词语的停顿和连接,节拍群、语气词的运用,等等,此处不再赘述。

说明:

①本教材提供的60篇作品均为普通话水平测试必考篇目;

②每篇作品在第400个音节后用“//”标注,前400个音节为必测内容;

③每篇作品中的翘舌音节(前400个以内)用下加圆点的方式标注;

④每篇作品后都附有朗读指导。

作品1 《白杨礼赞》

那是力争上游的一种树,笔直的干,笔直的枝。它的干呢,通常是丈把高,像是加以人工似的,一丈以内,绝无旁枝;它所有的桠枝呢,一律向上,而且紧紧靠拢,也像是加以人工似的,成为一束,绝无横斜逸出;它的宽大的叶子也是片片向上,几乎没有斜生的,更不用说倒垂了;它的皮,光滑而有银色的晕圈,微微泛出淡青色。这是虽在北方的风雪的压迫下却保持着倔强挺立的一种树!哪怕只有碗来粗细罢,它却努力向上发展,高到丈许,两丈,参天耸立,不折不挠,对抗着西北风。

这就是白杨树,西北极普通的一种树,然而决不是平凡的树!

它没有婆娑的姿态,没有屈曲盘旋的虬枝,也许你要说它不美丽,——如果美是专指“婆娑”或“横斜逸出”之类而言,那么白杨树算不得树中的好女子;但是它却是伟岸,正直,朴素,严肃,也不缺乏温和,更不用提它的坚强不屈与挺拔,它是树中的伟丈夫!当你在积雪初融的高原上走过,看见平坦的大地上傲然挺立这么一株或一排白杨树,难道你就只觉得树只是树,难道你就不想到它的朴质,严肃,坚强不屈,至少也象征了北方的农民;难道你竟一点儿也不联想到,在敌后的广大土//地上,到处有坚强不屈,就像这白杨树一样傲然挺立的守卫他们家乡的哨兵!难道你又不更远一点想到这样枝枝叶叶靠紧团结,力求上进的白杨树,宛然象征了今天在华北平原纵横决荡用血写出新中国历史的那种精神和意志。

（节选自茅盾《白杨礼赞》）

【朗读指导】

①前400个音节(双斜杠“//”前,后面作品同此,不再说明)中翘舌声母87个。

②后鼻韵母(不包括ong、iong,后面作品同此,不再说明)51个,包括:

ang 上6 常 丈5 旁 向3 方2 抗 当

eng 争 成 横2 生 更2 风2 正 征

ing 青 挺3 平2 竟

iang 像2 强(jiàng) 杨3 强(qiáng)2 象 想2

uang 光 广

③轻声词46个,如“丈夫”等。

④整篇作品用较明亮的实声,以体现“赞颂”的情绪。

作品2 《差别》

两个同龄的年轻人同时受雇于一家店铺,并且拿同样的薪水。

可是一段时间后,叫阿诺德的那个小伙子青云直上,而那个叫布鲁诺的小伙子却仍在原地踏步。布鲁诺很不满意老板的不公正待遇。终于有一天他到老板那儿发牢骚了。老板一边耐心地听着他的抱怨,一边在心里盘算着怎样向他解释清楚他和阿诺德之间的差别。

“布鲁诺先生,”老板开口说话了,“您现在到集市上去一下,看看今天早上有什么卖的。”

布鲁诺从集市上回来向老板汇报说,今早集市上只有一个农民拉了一车土豆在卖。

“有多少?”老板问。

布鲁诺赶快戴上帽子又跑到集上,然后回来告诉老板一共四十袋土豆。

“价格是多少?”

布鲁诺又第三次跑到集上问来了价格。

“好吧,”老板对他说,“现在请您坐到这把椅子上一句话也不要说,看看阿诺德怎么说。”

阿诺德很快就从集市上回来了。向老板汇报说到现在为止只有一个农民在卖土豆,一共四十口袋,价格是多少多少;土豆质量很不错,他带回来一个让老板看看。这个农民一个钟头以后还会弄来几箱西红柿,据他看价格非常公道。昨天他们铺子的西红柿卖得很快,库存已经不//多了。他想这么便宜的西红柿,老板肯定会要进一些的,所以他不仅带回了一个西红柿做样品,而且把那个农民也带来了,他现在正在外面等回话呢。

此时老板转向了布鲁诺,说:“现在您肯定知道为什么阿诺德的薪水比您高了吧!”

（节选自张健鹏、胡足青主编《故事时代》中《差别》）

【朗读指导】

①前400个音节中翘舌声母59个。

②后鼻韵母24个,包括:

ang 上10 让 常

eng 仍 正 生

ing 龄 轻 并 青

iang 两 样2 量 箱

③轻声词58个,如“小伙子”“盘算”“先生”“早上”“什么”“怎么”“口袋”等。

④整篇作品对话较多,可表现不同人物的语气,但不必分角色扮演。

作品3 《丑石》

我常常遗憾我家门前的那块丑石:它黑黝黝地卧在那里,牛似的模样;谁也不知道是什么时候留在这里的,谁也不去理会它。只是麦收时节,门前摊了麦子,奶奶总是说:这块丑石,多占地面呀,抽空把它搬走吧。

它不像汉白玉那样的细腻,可以刻字雕花,也不像大青石那样的光滑,可以供来浣纱捶布。它静静地卧在那里,院边的槐阴没有庇覆它,花儿也不再在它身边生长。荒草便繁衍出来,枝蔓上下,慢慢地,它竟锈上了绿苔、黑斑。我们这些做孩子的,也讨厌起它来,曾合伙要搬走它,但力气又不足;虽时时咒骂它,嫌弃它,也无可奈何,只好任它留在那里了。

终有一日,村子里来了一个天文学家。他在我家门前路过,突然发现了这块石头,眼光立即就拉直了。他再没有离开,就住了下来;以后又来了好些人,都说这是一块陨石,从天上落下来已经有二三百年了,是一件了不起的东西。不久便来了车,小心翼翼地将它运走了。

这使我们都很惊奇,这又怪又丑的石头,原来是天上的啊!它补过天,在天上发过热、闪过光,我们的先祖或许仰望过它,它给了他们光明、向往、憧憬;而它落下来了,在污土里,荒草里,一躺就//是几百年了!

我感到自己的无知,也感到了丑石的伟大,我甚至怨恨它这么多年竟会默默地忍受着这一切!而我又立即深深地感到它那种不屈于误解、寂寞的生存的伟大。

(节选自贾平凹《丑石》)

【朗读指导】

①前400个音节中翘舌声母65个。

②后鼻韵母27个,包括:

ang 常2 长 上5

eng 生

ing 青 静2 明 憬

iang 样3 仰 向

uang 光4 荒2 望 往

③轻声词67个,如“力气”“石头”“东西”等。

④作品属抒情散文,比较好读。朗读时可充分利用其中的轻声词体现抑扬顿挫的美感。

作品4 《达瑞的故事》

在达瑞八岁的时候,有一天他想去看电影。因为没有钱,他想是向爸妈要钱,还是自己挣钱。最后他选择了后者。他自己调制了一种汽水,向过路的行人出售。可那时正是寒冷的冬天,没有人买,只有两个人例外——他的爸爸和妈妈。

他偶然有一个和非常成功的商人谈话的机会。当他对商人讲述了自己的"破产史"后,商人给了他两个重要的建议:一是尝试为别人解决一个难题;二是把精力集中在你知道的、你会的和你拥有的东西上。

这两个建议很关键。因为对于一个八岁的孩子而言,他不会做的事情很多。于是他穿过大街小巷,不停地思考:人们会有什么难题,他又如何利用这个机会?

一天,吃早饭时父亲让达瑞去取报纸。美国的送报员总是把报纸从花园篱笆的一个特制的管子里塞进来。假如你想穿着睡衣舒舒服服地吃早饭和看报纸,就必须离开温暖的房间,冒着寒风,到花园去取。虽然路短,但十分麻烦。

当达瑞为父亲取报纸的时候,一个主意诞生了。当天他就按响邻居的门铃,对他们说,每个月只需付给他一美元,他就每天早上把报纸塞到他们的房门底下。大多数人都同意了,很快他有//了七十多个顾客。一个月后,当他拿到自己赚的钱时,觉得自己简直是飞上了天。

很快他又有了新的机会,他让他的顾客每天把垃圾袋放在门前,然后由他早上运到垃圾桶里,每个月加一美元。之后他还想出了许多孩子赚钱的办法,并把它集结成书,书名为《儿童挣钱的二百五十个主意》。为此,达瑞十二岁时就成了畅销书作家,十五岁有了自己的谈话节目,十七岁就拥有了几百万美元。

(节选自[德]博多·舍费尔《达瑞的故事》,刘志明译)

【朗读指导】

①前400个音节中翘舌声母77个。

②后鼻韵母33个,包括:

ang 常 商3 当3 尝 上2 让 房2

eng 挣 正 冷 成 风 生

ing 影 行 精 停 铃

iang 想3 向2 两3 讲

③轻声词64个,如"东西""篱笆""麻烦""主意"等。

④作品属记叙性散文,比较好读。注意人名中的声母r发音。

作品5 《第一场雪》

这是入冬以来,胶东半岛上第一场雪。

雪纷纷扬扬,下得很大。开始还伴着一阵儿小雨,不久就只见大片大片的雪花,从彤云密布的天空中飘落下来。地面上一会儿就白了。冬天的山村,到了夜里就万籁俱寂,只听得雪花簌簌地不断往下落,树木的枯枝被雪压断了,偶尔咯吱一声响。

大雪整整下了一夜。今天早晨,天放晴了,太阳出来了。推开门一看,嗬!好大的雪啊!山川、河流、树木、房屋,全都罩上了一层厚厚的雪,万里江山,变成了粉妆玉砌的世界。落光了叶子的柳树上挂满了毛茸茸亮晶晶的银条儿;而那些冬夏常青的松树和柏树上,则挂满了蓬松松沉甸甸的雪球儿。一阵风吹来,树枝轻轻地摇晃,美丽的银条儿和雪球儿簌簌地落下来,玉屑似的雪末儿随风飘扬,映着清晨的阳光,显出一道道五光十色的彩虹。

大街上的积雪足有一尺多深,人踩上去,脚底下发出咯吱咯吱的响声。一群群孩子在雪地里堆雪人,掷雪球儿。那欢乐的叫喊声,把树枝上的雪都震落下来了。

俗话说,“瑞雪兆丰年”。这个话有充分的科学根据,并不是一句迷信的成语。寒冬大雪,可以冻死一部分越冬的害虫;融化了的水渗进土层深处,又能供应//庄稼生长的需要。我相信这一场十分及时的大雪,一定会促进明年春季作物,尤其是小麦的丰收。有经验的老农把雪比做是“麦子的棉被”。冬天“棉被”盖得越厚,明春麦子就长得越好,所以又有这样一句谚语:“冬天麦盖三层被,来年枕着馒头睡。”

我想,这就是人们为什么把及时的大雪称为“瑞雪”的道理吧。

(节选自峻青《第一场雪》)

【朗读指导】

①前400个音节中翘舌声母77个。

②后鼻韵母49个,包括:

ang 上8 场 放 房 常

eng 声3 整2 层2 成2 蓬 风2 丰 能

ing 晴 晶2 青 轻2 映 清 应

iang 扬3 阳2 江 响2

uang 往 妆 光3 晃

③轻声词65个,如“部分”等。

④作品属记叙性散文,比较好读。朗读时注意读好文中的儿化词、叠音词以及难点词,如“彤(tóng)云密布”“万籁(lài)俱寂(jì)”“簌(sù)簌”“粉妆(zhuāng)玉砌(qì)”“掷(zhì)”“充分(fèn)”“渗(shèn)进”“供(gōng)应”。

作品6 《读书人是幸福人》

我常想读书人是世间幸福人,因为他除了拥有现实的世界之外,还拥有另一个更为浩瀚也更为丰富的世界。现实的世界是人人都有的,而后一个世界却为读书人所独有。由此我想,那些失去或不能阅读的人是多么的不幸,他们的丧失是不可补偿的。世间有诸多的不平等,财富的不平等,权力的不平等,而阅读能力的拥有或丧失却体现为精神的不平等。

一个人的一生,只能经历自己拥有的那一份欣悦,那一份苦难,也许再加上他亲自闻知的那一些关于自身以外的经历和经验。然而,人们通过阅读,却能进入不同时空的诸多他人的世界。这样,具有阅读能力的人,无形间获得了超越有限生命的无限可能性。阅读不仅使他多识了草木虫鱼之名,而且可以上溯远古下及未来,饱览存在的与非存在的奇风异俗。

更为重要的是,读书加惠于人们的不仅是知识的增广,而且还在于精神的感化与陶冶。人们从读书学做人,从那些往哲先贤以及当代才俊的著述中学得他们的人格。人们从《论语》中学得智慧的思考,从《史记》中学得严肃的历史精神,从《正气歌》中学得人格的刚烈,从马克思学得人世//的激情,从鲁迅学得批判精神,从托尔斯泰学得道德的执着。歌德的诗句刻写着睿智的人生,拜伦的诗句呼唤着奋斗的热情。一个读书人,一个有机会拥有超乎个人生命体验的幸运人。

（节选自谢冕《读书人是幸福人》）

【朗读指导】

①前400个音节中翘舌声母78个。

②后鼻韵母48个，包括：

ang 常 丧2 偿 上2 当 刚

eng 更3 丰 能6 等4 生2 风 增 正

ing 幸2 另 平4 精3 经3 形 性 名

iang 想2 样

uang 广 往

③轻声词45个，如“人们”“知识”“他们”等。

④作品属议论性散文。朗读时中速，读准文中的高频词，如“人”“不平等”“人们”“学得(dé)”等。

作品7 《二十美金的价值》

一天，爸爸下班回到家已经很晚了，他很累也有点儿烦，他发现五岁的儿子靠在门旁正等着他。

“爸，我可以问您一个问题吗？”

“什么问题？”“爸，您一小时可以赚多少钱？”“这与你无关，你为什么问这个问题？”父亲生气地说。

“我只是想知道，请告诉我，您一小时赚多少钱？”小孩儿哀求道。“假如你一定要知道的话，我一小时赚二十美金。”

“哦，”小孩儿低下了头，接着又说，“爸，可以借我十美金吗？”父亲发怒了：“如果你只是要借钱去买毫无意义的玩具的话，给我回到你的房间睡觉去。好好想想为什么你会那么自私。我每天辛苦工作，没时间和你玩儿小孩子的游戏。”

小孩儿默默地回到自己的房间关上门。

父亲坐下来还在生气。后来，他平静下来了。心想他可能对孩子太凶了——或许孩子真的很想买什么东西，再说他平时很少要过钱。

父亲走进孩子的房间：“你睡了吗？”“爸，还没有，我还醒着。”孩子回答。

“我刚才可能对你太凶了，”父亲说，“我不应该发那么大的火儿——这是你要的十美金。”“爸，谢谢您。”孩子高兴地从枕头下拿出一些被弄皱的钞票，慢慢地数着。

“为什么你已经有钱了还要？”父亲不解地问。

“因为原来不够，但现在凑够了。”孩子回答，“爸，我现在有//二十美金了，我可以向您买一个小时的时间吗？明天请早一点儿回家——我想和您一起吃晚餐。”

（节选自唐继柳编译《二十美金的价值》）

【朗读指导】

①前400个音节中翘舌声母51个。

②后鼻韵母24个，包括：

ang 旁 上 刚

eng 正 等 生2 能2

ing 请 定 平2 静 醒 应 兴 经2

iang 想5

③轻声词64个,如“儿子”“什么”“告诉”“东西”“枕头”等。

④作品属记叙性散文,对话较多,比较好读。朗读时用准确的语气读好对话,并注意文中的儿化音。

作品8 《繁星》

我爱月夜,但我也爱星天。从前在家乡七八月的夜晚在庭院里纳凉的时候,我最爱看天上密密麻麻的繁星。望着星天,我就会忘记一切,仿佛回到了母亲的怀里似的。

三年前在南京我住的地方有一道后门,每晚我打开后门,便看见一个静寂的夜。下面是一片菜园,上面是星群密布的蓝天。星光在我们的肉眼里虽然微小,然而它使我们觉得光明无处不在。那时候我正在读一些天文学的书,也认得一些星星,好像它们就是我的朋友,它们常常在和我谈话一样。

如今在海上,每晚和繁星相对,我把它们认得很熟了。我躺在舱面上,仰望天空。深蓝色的天空里悬着无数半明半昧的星。船在动,星也在动,它们是这样低,真是摇摇欲坠呢!渐渐地我的眼睛模糊了,我好像看见无数萤火虫在我的周围飞舞。海上的夜是柔和的,是静寂的,是梦幻的。我望着许多认识的星,我仿佛看见它们在对我眨眼,我仿佛听见它们在小声说话。这时我忘记了一切。在星的怀抱中我微笑着,我沉睡着。我觉得自己是一个小孩子,现在睡在母亲的怀里了。

有一夜,那个在哥伦波上船的英国人指给我看天上的巨人。他用手指着://那四颗明亮的星是头,下面的几颗是身子,这几颗是手,那几颗是腿和脚,还有三颗星算是腰带。经他这一番指点,我果然看清楚了那个天上的巨人。看,那个巨人还在跑呢!

(节选自巴金《繁星》)

【朗读指导】

①前400个音节中翘舌声母64个。

②后鼻韵母50个,包括:

ang 上7 仿3 常2 躺 舱

eng 正 梦 声

ing 星12 庭 京 静2 明2 睛 萤 听

iang 凉 像2 样 相 仰

uang 望3 忘2 光

③轻声词77个,如“时候”“地方”“我们”“它们”“眼睛”“模糊”等。

④作品属记叙性散文,后鼻音ing较多,要注意把握。

作品9 《风筝畅想曲》

假日到河滩上转转,看见许多孩子在放风筝。一根根长长的引线,一头系在天上,一头系在地上,孩子同风筝都在天与地之间悠荡,连心也被悠荡得恍恍惚惚了,好像又回到了童年。

儿时的放风筝,大多是自己的长辈或家人编扎的,几根削得很薄的篾,用细纱线扎成各种鸟兽的造型，糊上雪白的纸片，再用彩笔勾勒出面孔与翅膀的图案。通常扎得最多的是“老雕”“美人儿”“花蝴蝶”等。

我们家前院就有位叔叔，擅扎风筝，远近闻名。他扎的风筝不只体型好看，色彩艳丽，放飞得高远，还在风筝上绷一叶用蒲苇削成的膜片，经风一吹，发出“嗡嗡”的声响，仿佛是风筝的歌唱，在蓝天下播扬，给开阔的天地增添了无尽的韵味，给驰荡的童心带来几分疯狂。

我们那条胡同的左邻右舍的孩子们放的风筝几乎都是叔叔编扎的。他的风筝不卖钱，谁上门去要，就给谁，他乐意自己贴钱买材料。

后来，这位叔叔去了海外，放风筝也渐与孩子们远离了。不过年年叔叔给家乡写信，总不忘提起儿时的放风筝。香港回归之后，他在家信中说到，他这只被故乡放飞到海外的风筝，尽管飘荡游弋，经沐风雨，可那线头儿一直在故乡和//亲人手中牵着，如今飘得太累了，也该要回归到家乡和亲人身边来了。

是的。我想，不光是叔叔，我们每个人都是风筝，在妈妈手中牵着，从小放到大，再从家乡放到祖国最需要的地方去啊！

（节选自李恒瑞《风筝畅想曲》）

【朗读指导】

①前400个音节中翘舌声母66个。

②后鼻韵母75个，包括：

ang 上6 放7 长3 荡4 膀 常 仿 唱 港

eng 风14 筝12 成2 绷 声 增 疯

ing 型2 名 经2

iang 像 响 扬 乡3 香

uang 恍2 狂 忘

ueng 嗡2

③轻声词64个，如“转转”“孩子”“风筝”等。

④作品属记叙性散文，后鼻音ang和eng较多，要注意把握。

作品10 《父亲的爱》

爸不懂得怎样表达爱，使我们一家人融洽相处的是我妈。他只是每天上班下班，而妈则把我们做过的错事开列清单，然后由他来责骂我们。

有一次我偷了一块糖果，他要我把它送回去，告诉卖糖的说是我偷来的，说我愿意替他拆箱卸货作为赔偿。但妈妈却明白我只是个孩子。

我在运动场打秋千跌断了腿，在前往医院的途中一直抱着我的，是我妈。爸把汽车停在急诊室门口，他们叫他驶开，说那空位是留给紧急车辆停放的。爸听了便叫嚷道：“你以为这是什么车？旅游车？”

在我生日会上，爸总是显得有些不大相称。他只是忙于吹气球，布置餐桌，做杂务。把插着蜡烛的蛋糕推过来让我吹的，是我妈。

我翻阅照相册时，人们总是问：“你爸爸是什么样子的？”天晓得！他老是忙着替别人拍照。妈和我笑容可掬地一起拍的照片，多得不可胜数。

我记得爸有一次教我骑自行车。我叫他别放手,但他却说是应该放手的时候了。我摔倒之后,妈跑过来扶我,爸却挥手要她走开。我当时生气极了,决心要给他点儿颜色看。于是我马上爬上自行车,而且自己骑给他看。他只是微笑。

我念大学时,所有的家信都是妈写的。他//除了寄支票外,还寄过一封短柬给我,说因为我不在草坪上踢足球了,所以他的草坪长得很美。

每次我打电话回家,他似乎都想跟我说话,但结果总是说:“我叫你妈来接。”

我结婚时,掉眼泪的是我妈。他只是大声擤了一下鼻子,便走出房间。

我从小到大都听他说:“你到哪里去?什么时候回家?汽车有没有汽油?不,不准去。”爸完全不知道怎样表达爱。除非……

会不会是他已经表达了,而我却未能察觉?

(节选自[美]艾尔玛·邦贝克《父亲的爱》)

【朗读指导】

①前400个音节中翘舌声母83个。

②后鼻韵母33个,包括:

ang 上4 糖2 偿 场 放3 嚷 忙2 让 当

eng 生2 胜

ing 清 明 停2 听 行2 应

iang 样 相3 箱 辆

uang 往

③轻声词49个,如“我们”“告诉”“明白”“什么”“人们”“时候”等。

④作品属记叙性散文,比较好读。

作品11 《国家荣誉感》

一个大问题一直盘踞在我脑袋里:

世界杯怎么会有如此巨大的吸引力?除去足球本身的魅力之外,还有什么超乎其上而更伟大的东西?

近来观看世界杯,忽然从中得到了答案:是由于一种无上崇高的精神情感——国家荣誉感!

地球上的人都会有国家的概念,但未必时时都有国家的感情。往往人到异国,思念家乡,心怀故国,这国家概念就变得有血有肉,爱国之情来得非常具体。而现代社会,科技昌达,信息快捷,事事上网,世界真是太小太小,国家的界限似乎也不那么清晰了。再说足球正在快速世界化,平日里各国球员频繁转会,往来随意,致使越来越多的国家联赛都具有国际的因素。球员们不论国籍,只效力于自己的俱乐部,他们比赛时的激情中完全没有爱国主义的因子。

然而,到了世界杯大赛,天下大变。各国球员都回国效力,穿上与光荣的国旗同样色彩的服装。在每一场比赛前,还高唱国歌以宣誓对自己祖国的挚爱与忠诚。一种血缘情感开始在全身的血管里燃烧起来,而且立刻热血沸腾。

在历史时代,国家间经常发生对抗,好男儿戎装卫国。国家的荣誉往往需要以自己的生命去换//取。但在和平时代,唯有这种国家之间大规模对抗性的大赛,才可以唤起那种遥远而神圣的情感，那就是：为祖国而战！

（节选自冯骥才《国家荣誉感》）

【朗读指导】

①前400个音节中翘舌声母72个。

②后鼻韵母37个，包括：

ang 上5 常2 昌 场 唱 抗

eng 更 正 诚 生2

ing 精 情5 清 平 经 命

iang 乡 样

uang 网 光 装2 往5

③轻声词38个，如“脑袋”“怎么”“什么”“东西”等。

④作品属议论性散文，语速为中速，注意其中“血”的读法。“有血有肉”带口语色彩，其中的“血”读 xiě，其余书面词语如“血管”“热血沸腾”中的“血”读 xuè。

作品12 《海滨仲夏夜》

夕阳落山不久，西方的天空，还燃烧着一片橘红色的晚霞。大海，也被这霞光染成了红色，而且比天空的景色更要壮观。因为它是活动的，每当一排排波浪涌起的时候，那映照在浪峰上的霞光，又红又亮，简直就像一片片霍霍燃烧着的火焰，闪烁着，消失了。而后面的一排，又闪烁着，滚动着，涌了过来。

天空的霞光渐渐地淡下去了，深红的颜色变成了绯红，绯红又变为浅红。最后，当这一切红光都消失了的时候，那突然显得高而远了的天空，则呈现出一片肃穆的神色。最早出现的启明星，在这蓝色的天幕上闪烁起来了。它是那么大，那么亮，整个广漠的天幕上只有它在那里放射着令人注目的光辉，活像一盏悬挂在高空的明灯。

夜色加浓，苍空中的“明灯”越来越多了。而城市各处的真的灯火也次第亮了起来，尤其是围绕在海港周围山坡上的那一片灯光，从半空倒映在乌蓝的海面上，随着波浪，晃动着，闪烁着，像一串流动着的珍珠，和那一片片密布在苍穹里的星斗互相辉映，煞是好看。

在这幽美的夜色中，我踏着软绵绵的沙滩，沿着海边，慢慢地向前走去。海水，轻轻地抚摸着细软的沙滩，发出温柔的//刷刷声。晚来的海风，清新而又凉爽。我的心里，有着说不出的兴奋和愉快。

夜风轻飘飘地吹拂着，空气中飘荡着一种大海和田禾相混合的香味儿，柔软的沙滩上还残留着白天太阳炙晒的余温。那些在各个工作岗位上劳动了一天的人们，三三两两地来到这软绵绵的沙滩上，他们浴着凉爽的海风，望着那缀满了星星的夜空，尽情地说笑，尽情地休憩。

（节选自峻青《海滨仲夏夜》）

【朗读指导】

①前400个音节中翘舌声母80个。

②后鼻韵母54个，包括：

ang 方 当 浪3 上5 放 港 苍2

eng 成2 更 峰 呈 整 灯3 城

ing 景 映3 明3 星2 令 轻2

iang 阳 亮3 像3 相 向

uang 光6 壮 广 晃

③轻声词74个,如“时候”等。

④作品属记叙性散文,抒情色彩浓厚,比较好读,读时需特别把握好重音、语速、停连等语调因素。

作品13 《海洋与生命》

生命在海洋里诞生绝不是偶然的,海洋的物理和化学性质,使它成为孕育原始生命的摇篮。

我们知道,水是生物的重要组成部分,许多动物组织的含水量在百分之八十以上,而一些海洋生物的含水量高达百分之九十五。水是新陈代谢的重要媒介,没有它,体内的一系列生理和生物化学反应就无法进行。生命也就停止。因此,在短时期内动物缺水要比缺少食物更加危险。水对今天的生命是如此重要,它对脆弱的原始生命,更是举足轻重了。生命在海洋里诞生,就不会有缺水之忧。

水是一种良好的溶剂。海洋中含有许多生命所必需的无机盐,如氯化钠、氯化钾、碳酸盐、磷酸盐,还有溶解氧。原始生命可以毫不费力地从中吸取它所需要的元素。

水具有很高的热容量,加之海洋浩大,任凭夏季烈日曝晒,冬季寒风扫荡,它的温度变化却比较小。因此,巨大的海洋就像是天然的“温箱”,是孕育原始生命的温床。

阳光虽然为生命所必需,但是阳光中的紫外线却有扼杀原始生命的危险。水能有效吸收紫外线。因而又为原始生命提供了天然的“屏障”。

这一切都是原始生命得以产生和发展的必要条件。//

(节选自童裳亮《海洋与生命》)

【朗读指导】

①前400个音节中翘舌声母94个。

②后鼻韵母65个,包括:

ang 上 荡 障

eng 成2 更2 风 能 生20

ing 性 命10 应 行 停 轻 凭 屏

iang 洋7 量3 良 氧 像 箱 阳2

uang 床 光2

③轻声词32个,如“部分”等。

④作品属说明性文章,生僻词较多,不太好读,读时用中速,应吐字清晰。

作品14 《和时间赛跑》

读小学的时候,我的外祖母去世了。外祖母生前最疼爱我,我无法排除自己的忧伤,每天在学校的操场上一圈儿又一圈儿地跑着,跑得累倒在地上,扑在草坪上痛哭。

那哀痛的日子,断断续续地持续了很久,爸爸妈妈也不知道如何安慰我。他们知道与其骗我说外祖母睡着了，还不如对我说实话：外祖母永远不会回来了。

"什么是永远不会回来呢？"我问着。

"所有时间里的事物，都永远不会回来。你的昨天过去，它就永远变成昨天，你不能再回到昨天。爸爸以前也和你一样小，现在也不能回到你这么小的童年了；有一天你会长大，你会像外祖母一样老；有一天你度过了你的时间，就永远不会回来了。"爸爸说。

爸爸等于给我一个谜语，这谜语比课本上的"日历挂在墙壁，一天撕去一页，使我心里着急"和"一寸光阴一寸金，寸金难买寸光阴"还让我感到可怕；也比作文本上的"光阴似箭，日月如梭"更让我觉得有一种说不出的滋味。

时间过得那么飞快，使我的小心眼儿里不只是着急，还有悲伤。有一天我放学回家，看到太阳快落山了，就下决心说："我要比太阳更快地回家。"我狂奔回去，站在庭院前喘气的时候，看到太阳//还露着半边脸，我高兴地跳跃起来，那一天我跑赢了太阳。以后我就时常做那样的游戏，有时和太阳赛跑，有时和西北风比快，有时一个暑假才能做完的作业，我十天就做完了；那时我三年级，常常把哥哥五年级的作业拿来做。

每一次比赛胜过时间，我就快乐得不知道怎么形容。

如果将来我有什么要教给我的孩子，我会告诉他：假若你一直和时间比赛，你就可以成功！

（节选自林清玄《和时间赛跑》）

【朗读指导】

①前400个音节中翘舌声母55个。

②后鼻韵母29个，包括：

ang 伤2 场 上5 长 让2 放

eng 生 疼 成 能2 等 更2

ing 坪 庭

iang 像 样2 墙 阳2

uang 光

③轻声词60个，如"时候""什么""这么"等。

④作品虽属议论性文章，但其中对话较多，用小孩口吻表达，比较好读。

作品15 《胡适的白话电报》

三十年代初，胡适在北京大学任教授。讲课时他常常对白话文大加称赞，引起一些只喜欢文言文而不喜欢白话文的学生的不满。

一次，胡适正讲得得意的时候，一位姓魏的学生突然站了起来，生气地问："胡先生，难道说白话文就毫无缺点吗？"胡适微笑着回答说："没有。"那位学生更加激动了："肯定有！白话文废话太多，打电报用字多，花钱多。"胡适的目光顿时变亮了。轻声地解释说："不一定吧！前几天有位朋友给我打来电报，请我去政府部门工作，我决定不去，就回电拒绝了。复电是用白话写的，看来也很省字。请同学们根据我这个意思，用文言文写一个回电，看看究竟是白话文省字，还是文言文省字？"胡教授刚说完，同学们立刻认真地写了起来。

十五分钟过去，胡适让同学举手，报告用字的数目，然后挑了一份用字最少的文言电

报稿,电文是这样写的:

“才疏学浅,恐难胜任,不堪从命。”白话文的意思是:学问不深,恐怕很难担任这个工作,不能服从安排。

胡适说,这份写得确实不错,仅用了十二个字。但我的白话电报却只用了五个字:

“干不了,谢谢!”

胡适又解释说:“‘干不了’就有才疏学浅、恐难胜任的意思;‘谢谢’既//对朋友的介绍表示感谢,又有拒绝的意思。所以,废话多不多,并不看它是文言文还是白话文,只要注意选用字词,白话文是可以比文言文更省字的。”

(节选自陈灼主编《实用汉语中级教程》(上)中《胡适的白话电报》)

【朗读指导】

①前400个音节中翘舌声母70个。

②后鼻韵母34个,包括:

ang 常2 刚 让

eng 称 生5 正 更 声 朋 政 省3 胜2 能

ing 姓 定3 轻 请 竟 命

iang 讲2 亮 样

uang 光

③轻声词54个,如“喜欢”“学生”“先生”“朋友”“意思”“学问”等。

④作品属记叙性散文,文中虽有对话但用字精炼,朗读时需注意语速、重音。

作品16 《火光》

很久以前,在一个漆黑的秋天的夜晚,我泛舟在西伯利亚一条阴森森的河上。船到一个转弯处,只见前面黑黢黢的山峰下面一星火光蓦地一闪。

火光又明又亮,好像就在眼前……

“好啦,谢天谢地!”我高兴地说,“马上就到过夜的地方啦!”

船夫扭头朝身后的火光望了一眼,又不以为然地划起桨来。

“远着呢!”

我不相信他的话,因为火光冲破朦胧的夜色,明明在那儿闪烁。不过船夫是对的,事实上,火光的确还远着呢。

这些黑夜的火光的特点是:驱散黑暗,闪闪发亮,近在眼前,令人神往。乍一看,再划几下就到了……其实却还远着呢!……

我们在漆黑如墨的河上又划了很久。一个个峡谷和悬崖,迎面驶来,又向后移去,仿佛消失在茫茫的远方,而火光却依然停在前头,闪闪发亮,令人神往——依然是这么近,又依然是那么远……

现在,无论是这条被悬崖峭壁的阴影笼罩的漆黑的河流,还是那一星明亮的火光,都经常浮现在我的脑际,在这以前和在这以后,曾有许多火光,似乎近在咫尺,不止使我一人心驰神往。可是生活之河却仍然在那阴森森的两岸之间流着,而火光也依旧非常遥远。因此,必须加劲划桨……

然而,火光啊……毕竟……毕竟就//在前头!……

（节选自[俄]柯罗连科《火光》，张铁夫译）

【朗读指导】

①前400个音节中翘舌声母70个。

②后鼻韵母51个，包括：

ang 上4 仿 茫2 方 常2

eng 峰 朦 生 仍

ing 星2 明4 兴 令2 迎 停 影 经 竟2

iang 亮3 像 桨2 相 向

uang 光10 望 往3

③轻声词49个，如“地方”等。

④作品属抒情性散文，比较好读。

作品17 《济南的冬天》

对于一个在北平住惯的人，像我，冬天要是不刮风，便觉得是奇迹；济南的冬天是没有风声的。对于一个刚由伦敦回来的人，像我，冬天要能看得见日光，便觉得是怪事；济南的冬天是响晴的。自然，在热带的地方，日光是永远那么毒，响亮的天气，反有点儿叫人害怕。可是，在北方的冬天，而能有温晴的天气，济南真得算个宝地。

设若单单是有阳光，那也算不了出奇。请闭上眼睛想：一个老城，有山有水，全在天底下晒着阳光，暖和安适地睡着，只等春风来把它们唤醒，这是不是理想的境界？小山整把济南围了个圈儿，只有北边缺着点口儿。这一圈小山在冬天特别可爱，好像是把济南放在一个小摇篮里，它们安静不动地低声地说：“你们放心吧，这儿准保暖和。”济南的人们在冬天是面上含笑的。他们一看那些小山，心中便觉得有了着落，有了依靠。他们由天上看到山上，便不知不觉地想起：“明天也许就是春天了吧？这样的温暖，今天夜里山草也许就绿起来了吧？”就是这点幻想不能一时实现，他们也并不着急，因为这样慈善的冬天，干什么还希望别的呢！

最妙的是下点小雪呀。看吧，山上的矮松越发的青黑，树尖上//顶着一髻儿白花，好像日本看护妇。山尖全白了，给蓝天镶上一道银边。山坡上，有的地方雪厚点，有的地方草色还露着；这样，一道儿白，一道儿暗黄，给山们穿上一件带水纹的花衣；看着看着，这件花衣好像被风儿吹动，叫你希望看见一点更美的山的肌肤。等到快日落的时候，微黄的阳光斜射在山腰上，那点薄雪好像忽然害羞，微微露出点粉色。就是下小雪吧，济南是受不住大雪的，那些小山太秀气。

（节选自老舍《济南的冬天》）

【朗读指导】

①前400个音节中翘舌声母74个。

②后鼻韵母48个，包括：

ang 刚 方3 上5 放

eng 风3 声2 能3 城 等 整

ing 平 晴2 请 晴 醒 境 静 明 青

iang 像2 响2 亮 阳2 想3 样2

uang 光4 望

③轻声词70个,如“地方”“眼睛”“暖和”“你们”“人们”“他们”等。

④作品属记叙性散文。文章用较典型的北方方言写成,儿化、轻声词比较多,需要好好把握。

作品18 《家乡的桥》

纯朴的家乡村边有一条河,曲曲弯弯,河中架一弯石桥,弓样的小桥横跨两岸。

每天,不管是鸡鸣晓月,日丽中天,还是月华泻地,小桥都印下串串足迹,洒落串串汗珠。那是乡亲为了追求多棱的希望,兑现美好的遐想。弯弯小桥,不时荡过轻吟低唱,不时露出舒心的笑容。

因而,我稚小的心灵,曾将心声献给小桥:你是一弯银色的新月,给人间普照光辉;你是一把闪亮的镰刀,割刈着欢笑的花果;你是一根晃悠悠的扁担,挑起了彩色的明天!哦,小桥走进我的梦中。

我在漂泊他乡的岁月,心中总涌动着故乡的河水,梦中总看到弓样的小桥。当我访南疆探北国,眼帘闯进座座雄伟的长桥时,我的梦变得丰满了,增添了赤橙黄绿青蓝紫。

三十多年过去,我带着满头霜花回到故乡,第一紧要的便是去看望小桥。

啊!小桥呢?小桥躲起来?河中一道长虹,浴着朝霞熠熠闪光。哦,雄浑的大桥敞开胸怀,汽车的呼啸、摩托的笛音、自行车的叮铃,合奏着进行交响乐;南来的钢筋、花布,北往的柑橙、家禽,绘出交流欢跃图……

啊!蜕变的桥,传递了家乡进步的消息,透露了家乡富裕的声音。时代的春风,美好的追求,我蓦地记起儿时唱//给小桥的歌,哦,明艳艳的太阳照耀了,芳香甜蜜的花果捧来了,五彩斑斓的岁月拉开了!

我心中涌动的河水,激荡起甜美的浪花。我仰望一碧蓝天,心底轻声呼喊:家乡的桥啊,我梦中的桥!

(节选自郑莹《家乡的桥》)

【朗读指导】

①前400个音节中翘舌声母61个。

②后鼻韵母52个,包括:

ang 荡 唱2 访 长2 敞 钢

eng 横 棱 曾 声2 梦3 丰 增 风 橙2

ing 鸣 轻 灵 青 行2 叮 铃

iang 乡7 样2 两 想 亮 疆 响

uang 望2 光2 晃 闯 黄 霜 往

③轻声词39个,如“扁担”等。

④作品属抒情性散文,比较好读。

作品19 《坚守你的高贵》

三百多年前,建筑设计师莱伊恩受命设计了英国温泽市政府大厅。他运用工程力学的知识,依据自己多年的实践,巧妙地设计了只用一根柱子支撑的大厅天花板。一年以后，市政府权威人士进行工程验收时，却说只用一根柱子支撑天花板太危险，要求莱伊恩再多加几根柱子。

莱伊恩自信只要一根坚固的柱子足以保证大厅安全，他的“固执”惹恼了市政官员，险些被送上法庭。他非常苦恼。坚持自己原先的主张吧，市政官员肯定会另找人修改设计；不坚持吧，又有悖自己为人的准则。矛盾了很长一段时间，莱伊恩终于想出了一条妙计，他在大厅里增加了四根柱子，不过这些柱子并未与天花板接触，只不过是装装样子。

三百多年过去了，这个秘密始终没有被人发现。直到前两年，市政府准备修缮大厅的天花板，才发现莱伊恩当年的“弄虚作假”。消息传出后，世界各国的建筑专家和游客云集，当地政府对此也不加掩饰，在新世纪到来之际，特意将大厅作为一个旅游景点对外开放，旨在引导人们崇尚和相信科学。

作为一名建筑师，莱伊恩并不是最出色的。但作为一个人，他无疑非常伟大。这种//伟大表现在他始终恪守着自己的原则，给高贵的心灵一个美丽的住所，哪怕是遭遇到最大的阻力，也要想办法抵达胜利。

（节选自游宇明《坚守你的高贵》）

【朗读指导】

①前400个音节中翘舌声母90个。

②后鼻韵母41个，包括：

ang　上　常2　张　长　当　放　尚

eng　政6　程2　撑2　证　增

ing　命　英　厅6　行　庭　定　另　并2　景　名

iang　想　样　两　相

uang　装

③轻声词39个，如“知识”“消息”等。

④作品属议论性文章，外国人名要读好，其中第一句话中的“英国温泽市政府大厅”需在“市”前面停顿。

作品20　《金子》

自从传言有人在萨文河畔散步时无意发现了金子后，这里便常有来自四面八方的淘金者。他们都想成为富翁，于是寻遍了整个河床，还在河床上挖出很多大坑，希望借助它们找到更多的金子。的确，有一些人找到了，但另外一些人因为一无所得而只好扫兴归去。

也有不甘心落空的，便驻扎在这里，继续寻找。彼得·弗雷特就是其中一员。他在河床附近买了一块没人要的土地，一个人默默地工作。他为了找金子，已把所有的钱都押在这块土地上。他埋头苦干了几个月，直到土地全变成了坑坑洼洼，他失望了——他翻遍了整块土地，但连一丁点儿金子都没看见。

六个月后，他连买面包的钱都没有了。于是他准备离开这儿到别处去谋生。

就在他即将离去的前一个晚上，天下起了倾盆大雨，并且一下就是三天三夜。雨终于停了，彼得走出小木屋，发现眼前的土地看上去好像和以前不一样：坑坑洼洼已被大水冲刷平整，松软的土地上长出一层绿茸茸的小草。

"这里没找到金子,"彼得忽有所悟地说,"但这土地很肥沃,我可以用来种花,并且拿到镇上去卖给那些富人,他们一定会买些花装扮他们华丽的客厅。//如果真是这样的话,那么我一定会赚许多钱。有朝一日我也会成为富人……"

于是他留了下来。彼得花了不少精力培育花苗,不久田地里长满了美丽鲜艳的各色鲜花。

五年以后,彼得终于实现了他的梦想——成了一个富翁。"我是唯一的一个找到真金的人!"他时常不无骄傲地告诉别人,"别人在这儿找不到金子后便远远地离开,而我的'金子'是在这块土地里,只有诚实的人用勤劳才能采集到。"

(节选自《金子》,陶猛译)

【朗读指导】

①前400个音节中翘舌声母64个。

②后鼻韵母41个,包括:

ang 常 方 上6 长

eng 成2 整3 坑5 更 生 层

ing 另 兴 倾 并2 停 平 定 厅

iang 想 将 样

uang 床3 望2 装

ueng 翁

③轻声词48个,如"金子"等。

④作品属记叙性散文,比较好读,其中的外国人人名要读好。

作品21 《捐诚》

我在加拿大学习期间遇到过两次募捐,那情景至今使我难以忘怀。

一天,我在渥太华的街上被两个男孩子拦住去路。他们十来岁,穿得整整齐齐,每人头上戴着个做工精巧、色彩鲜艳的纸帽,上面写着"为帮助患小儿麻痹的伙伴募捐。"其中的一个,不由分说就坐在小凳上给我擦起皮鞋来,另一个则彬彬有礼地发问:"小姐,您是哪国人?喜欢渥太华吗?""小姐,在你们国家有没有小孩儿患小儿麻痹?谁给他们医疗费?"一连串的问题,使我这个有生以来头一次在众目睽睽之下让别人擦鞋的异乡人,从近乎狼狈的窘态中解脱出来。我们像朋友一样聊起天儿来……

几个月之后,也是在街上。一些十字路口处或车站坐着几位老人。他们满头银发,身穿各种老式军装,上面布满了大大小小形形色色的徽章、奖章,每人手捧一大束鲜花,有水仙、石竹、玫瑰及叫不出名字的,一色雪白。匆匆过往的行人纷纷止步,把钱投进这些老人身旁的白色木箱内,然后向他们微微鞠躬,从他们手中接过一朵花。

我看了一会儿,有人投一两元,有人投几百元,还有人掏出支票填好后投进木箱。那些老军人毫不注意人们捐多少钱,一直不//停地向人们低声道谢。同行的朋友告诉我,这是为纪念二次大战中参战的勇士,募捐救济残废军人和烈士遗孀,每年一次;认捐的人可谓踊跃,而且秩序井然,气氛庄严。

有些地方,人们还耐心地排着队。我想,这是因为他们都知道:正是这些老人们的流血牺牲换来了包括他们信仰自由在内的许许多多。

我两次把那微不足道的一点儿钱捧给他们，只想对他们说声"谢谢"。

（节选自青白《捐诚》）

【朗读指导】

①前400个音节中翘舌声母73个。

②后鼻韵母36个，包括：

ang 上6 帮 让 狼 章2 旁

eng 整2 凳 生 朋 捧

ing 情 景 精 另 形2 名 行

iang 两3 乡 样 箱2

uang 望 装 往

③轻声词50个，如"你们""朋友""名字"等。

④作品属记叙性散文，比较好读。其中的生僻字如"众目睽睽（kuí）""狼（láng）狈（bèi）""窘（jiǒng）态"，儿化、轻声词需读准。

作品22 《可爱的小鸟》

没有一片绿叶，没有一缕炊烟，没有一粒泥土，没有一丝花香，只有水的世界，云的海洋。

一阵台风袭过，一只孤单的小鸟无家可归，落到被卷到洋里的木板上，乘流而下，姗姗而来，近了，近了！……

忽然，小鸟张开翅膀，在人们头顶盘旋了几圈儿，"噗啦"一声落到了船上。许是累了？还是发现了"新大陆"？水手撵它它不走，抓它，它乖乖地落在掌心。可爱的小鸟和善良的水手结成了朋友。

瞧，它多美丽，娇巧的小嘴，啄理着绿色的羽毛，鸭子样的扁脚，呈现出春草的鹅黄。水手们把它带到舱里，给它"搭铺"，让它在船上安家落户，每天，把分到的一塑料筒淡水匀给它喝，把从祖国带来的鲜美的鱼肉分给它吃，天长日久，小鸟和水手的感情日趋笃厚。清晨，当第一束阳光射进舷窗时，它便敞开美丽的歌喉，唱啊唱，嘤嘤有韵，宛如春水淙淙。人类给它以生命，它毫不悭吝地把自己的艺术青春奉献给了哺育它的人。可能都是这样？艺术家们的青春只会献给尊敬他们的人。

小鸟给远航生活蒙上了一层浪漫色调。返航时，人们爱不释手，恋恋不舍地想把它带到异乡。可小鸟憔悴了，给水，不喝！喂肉，不吃！油亮的羽毛失去了光泽。是啊，我//们有自己的祖国，小鸟也有它的归宿，人和动物都是一样啊，哪儿也不如故乡好！

慈爱的水手们决定放开它，让它回到大海的摇篮去，回到蓝色的故乡去。离别前，这个大自然的朋友与水手们留影纪念。它站在许多人的头上，肩上，掌上，胳膊上，与喂养过它的人们，一起融进那蓝色的画面……

（节选自王文杰《可爱的小鸟》）

【朗读指导】

①前400个音节中翘舌声母79个。

②后鼻韵母40个，包括：

ang 上4 张 膀

eng 风 乘 声 成 朋 呈 生3 奉 能 蒙 层

ing 顶 情 清 嘤2 青2 敬

iang 香 洋2 良 样2 阳 想 乡 亮

uang 光2 窗

③轻声词55个,如“朋友”“人们”等。

④作品属抒情性散文,比较好读。文中“一”的变调,“啊”的音变要准确。

作品23 《课不能停》

纽约的冬天常有大风雪,扑面的雪花不但令人难以睁开眼睛,甚至呼吸都会吸入冰冷的雪花。有时前一天晚上还是一片晴朗,第二天拉开窗帘,却已经积雪盈尺,连门都推不开了。

遇到这样的情况,公司、商店常会停止上班,学校也通过广播,宣布停课。但令人不解的是,惟有公立小学,仍然开放。只见黄色的校车,艰难地在路边接孩子,老师则一大早就口中喷着热气,铲去车子前后的积雪,小心翼翼地开车去学校。

据统计,十年来纽约的公立小学只因为超级暴风雪停过七次课。这是多么令人惊讶的事。犯得着在大人都无须上班的时候让孩子去学校吗?小学的老师也太倒霉了吧?

于是,每逢大雪而小学不停课时,都有家长打电话去骂。妙的是,每个打电话的人,反应全一样——先是怒气冲冲地责问,然后满口道歉,最后笑容满面地挂上电话。原因是,学校告诉家长:

在纽约有许多百万富翁,但也有不少贫困的家庭。后者白天开不起暖气,供不起午餐,孩子的营养全靠学校里免费的中饭,甚至可以多拿些回家当晚餐。学校停课一天,穷孩子就受一天冻,挨一天饿,所以老师们宁愿自己苦一点儿,也不能停课。//

或许有家长会说:何不让富裕的孩子在家里,让贫穷的孩子去学校享受暖气和营养午餐呢?

学校的答复是:我们不愿让那些穷苦的孩子感到他们是在接受救济,因为施舍的最高原则是保持受施者的尊严。

(节选自刘墉《课不能停》)

【朗读指导】

①前400个音节中翘舌声母62个。

②后鼻韵母46个,包括:

ang 常2 上4 朗 商 放 让 长2 当

eng 风2 睁 冷 仍 逢

ing 令3 晴 冰 睛 经 盈 情 惊 应 庭 营 宁 停6

iang 样2 养

uang 窗 广 黄

ueng 翁

③轻声词47个,如“眼睛”“时候”等。

④作品属记叙性散文,比较好读。

作品24 《莲花和樱花》

十年，在历史上不过是一瞬间。只要稍加注意，人们就会发现：在这一瞬间里，各种事物都悄悄经历了自己的千变万化。

这次重新访日，我处处感到亲切和熟悉，也在许多方面发觉了日本的变化。就拿奈良的一个角落来说吧，我重游了为之感受很深的唐招提寺，在寺内各处匆匆走了一遍，庭院依旧，但意想不到还看到了一些新的东西。其中之一，就是近几年从中国移植来的“友谊之莲”。

在存放鉴真遗像的那个院子里，几株中国莲昂然挺立，翠绿的宽大荷叶正迎风而舞，显得十分愉快。开花的季节已过，荷花朵朵已变为莲蓬累累。莲子的颜色正在由青转紫，看来已经成熟了。

我禁不住想：“因”已转化为“果”。

中国的莲花开在日本，日本的樱花开在中国，这不是偶然。我希望这样一种盛况延续不衰。可能有人不欣赏花，但决不会有人欣赏落在自己面前的炮弹。

在这些日子里，我看到了不少多年不见的老朋友，又结识了一些新朋友。大家喜欢涉及的话题之一，就是古长安和古奈良。那还用得着问吗，朋友们缅怀过去，正是瞩望未来。瞩目于未来的人们必将获得未来。

我不例外，也希望一个美好的未来。

为//了中日人民之间的友谊，我将不浪费今后生命的每一瞬间。

（节选自严文井《莲花和樱花》）

【朗读指导】

①前400个音节中翘舌声母74个。

②后鼻韵母32个，包括：

ang 上 访 方 尝2 长

eng 正3 蓬 成 盛 朋3

ing 经 庭 挺 迎 青 樱

iang 良2 想2 像 样 将

uang 望3 况

③轻声词49个，如“人们”“东西”“莲蓬”“朋友”等。

④作品属记叙性散文，注意发好其中的边音字。

作品25 《绿》

梅雨潭闪闪的绿色招引着我们；我们开始追捉她那离合的神光了。揪着草，攀着乱石，小心探身下去，又鞠躬过了一个石穹门，便到了汪汪一碧的潭边了。

瀑布在襟袖之间；但是我的心中已没有瀑布了。我的心随潭水的绿而摇荡。那醉人的绿呀！仿佛一张极大极大的荷叶铺着，满是奇异的绿呀。我想张开两臂抱住她；但这是怎样一个妄想啊。

站在水边，望到那面，居然觉着有些远呢！这平铺着，厚积着的绿，着实可爱。她松松的皱缬着，像少妇拖着的裙幅；她滑滑的明亮着，像涂了“明油”一般，有鸡蛋清那样软，那样嫩;她又不杂些尘滓,宛然一块温润的碧玉,只清清的一色——但你却看不透她!

我曾见过北京什刹海拂地的绿杨,脱不了鹅黄的底子,似乎太淡了。我又曾见过杭州虎跑寺近旁高峻而深密的绿壁,丛叠着无穷的碧草与绿叶的,那又似乎太浓了。其余呢,西湖的波太明了,秦淮河的也太暗了。可爱的,我将什么来比拟你呢?我怎么比拟得出呢?大约潭是很深的,故能蕴蓄着这样奇异的绿;仿佛蔚蓝的天融了一块在里面似的,这才这般的鲜润啊。

那醉人的绿呀!我若能裁你以为带,我将赠给那轻盈的//舞女;她必能临风飘举了。我若能挹你以为眼,我将赠给你那善歌的盲妹;她必能明眸善睐了。我舍不得你;我怎舍得你呢?我用手拍着你,抚摩着你,如同一个十二三岁的小姑娘。我又掬你入口,便是吻着她了。我送你一个名字,我从此叫你女儿绿,好么?

我第二次到仙岩的时候,我不禁惊诧于梅雨潭的绿了。

(节选自朱自清《绿》)

【朗读指导】

①前400个音节中翘舌声母62个。

②后鼻韵母36个,包括:

ang 荡 仿2 张2 杭 旁

eng 曾2 能2 赠

ing 平 明3 清3 京 轻 盈

iang 想2 两 样2 像 亮 将2

uang 汪2 忘 望 黄

③轻声词77个,如“我们”“什么”等。

④作品属抒情性散文,朗读时要有感情但不可太过。

作品26 《落花生》

我们家的后园有半亩空地,母亲说:“让它荒着怪可惜的,你们那么爱吃花生,就开辟出来种花生吧。”我们姐弟几个都很高兴,买种,翻地,播种,浇水,没过几个月,居然收获了。

母亲说:“今晚我们过一个收获节,请你们父亲也来尝尝我们的新花生,好不好?”我们都说好。母亲把花生做成了好几样食品,还吩咐就在后园的茅亭里过这个节。

晚上天色不太好,可是父亲也来了,实在很难得。

父亲说:“你们爱吃花生吗?”

我们争着答应:“爱!”

“谁能把花生的好处说出来?”

姐姐说:“花生的味美。”

哥哥说:“花生可以榨油。”

我说:“花生的价钱便宜,谁都可以买来吃,都喜欢吃。这就是它的好处。”

父亲说:“花生的好处很多,有一样最可贵:它的果实埋在地里,不像桃子、石榴、苹果那样,把鲜红嫩绿的果实高高地挂在枝头上,使人一见就生爱慕之心。你们看它矮矮地长在地上,等到成熟了,也不能立刻分辨出来它有没有果实,必须挖出来才知道。”

我们都说是，母亲也点点头。

父亲接下去说："所以你们要像花生，它虽然不好看，可是很有用，不是外表好看而没有实用的东西。"

我说："那么，人要做有用的人，不要做只讲体面，而对别人没有好处的人了。"//

父亲说："对。这是我对你们的希望。"

我们谈到夜深才散。花生做的食品都吃完了，父亲的话却深深地印在我的心上。

（节选自许地山《落花生》）

【朗读指导】

①前400个音节中翘舌声母84个。

②后鼻韵母36个，包括：

ang 让 尝2 上3 长

eng 生12 成2 争 能2 等

ing 兴 亭 应 苹

iang 样3 像2 讲

uang 荒

③轻声词80个，如"我们""你们""那么""答应""便宜""石榴""东西"等。

④作品属记叙性散文，对话较多，轻声词也比较多，比较好读。

作品27 《麻雀》

我打猎归来，沿着花园的林阴路走着。狗跑在我前边。

突然，狗放慢脚步，蹑足潜行，好像嗅到了前边有什么野物。

我顺着林阴路望去，看见了一只嘴边还带黄色、头上生着柔毛的小麻雀。风猛烈地吹打着林阴路上的白桦树，麻雀从巢里跌落下来，呆呆地伏在地上，孤立无援地张开两只羽毛还未丰满的小翅膀。

我的狗慢慢向它靠近。忽然，从附近一棵树上飞下一只黑胸脯的老麻雀，像一颗石子似的落到狗的跟前。老麻雀全身倒竖着羽毛，惊恐万状，发出绝望、凄惨的叫声，接着向露出牙齿、大张着的狗嘴扑去。

老麻雀是猛扑下来救护幼雀的。它用身体掩护着自己的幼儿……但它整个小小的身体因恐怖而战栗着，它小小的声音也变得粗暴嘶哑，它在牺牲自己！

在它看来，狗该是多么庞大的怪物啊！然而，它还是不能站在自己高高的、安全的树枝上……一种比它的理智更强烈的力量，使它从那儿扑下身来。

我的狗站住了，向后退了退……看来，它也感到了这种力量。

我赶紧唤住惊慌失措的狗，然后我怀着崇敬的心情，走开了。

是啊，请不要见笑。我崇敬那只小小的、英勇的鸟儿，我崇敬它那种爱的冲动和力量。

爱，我想，比//死和死的恐惧更强大。只有依靠它，依靠这种爱，生命才能维持下去，发展下去。

（节选自［俄］屠格涅夫《麻雀》，巴金译）

【朗读指导】

①前400个音节中翘舌声母71个。

②后鼻韵母40个,包括:

ang 放 上5 张2 膀 庞

eng 生 风 猛2 丰 声2 整 牲 能 更

ing 行 惊 敬3 情 请 英

iang 像 两 强 量3

uang 望2 黄 状 慌

③轻声词69个,如“怪物”“多么”等。

④作品属记叙性散文,比较好读。其中在语速方面要有所变化,节奏上以紧张型为主,渗入少量舒缓型语句,构成循环往复的节奏特点。

作品28 《迷途笛音》

那年我六岁。离我家仅一箭之遥的小山坡旁,有一个早已被废弃的采石场,双亲从来不准我去那儿,其实那儿风景十分迷人。

一个夏季的下午,我随着一群小伙伴偷偷上那儿去了。就在我们穿越了一条孤寂的小路后,他们却把我一个人留在原地,然后奔向“更危险的地带”了。

等他们走后,我惊慌失措地发现,再也找不到要回家的那条孤寂的小道了。像只无头的苍蝇,我到处乱钻,衣裤上挂满了芒刺。太阳已经落山,而此时此刻,家里一定开始吃晚餐了,双亲正盼着我回家……想着想着,我不由得背靠着一棵树,伤心地呜呜大哭起来……

突然,不远处传来了声声柳笛。我像找到了救星,急忙循声走去。一条小道边的树桩上坐着一位吹笛人,手里还正削着什么。走近细看,他不就是被大家称为“乡巴佬儿”的卡廷吗?

“你好,小家伙儿,”卡廷说,“看天气多美,你是出来散步的吧?”

我怯生生地点点头,答道:“我要回家了。”

“请耐心等上几分钟,”卡廷说,“瞧,我正在削一支柳笛,差不多就要做好了,完工后就送给你吧!”

卡廷边削边不时把尚未成形的柳笛放在嘴里试吹一下。没过多久,一支柳笛便递到我手中。我俩在一阵阵清脆悦耳的笛音//中,踏上了归途……

当时,我心中只充满感激,而今天,当我自己也成了祖父时,却突然领悟到他用心之良苦!那天当他听到我的哭声时,便判定我一定迷了路,但他并不想在孩子面前扮演“救星”的角色,于是吹响柳笛以便让我能发现他,并跟着他走出困境!卡廷先生以乡下人的纯朴,保护了一个小男孩强烈的自尊。

(节选自《迷途笛音》,唐若水译)

【朗读指导】

①前400个音节中翘舌声母71个。

②后鼻韵母45个,包括:

ang 旁 场 上4 苍 芒 伤 尚 放

eng 风 更 等2 正3 声3 称 生2 成

ing 景 蝇 定 星 廷4 形 清

iang 向 像2 阳 想2

uang 双2 慌 桩

③轻声词56个,如“我们”“他们”“苍蝇”等。

④作品属记叙性散文,比较好读。其中的人名“卡廷”及词语“我俩 liǎ”要读准。

作品29 《莫高窟》

在浩瀚无垠的沙漠里,有一片美丽的绿洲,绿洲里藏着一颗闪光的珍珠。这颗珍珠就是敦煌莫高窟。它坐落在我国甘肃省敦煌市三危山和鸣沙山的怀抱中。

鸣沙山东麓是平均高度为十七米的崖壁。在一千六百多米长的崖壁上,凿有大小洞窟七百余个,形成了规模宏伟的石窟群。其中四百九十二个洞窟中,共有彩色塑像两千一百余尊,各种壁画共四万五千多平方米。莫高窟是我国古代无数艺术匠师留给人类的珍贵文化遗产。

莫高窟的彩塑,每一尊都是一件精美的艺术品。最大的有九层楼那么高,最小的还不如一个手掌大。这些彩塑个性鲜明,神态各异。有慈眉善目的菩萨,有威风凛凛的天王,还有强壮勇猛的力士……

莫高窟壁画的内容丰富多彩,有的是描绘古代劳动人民打猎、捕鱼、耕田、收割的情景,有的是描绘人们奏乐、舞蹈、演杂技的场面,还有的是描绘大自然的美丽风光。其中最引人注目的是飞天。壁画上的飞天,有的臂挎花篮,采摘鲜花;有的反弹琵琶,轻拨银弦;有的倒悬身子,自天而降;有的彩带飘拂,漫天遨游;有的舒展着双臂,翩翩起舞。看着这些精美动人的壁画,就像走进了//灿烂辉煌的艺术殿堂。

莫高窟里还有一个面积不大的洞窟——藏经洞。洞里曾藏有我国古代的各种经卷、文书、帛画、刺绣、铜像等共六万多件。由于清朝政府腐败无能,大量珍贵的文物被外国强盗掠走。仅存的部分经卷,现在陈列于北京故宫博物院等处。

莫高窟是举世闻名的艺术宝库。这里的每一尊彩塑、每一幅壁画、每一件文物,都是中国古代人民智慧的结晶。

(节选自小学《语文》第六册中《莫高窟》)

【朗读指导】

①前400个音节中翘舌声母68个。

②后鼻韵母39个,包括:

ang 藏 长 上2 方 掌 场

eng 省 成 层 猛 丰 耕 风

ing 鸣2 平2 形 精2 性 明 情 景 轻

iang 像2 两 匠 强 降

uang 光2 煌2 王 壮 双

③轻声词44个,如“人们”等。

④作品属说明性文章。朗读时用中速,第一段最后一句应在“敦煌市”后面断句,第二段中的数字要读好,第三段“最大的”“最小的”后面都应断句,第四段中的排比句要处理好语速、停连、重音,把排比句的特色读出来。

作品30 《牡丹的拒绝》

其实你在很久以前并不喜欢牡丹,因为它总被人作为富贵膜拜。后来你目睹了一次牡丹的落花,你相信所有的人都会为之感动:一阵清风徐来,娇艳鲜嫩的盛期牡丹忽然整朵整朵地坠落,铺撒一地绚丽的花瓣。那花瓣落地时依然鲜艳夺目,如同一只奉上祭坛的大鸟脱落的羽毛,低吟着壮烈的悲歌离去。

牡丹没有花谢花败之时,要么烁于枝头,要么归于泥土,它跨越委顿和衰老,由青春而死亡,由美丽而消遁。它虽美却不吝惜生命,即使告别也要展示给人最后一次的惊心动魄。

所以在这阴冷的四月里,奇迹不会发生。任凭游人扫兴和诅咒,牡丹依然安之若素。它不苟且、不俯就、不妥协、不媚俗,甘愿自己冷落自己。它遵循自己的花期、自己的规律,它有权利为自己选择每年一度的盛大节日。它为什么不拒绝寒冷?

天南海北的看花人,依然络绎不绝地涌入洛阳城。人们不会因牡丹的拒绝而拒绝它的美。如果它再被贬谪十次,也许它就会繁衍出十个洛阳牡丹城。

于是你在无言的遗憾中感悟到,富贵与高贵只是一字之差。同人一样,花儿也是有灵性的,更有品位之高低。品位这东西为气为魂为//筋骨为神韵,只可意会。你叹服牡丹卓尔不群之姿,方知品位是多么容易被世人忽略或是漠视的美。

(节选自张抗抗《牡丹的拒绝》)

【朗读指导】

①前400个音节中翘舌声母61个。

②后鼻韵母29个,包括:

ang 上

eng 风 盛2 整2 奉 生2 冷3 城2 更

ing 并 请 青 命 惊 凭 兴 灵 性

iang 相 阳2

uang 壮 亡

③轻声词38个,如"要么""什么""东西"等。

④作品属抒情性散文,比较好读。

作品31 《"能吞能吐"的森林》

森林涵养水源,保持水土,防止水旱灾害的作用非常大。据专家测算,一片十万亩面积的森林,相当于一个两百万立方米的水库,这正如农谚所说的:"山上多栽树,等于修水库。雨多它能吞,雨少它能吐。"

说起森林的功劳,那还多得很。它除了为人类提供木材及许多种生产、生活的原料之外,在维护生态环境方面也是功劳卓著,它用另一种"能吞能吐"的特殊功能孕育了人类。因为地球在形成之初,大气中的二氧化碳含量很高,氧气很少,气温也高,生物是难以生存的。大约在四亿年之前,陆地才产生了森林。森林慢慢将大气中的二氧化碳吸收,同时吐出新鲜氧气,调节气温:这才具备了人类生存的条件,地球上才最终有了人类。

森林,是地球生态系统的主体,是大自然的总调度室,是地球的绿色之肺。森林维护地球生态环境的这种“能吞能吐”的特殊功能是其他任何物体都不能取代的。然而，由于地球上的燃烧物增多，二氧化碳的排放量急剧增加，使得地球生态环境急剧恶化，主要表现为全球气候变暖，水分蒸发加快，改变了气流的循环，使气候变化加剧，从而引发热浪、飓风、暴雨、洪涝及干旱。

为了//使地球的这个“能吞能吐”的绿色之肺能恢复健壮，以改善生态环境，抑制全球变暖，减少水旱等自然灾害，我们应该大力造林、护林，使每一座荒山都绿起来。

（节选自《中考语文课外阅读试题精选》中《“能吞能吐”的森林》）

【朗读指导】

①前400个音节中翘舌声母79个。

②后鼻韵母48个，包括：

ang 防 常 当 方2 上3 放 浪

eng 正 等 能9 生10 成 增2 蒸 风

ing 境3 另 形

iang 养 相 两 量2 将 氧

③轻声词37个，其中必读轻声音节28个，一般轻读，间或重读音节9个。

④作品属说明性文章，宜中速偏慢，把层次读出来。

作品32 《朋友和其他》

朋友即将远行。

暮春时节，又邀了几位朋友在家小聚。虽然都是极熟的朋友，却是终年难得一见，偶尔电话里相遇，也无非是几句寻常话。一锅小米稀饭，一碟大头菜，一盘自家酿制的泡菜，一只巷口买回的烤鸭，简简单单，不像请客，倒像家人团聚。

其实，友情也好，爱情也好，久而久之都会转化为亲情。

说也奇怪，和新朋友会谈文学、谈哲学、谈人生道理等等，和老朋友却只话家常，柴米油盐，细细碎碎，种种琐事。很多时候，心灵的契合已经不需要太多的言语来表达。

朋友新烫了个头，不敢回家见母亲，恐怕惊骇了老人家，却欢天喜地来见我们，老朋友颇能以一种趣味性的眼光欣赏这个改变。

年少的时候，我们差不多都在为别人而活，为苦口婆心的父母活，为循循善诱的师长活，为许多观念、许多传统的约束力而活。年岁逐增，渐渐挣脱外在的限制与束缚，开始懂得为自己活，照自己的方式做一些自己喜欢的事，不在乎别人的批评意见，不在乎别人的诋毁流言，只在乎那一份随心所欲的舒坦自然。偶尔，也能够纵容自己放浪一下，并且有一种恶作剧的窃喜。

就让生命顺其自然，水到渠成吧，犹如窗前的//乌桕，自生自落之间，自有一份圆融丰满的喜悦。春雨轻轻落着，没有诗，没有酒，有的只是一份相知相属的自在自得。

夜色在笑语中渐渐沉落，朋友起身告辞，没有挽留，没有送别，甚至也没有问归期。

已经过了大喜大悲的岁月，已经过了伤感流泪的年华，知道了聚散原来是这样的自然和顺理成章，懂得这点，便懂得珍惜每一次相聚的温馨，离别便也欢喜。

（节选自杏林子《朋友和其他》）

【朗读指导】

①前400个音节中翘舌声母62个。

②后鼻韵母43个,包括:

ang 常2 烫 赏 长 方 放 浪 让

eng 朋7 生2 等2 能2 增 挣 成

ing 请 情3 灵 经 惊 性 评 并

iang 将 相 酿 巷 像2

uang 光 窗

③轻声词50个,如"朋友""时候""我们""喜欢""在乎""舒坦"等。

④作品属抒情性散文,比较好读。朗读时需要特别注意句调,即每个句子最后一个字的声调在符合情感抒发的前提下调值到位,尤其是第二段句末去声字的声调起点应到位。

作品33 《散步》

我们在田野散步:我,我的母亲,我的妻子和儿子。

母亲本不愿出来的。她老了,身体不好,走远一点儿就觉得很累。我说,正因为如此,才应该多走走。母亲信服地点点头,便去拿外套。她现在很听我的话,就像我小时候很听她的话一样。

这南方初春的田野,大块小块的新绿随意地铺着,有的浓,有的淡,树上的嫩芽也密了,田里的冬水也咕咕地起着水泡。这一切都使人想着一样东西——生命。

我和母亲走在前面,我的妻子和儿子走在后面。小家伙突然叫起来:"前面是妈妈和儿子,后面也是妈妈和儿子。"我们都笑了。

后来发生了分歧:母亲要走大路,大路平顺;我的儿子要走小路,小路有意思。不过,一切都取决于我。我的母亲老了,她早已习惯听从她强壮的儿子;我的儿子还小,他还习惯听从他高大的父亲;妻子呢,在外面,她总是听我的。一霎时我感到了责任的重大。我想找一个两全的办法,找不出;我想拆散一家人,分成两路,各得其所,终不愿意。我决定委屈儿子,因为我伴同他的时日还长。我说:"走大路。"

但是母亲摸摸孙儿的小脑瓜,变了主意:"还是走小路吧。"她的眼随小路望去:那里有金色的菜花,两行整齐的桑树,//尽头一口水波粼粼的鱼塘。"我走不过去的地方,你就背着我。"母亲对我说。

这样,我们在阳光下,向着那菜花、桑树和鱼塘走去。到了一处,我蹲下来,背起了母亲;妻子也蹲下来,背起了儿子。我和妻子都是慢慢地,稳稳地,走得很仔细,好像我背上的同她背上的加起来,就是整个世界。

(节选自莫怀戚《散步》)

【朗读指导】

①前400个音节中翘舌声母47个。

②后鼻韵母28个,包括:

ang 方 上 长 行(háng) 桑

eng 正 生2 成 整

ing 应 听5 平 定

iang 样2 想3 强 两2

uang 壮 望

③轻声词85个,如“我们”“妻子”“儿子”“时候”“东西”“意思”“委屈”“主意”等。

④作品属记叙性散文,翘舌声母、后鼻韵母的字比较少,而用来表现口语的活泼性的轻声词较多,所以比较好读。

作品34 《神秘的“无底洞”》

地球上是否真的存在“无底洞”?按说地球是圆的,由地壳、地幔和地核三层组成,真正的“无底洞”是不应存在的,我们所看到的各种山洞、裂口、裂缝,甚至火山口也都只是地壳浅部的一种现象。然而中国一些古籍却多次提到海外有个深奥莫测的无底洞。事实上地球上确实有这样一个“无底洞”。

它位于希腊亚各斯古城的海滨。由于濒临大海,大涨潮时,汹涌的海水便会排山倒海般地涌入洞中,形成一股湍湍的急流。据测,每天流入洞内的海水量达三万多吨。奇怪的是,如此大量的海水灌入洞中,却从来没有把洞灌满。曾有人怀疑,这个“无底洞”会不会就像石灰岩地区的漏斗、竖井、落水洞一类的地形。然而从十二世纪三十年代以来,人们就做了多种努力企图寻找它的出口,却都是枉费心机。

为了揭开这个秘密,一九五八年美国地理学会派出一支考察队,他们把一种经久不变的带色染料溶解在海水中,观察染料是如何随着海水一起沉下去。接着又察看了附近海面以及岛上的各条河、湖,满怀希望地寻找这种带颜色的水,结果令人失望。难道是海水量太大把有色水稀释得太淡,以致无法发现?//

至今谁也不知道为什么这里的海水会没完没了地“漏”下去,这个“无底洞”的出口又在哪里,每天大量的海水究竟都流到哪里去了。

(节选自[美]罗伯特·罗威尔《神秘的“无底洞”》)

【朗读指导】

①前400个音节中翘舌声母85个。

②后鼻韵母26个,包括:

ang 上4 涨

eng 层 正 缝 城 成 曾

ing 应 形2 井 经 令

iang 象 样 量3 像

uang 枉 望2

③轻声词38个,如“我们”等。

④作品属说明性文章,生僻字词较多,朗读时需注意把握。

作品35 《世间最美的坟墓》

我在俄国见到的景物再没有比托尔斯泰墓更宏伟、更感人的。

完全按照托尔斯泰的愿望,他的坟墓成了世间最美的,给人印象最深刻的坟墓。它只是树林中的一个小小的长方形土丘,上面开满鲜花——没有十字架,没有墓碑,没有墓志铭,连托尔斯泰这个名字也没有。

这位比谁都感到受自己的声名所累的伟人,却像偶尔被发现的流浪汉,不为人知的士兵,不留名姓地被人埋葬了。谁都可以踏进他最后的安息地,围在四周稀疏的木栅栏是不关闭的——保护列夫·托尔斯泰得以安息的没有任何别的东西,唯有人们的敬意;而通常,人们却总是怀着好奇,去破坏伟人墓地的宁静。

这里,逼人的朴素禁锢住任何一种观赏的闲情,并且不容许你大声说话。风儿俯临,在这座无名者之墓的树木之间飒飒响着,和暖的阳光在坟头嬉戏;冬天,白雪温柔地覆盖这片幽暗的圭土地。无论你在夏天或冬天经过这儿,你都想象不到,这个小小的、隆起的长方体里安放着一位当代最伟大的人物。

然而,恰恰是这座不留姓名的坟墓,比所有挖空心思用大理石和奢华装饰建造的坟墓更扣人心弦。在今天这个特殊的日子//里,到他的安息地来的成百上千人中间,没有一个有勇气,哪怕仅仅从这幽暗的土丘上摘下一朵花留作纪念。人们重新感到,世界上再没有比托尔斯泰最后留下的、这座纪念碑式的朴素坟墓更打动人心的了。

(节选自[奥]茨威格《世间最美的坟墓》,张厚仁译)

【朗读指导】

①前400个音节中翘舌声母69个。

②后鼻韵母41个,包括:

ang 长2 方2 上 浪 常 赏 放 当

eng 更3 成 声2 风

ing 景 形 名5 兵 姓2 敬 宁 静 情 经

iang 象 像2 响 阳 想

uang 望 光 装

③轻声词55个,如“名字”“栅栏”“东西”“人们”“心思”等。

④作品属记叙性散文,比较好读。其中的人名“托(tuō)尔斯泰”,多音字“声名所累(lěi)”及生僻字如“木栅(zhà)栏”“禁锢(gù)”“飒飒(sà)”“圭(guī)土地”“扣人心弦(xián)”要读准。

作品36 《苏州园林》

我国的建筑,从古代的宫殿到近代的一般住房,绝大部分是对称的,左边怎么样,右边怎么样。苏州园林可绝不讲究对称,好像故意避免似的。东边有了一个亭子或者一道回廊,西边决不会来一个同样的亭子或者一道同样的回廊。这是为什么?我想,用图画来比方,对称的建筑是图案画,不是美术画,而园林是美术画,美术画要求自然之趣,是不讲究对称的。

苏州园林里都有假山和池沼。

假山的堆叠,可以说是一项艺术而不仅是技术。或者是重峦叠嶂,或者是几座小山配合着竹子花木,全在乎设计者和匠师们生平多阅历,胸中有丘壑,才能使游览者攀登的时候忘却苏州城市,只觉得身在山间。

至于池沼,大多引用活水。有些园林池沼宽敞,就把池沼作为全园的中心,其他景物配合着布置。水面假如成河道模样,往往安排桥梁。假如安排两座以上的桥梁,那就一座一个样,决不雷同。

池沼或河道的边沿很少砌齐整的石岸，总是高低屈曲任其自然。还在那儿布置几块玲珑的石头，或者种些花草。这也是为了取得从各个角度看都成一幅画的效果。池沼里养着金鱼或各色鲤鱼，夏秋季节荷花或睡莲开//放，游览者看"鱼戏莲叶间"，又是入画的一景。

（节选自叶圣陶《苏州园林》）

【朗读指导】

①前400个音节中翘舌声母93个。

②后鼻韵母37个，包括：

ang　房　廊2　方　嶂　敞　上

eng　生　能　登　城　成2　整

ing　亭2　平　景　铃

iang　样6　讲2　像　想　项　匠　梁2　两　养

uang　忘　往2

③轻声词43个，如"部分""比方""什么""在乎""时候""石头"等。

④作品属说明性文章，语速上用中速，翘舌字较多，要发好。

作品37　《态度创造快乐》

一位访美中国女作家，在纽约遇到一位卖花的老太太。老太太穿着破旧，身体虚弱，但脸上的神情却是那样祥和兴奋。女作家挑了一朵花说："看起来，你很高兴。"老太太面带微笑地说："是的，一切都这么美好，我为什么不高兴呢？""对烦恼，你倒真能看得开。"女作家又说了一句。没料到，老太太的回答更令女作家大吃一惊："耶稣在星期五被钉上十字架时，是全世界最糟糕的一天，可三天后就是复活节。所以，当我遇到不幸时，就会等待三天，这样一切就恢复正常了。"

"等待三天"，多么富于哲理的话语，多么乐观的生活方式。它把烦恼和痛苦抛下，全力去收获快乐。

沈从文在"文革"期间，陷入了非人的境地。可他毫不在意，他在咸宁时给他的表侄、画家黄永玉写信说："这里的荷花真好，你若来……"身陷苦难却仍为荷花的盛开欣喜赞叹不已，这是一种趋于澄明的境界，一种旷达洒脱的胸襟，一种面临磨难坦荡从容的气度，一种对生活童子般的热爱和对美好事物无限向往的生命情感。

由此可见，影响一个人快乐的，有时并不是困境及磨难，而是一个人的心态。如果把自己浸泡在积极、乐观、向上的心态中，快乐必然会//占据你的每一天。

（节选自《态度创造快乐》）

【朗读指导】

①前400个音节中翘舌声母63个。

②后鼻韵母39个，包括：

ang　访　上2　样　常　方　荡

eng　能　等2　正　生3　仍　盛　澄

ing　情2　兴2　令　惊　星　钉　幸　宁　明　境2　影　并

iang　祥　样　响　向

uang 黄 旷 往

③轻声词40个,如“老太太”“为什么”“多么”等。

④作品虽属议论性文章,但其中描述了两件事情,有较多的叙事语言,比较好读。

作品38 《泰山极顶》

泰山极顶看日出,历来被描绘成十分壮观的奇景。有人说:登泰山而看不到日出,就像一出大戏没有戏眼,味儿终究有点寡淡。

我去爬山那天,正赶上个难得的好天,万里长空,云彩丝儿都不见。素常,烟雾腾腾的山头,显得眉目分明。同伴们都欣喜地说:“明天早晨准可以看见日出了。”我也是抱着这种想头,爬上山去。

一路从山脚往上爬,细看山景,我觉得挂在眼前的不是五岳独尊的泰山,却像一幅规模惊人的青绿山水画,从下面倒展开来。在画卷中最先露出的是山根底那座明朝建筑岱宗坊,慢慢地便现出王母池、斗母宫、经石峪。山是一层比一层深,一叠比一叠奇,层层叠叠,不知还会有多深多奇,万山丛中,时而点染着极其工细的人物。王母池旁的吕祖殿里有不少尊明塑,塑着吕洞宾等一些人,姿态神情是那样有生气,你看了,不禁会脱口赞叹说:“活啦。”

画卷继续展开,绿阴森森的柏洞露面不太久,便来到对松山。两面奇峰对峙着,满山峰都是奇形怪状的老松,年纪怕都有上千岁了,颜色竟那么浓,浓得好像要流下来似的。来到这儿,你不妨权当一次画里的写意人物,坐在路旁的对松亭里,看看山色,听听流//水和松涛。

一时间,我又觉得自己不仅是在看画卷,却又像是在零零乱乱翻着一卷历史稿本。

(节选自杨朔《泰山极顶》)

【朗读指导】

①前400个音节中翘舌声母79个。

②后鼻韵母47个,包括:

ang 长 常 上3 坊 妨 当 旁

eng 成 登 正 腾2 层4 等 生 峰2

ing 顶 景2 明4 经 惊 青 情 形 竟 亭 听2

iang 像2 想 两

uang 壮 往 王2 状

③轻声词45个,如“想头”等。

④作品虽属记叙性散文,但地名较多并且不太好读,注意把握。此外,还应注意容易读错之处“一幅(fú)”“青绿(lǜ)山水画”“露(lù)出”“露(lòu)面”“柏(bǎi)洞”“对峙(zhì)”等。

作品39 《陶行知的“四块糖果”》

育才小学校长陶行知在校园看到学生王友用泥块砸自己班上的同学,陶行知当即喝止了他,并令他放学后到校长室去。无疑,陶行知是要好好教育这个“顽皮”的学生。那么他是如何教育的呢?

放学后，陶行知来到校长室，王友已经等在门口准备挨训了。可一见面，陶行知却掏出一块糖果送给王友，并说："这是奖给你的，因为你按时来到这里，而我却迟到了。"王友惊疑地接过糖果。

随后，陶行知又掏出一块糖果放到他手里，说："这第二块糖果也是奖给你的，因为当我不让你再打人时，你立即就住手了，这说明你很尊重我，我应该奖你。"王友更惊疑了，他眼睛睁得大大的。

陶行知又掏出第三块糖果塞到王友手里，说："我调查过了，你用泥块砸那些男生，是因为他们不守游戏规则，欺负女生；你砸他们，说明你很正直善良，且有批评不良行为的勇气，应该奖励你啊！"王友感动极了，他流着眼泪后悔地喊道："陶……陶校长你打我两下吧！我砸的不是坏人，而是自己的同学啊……"

陶行知满意地笑了，他随即掏出第四块糖果递给王友，说："为你正确地认识错误，我再奖给你一块糖果，只可惜我只有这一块糖果了。我的糖果//没有了，我看我们的谈话也该结束了吧！"说完，就走出了校长室。

（节选自《教师博览·百期精华》中《陶行知的"四块糖果"》）

【朗读指导】

①前400个音节中翘舌声母66个。

②后鼻韵母65个，包括：

ang 长4 上 当2 放3 糖8 让

eng 生4 等 更 睁 正2

ing 行9 并2 令 经 惊2 明2 应2 睛 评

iang 奖5 良2 两

uang 王8

③轻声词47个，如"学生""那么""眼睛"等。

④作品属记叙性散文，比较好读。注意文中的后鼻韵母ing、ang等发音。

作品40 《提醒幸福》

享受幸福是需要学习的，当它即将来临的时刻需要提醒。人可以自然而然地学会感官的享乐，却无法天生地掌握幸福的韵律。灵魂的快意同器官的舒适像一对孪生兄弟，时而相傍相依，时而南辕北辙。

幸福是一种心灵的震颤。它像会倾听音乐的耳朵一样，需要不断地训练。

简而言之，幸福就是没有痛苦的时刻。它出现的频率并不像我们想象的那样少。人们常常只是在幸福的金马车已经驶过去很远时，才拣起地上的金鬃毛说，原来我见过它。

人们喜爱回味幸福的标本，却忽略它披着露水散发清香的时刻。那时候我们往往步履匆匆，瞻前顾后不知在忙着什么。

世上有预报台风的，有预报蝗灾的，有预报瘟疫的，有预报地震的。没有人预报幸福。

其实幸福和世界万物一样，有它的征兆。

幸福常常是朦胧的，很有节制地向我们喷洒甘霖。你不要总希望轰轰烈烈的幸福，它多半只是悄悄地扑面而来。你也不要企图把水龙头拧得更大，那样它会很快地流失。你需要静静地以平和之心，体验它的真谛。

幸福绝大多数是朴素的。它不会像信号弹似的,在很高的天际闪烁红色的光芒。它披着本色的外衣,亲//切温暖地包裹起我们。

幸福不喜欢喧嚣浮华,它常常在暗淡中降临。贫困中相濡以沫的一块糕饼,患难中心心相印的一个眼神,父亲一次粗糙的抚摸,女友一张温馨的字条……这都是千金难买的幸福啊。像一粒粒缀在旧绸子上的红宝石,在凄凉中愈发熠熠夺目。

(节选自毕淑敏《提醒幸福》)

【朗读指导】

①前 400 个音节中翘舌声母 66 个。

②后鼻韵母 57 个,包括:

ang　掌　傍　常4　上2　忙　芒

eng　生2　风　征　朦　更

ing　幸11　醒　灵2　倾　听　并　经　静2　平　清　拧

iang　将　享　像4　相2　想　样2　香　向

uang　往2　蝗　望　光

③轻声词 54 个,如“耳朵”“我们”“人们”“时候”“什么”等。

④作品属议论性文章,注意其中的高频词“幸福”中“幸(xìng)”的发音。

作品 41　《天才的造就》

在里约热内卢的一个贫民窟里,有一个男孩子,他非常喜欢足球,可是又买不起,于是就踢塑料盒,踢汽水瓶,踢从垃圾箱里捡来的椰子壳。他在胡同里踢,在能找到的任何一片空地上踢。

有一天,当他在一处干涸的水塘里猛踢一个猪膀胱时,被一位足球教练看见了。他发现这个男孩儿踢得很像是那么回事,就主动提出要送给他一个足球。小男孩儿得到足球后踢得更卖劲了。不久,他就能准确地把球踢进远处随意摆放的一个水桶里。

圣诞节到了,孩子的妈妈说:“我们没有钱买圣诞礼物送给我们的恩人,就让我们为他祈祷吧。”

小男孩儿跟随妈妈祈祷完毕,向妈妈要了一把铲子便跑了出去。他来到一座别墅前的花园里,开始挖坑。

就在他快要挖好坑的时候,从别墅里走出一个人来,问小孩儿在干什么,孩子抬起满是汗珠的脸蛋儿,说:“教练,圣诞节到了,我没有礼物送给您,我愿给您的圣诞树挖一个树坑。”

教练把小男孩儿从树坑里拉上来,说,我今天得到了世界上最好的礼物。明天你就到我的训练场去吧。

三年后,这位十七岁的男孩儿在第六届足球锦标赛上大放异彩,为巴西第一次捧回了金杯。一个原//来不为世人所知的名字——贝利,随之传遍世界。

(节选自刘燕敏《天才的造就》)

【朗读指导】

①前 400 个音节中翘舌声母 49 个。

②后鼻韵母 30 个,包括:

ang 常 上4 当 塘 膀 放 让 场

eng 能2 猛 更 圣4 坑4 捧

ing 瓶 明

iang 箱 像 向

uang 胱

③轻声词60个,如“喜欢”“那么”等。

④作品属记叙性散文,比较好读。注意其中情感的把握。

作品42 《我的母亲独一无二》

记得我十三岁时,和母亲住在法国东南部的耐斯城。母亲没有丈夫,也没有亲戚,够清苦的,但她经常能拿出令人吃惊的东西,摆在我面前。她从来不吃肉,一再说自己是素食者。然而有一天,我发现母亲正仔细地用一小块碎面包擦那给我煎牛排用的油锅。我明白了她称自己为素食者的真正原因。

我十六岁时,母亲成了耐斯市美蒙旅馆的女经理。这时,她更忙碌了。一天,她瘫在椅子上,脸色苍白,嘴唇发灰。马上找来医生,做出诊断:她摄取了过多的胰岛素。直到这时我才知道母亲多年一直对我隐瞒的疾痛——糖尿病。

她的头歪向枕头一边,痛苦地用手抓挠胸口。床架上方,则挂着一枚我一九三二年赢得耐斯市少年乒乓球冠军的银质奖章。

啊,是对我的美好前途的憧憬支撑着她活下去,为了给她那荒唐的梦至少加一点真实的色彩,我只能继续努力,与时间竞争,直至一九三八年我被征入空军。巴黎很快失陷,我辗转调到英国皇家空军。刚到英国就接到了母亲的来信。这些信是由在瑞士的一个朋友秘密地转到伦敦,送到我手中的。

现在我要回家了,胸前佩戴着醒目的绿黑两色的解放十字绶//带,上面挂着五六枚我终生难忘的勋章,肩上还佩戴着军官肩章。到达旅馆时,没有一个人跟我打招呼。原来,我母亲在三年半以前就已经离开人间了。

在她死前的几天中,她写了近二百五十封信,把这些信交给她在瑞士的朋友,请这个朋友定时寄给我。就这样,在母亲死后的三年半的时间里,我一直从她身上吸取着力量和勇气——这使我能够继续战斗到胜利那一天。

(节选自[法]罗曼·加里《我的母亲独一无二》)

【朗读指导】

①前400个音节中翘舌声母80个。

②后鼻韵母44个,包括:

ang 丈 常 忙 上3 苍 糖 方 章 放 乓

eng 城 能2 正2 称 成 蒙 更 生 撑 梦 争 征 朋

ing 清 经 令 惊 明 病 赢 醒 英2 乒 憬 竟

iang 奖 两

uang 床 荒 黄

③轻声词54个,如“丈夫”“亲戚”“东西”“明白”“枕头”“抓挠”“朋友”等。

④作品属记叙性散文,其中的鼻边音、平翘舌转换要注意,如“耐斯市美蒙旅馆的女

经理""努力""素食者""嘴唇"等。

作品43 《我的信念》

生活对于任何人都非易事,我们必须有坚韧不拔的精神。最要紧的,还是我们自己要有信心。我们必须相信,我们对每一件事情都具有天赋的才能,并且,无论付出任何代价,都要把这件事完成。当事情结束的时候,你要能问心无愧地说:"我已经尽我所能了。"

有一年的春天,我因病被迫在家里休息数周。我注视着我的女儿们所养的蚕正在结茧,这使我很感兴趣。望着这些蚕执著地、勤奋地工作,我感到我和它们非常相似。像它们一样,我总是耐心地把自己的努力集中在一个目标上。我之所以如此,或许是因为有某种力量在鞭策着我——正如蚕被鞭策着去结茧一般。

近五十年来,我致力于科学研究,而研究,就是对真理的探讨。我有许多美好快乐的记忆。少女时期我在巴黎大学,孤独地过着求学的岁月;在后来献身科学的整个时期,我丈夫和我专心致志,像在梦幻中一般,坐在简陋的书房里艰辛地研究,后来我们就在那里发现了镭。

我永远追求安静的工作和简单的家庭生活。为了实现这个理想,我竭力保持宁静的环境,以免受人事的干扰和盛名的拖累。

我深信,在科学方面我们有对事业而不//是对财富的兴趣。我的唯一奢望是在一个自由国家中,以一个自由学者的身份从事研究工作。

我一直沉醉于世界的优美之中,我所热爱的科学也不断增加它崭新的远景。我认定科学本身就具有伟大的美。

(节选自[波兰]玛丽·居里《我的信念》,剑捷译)

【朗读指导】

①前400个音节中翘舌声母70个。

②后鼻韵母38个,包括:

ang 当 常 上 丈 房 方

eng 生2 能3 成 正2 整 盛

ing 精 情2 并 经 病 兴 静2 庭 宁 境 名

iang 相2 养 像2 样 量 想

uang 望

③轻声词52个,如"我们""事情""时候""休息""它们""丈夫"等。

④作品属议论性文章,要读得坚定有力。

作品44 《我为什么当教师》

我为什么非要教书不可?是因为我喜欢当教师的时间安排表和生活节奏。七、八、九三个月给我提供了进行回顾、研究、写作的良机,并将三者有机融合,而善于回顾、研究和总结正是优秀教师素质中不可缺少的成分。

干这行给了我多种多样的"甘泉"去品尝,找优秀的书籍去研读,到"象牙塔"和实际世界里去发现。教学工作给我提供了继续学习的时间保证,以及多种途径、机遇和挑战。

然而,我爱这一行的真正原因,是爱我的学生。学生们在我的眼前成长、变化。当教师意味着亲历“创造”过程的发生——恰似亲手赋予一团泥土以生命,没有什么比目睹它开始呼吸更激动人心的了。

权利我也有了:我有权利去启发诱导,去激发智慧的火花,去问费心思考的问题,去赞扬回答的尝试,去推荐书籍,去指点迷津。还有什么别的权利能与之相比呢?

而且,教书还给我金钱和权利之外的东西,那就是爱心。不仅有对学生的爱,对书籍的爱,对知识的爱,还有教师才能感受到的对“特别”学生的爱。这些学生,有如冥顽不灵的泥块,由于接受了老师的炽爱才勃发了生机。

所以,我爱教书,还因为,在那些勃发生机的“特//别”学生身上,我有时发现自己和他们呼吸相通,忧乐与共。

(节选自[美]彼得·基·贝得勒《我为什么当教师》)

【朗读指导】

①前400个音节中翘舌声母72个。

②后鼻韵母37个,包括:

ang 当2 行(háng)2 尝2 长

eng 生10 正2 成2 证 更 程 能2

ing 行(xíng) 径 命 灵

iang 良 将 样 象 扬 相

uang 创

③轻声词50个,如“什么”“喜欢”“学生”“知识”“东西”等。

④作品属议论性文章,注意其中“教”的读音:“教(jiāo)书”“教(jiào)师”“教(jiào)学”。

作品45 《西部文化和西部开发》

中国西部,我们通常是指黄河与秦岭相连一线以西,包括西北和西南的十二个省、市、自治区。这块广袤的土地面积为五百四十六万平方公里,占国土总面积的百分之五十七;人口二点八亿,占全国总人口的百分之二十三。

西部是华夏文明的源头。华夏祖先的脚步是顺着水边走的:长江上游出土过元谋人牙齿化石,距今约一百七十万年;黄河中游出土过蓝田人头盖骨,距今约七十万年。这两处古人类都比距今约五十万年的北京猿人资格更老。

西部地区是华夏文明的重要发源地,秦皇汉武以后,东西方文化在这里交汇融合,从而有了丝绸之路的驼铃声声,佛院深寺的暮鼓晨钟。敦煌莫高窟是世界文化史上的一个奇迹,它在继承汉晋艺术传统的基础上,形成了自己兼收并蓄的恢宏气度,展现出精美绝伦的艺术形式和博大精深的文化内涵。秦始皇兵马俑、西夏王陵、楼兰古国、布达拉宫、三星堆、大足石刻等历史文化遗产,同样为世界所瞩目,成为中华文化重要的象征。

西部地区又是少数民族及其文化的集萃地,几乎包括了我国所有的少数民族。在一些偏远的少数民族地区,仍保留//了一些久远时代的艺术品种,成为珍贵的“活化石”,如纳西古乐、戏曲、剪纸、刺绣、岩画等民间艺术和宗教艺术。特色鲜明、丰富多彩,犹如一个巨大的民族民间文化艺术宝库。

我们要充分重视和利用这些得天独厚的资源优势,建立良好的民族民间文化生态环境,为西部大开发做出贡献。

(节选自《中考语文课外阅读试题精选》中《西部文化和西部开发》)

【朗读指导】

①前400个音节中翘舌声母83个。

②后鼻韵母41个,包括:

ang 常 方2 长 上3

eng 省 更 声2 承 成2 等 征 仍

ing 岭 平 明2 京 形2 并 精2 冰 陵 星

iang 相 两 样 象

uang 黄2 广 皇2 煌 王

③轻声词31个,如"我们"等。

④作品属说明性文章,文中的数字、地名要读好。

作品46 《喜悦》

高兴,这是一种具体的被看得到摸得着的事物所唤起的情绪。它是心理的,更是生理的。它容易来也容易去,谁也不应该对它视而不见失之交臂,谁也不应该总是做那些使自己不高兴也使旁人不高兴的事。让我们说一件最容易做也最令人高兴的事吧,尊重你自己,也尊重别人,这是每一个人的权利,我还要说这是每一个人的义务。

快乐,它是一种富有概括性的生存状态、工作状态。它几乎是先验的,它来自生命本身的活力,来自宇宙、地球和人间的吸引,它是世界的丰富、绚丽、阔大、悠久的体现。快乐还是一种力量,是埋在地下的根脉。消灭一个人的快乐比挖掘掉一棵大树的根要难得多。

欢欣,这是一种青春的、诗意的情感。它来自面向着未来伸开双臂奔跑的冲力,它来自一种轻松而又神秘、朦胧而又隐秘的激动,它是激情即将到来的预兆,它又是大雨过后的比下雨还要美妙得多也久远得多的回味……

喜悦,它是一种带有形而上色彩的修养和境界。与其说它是一种情绪,不如说它是一种智慧、一种超拔、一种悲天悯人的宽容和理解,一种饱经沧桑的充实和自信,一种光明的理性,一种坚定//的成熟,一种战胜了烦恼和庸俗的清明澄澈。它是一潭清水,它是一抹朝霞,它是无边的平原,它是沉默的地平线。多一点儿、再多一点儿喜悦吧,它是翅膀,也是归巢。它是一杯美酒,也是一朵永远开不败的莲花。

(节选自王蒙《喜悦》)

【朗读指导】

①前400个音节中翘舌声母87个。

②后鼻韵母37个,包括:

ang 旁 让 上 沧 桑

eng 更 生3 丰 朦

ing 兴4 情4 应2 令 青 轻 形 境 经 明 性 定

iang 量 将 养

uang 状2 双 光

③轻声词44个,如"我们"等。

④作品属议论性文章,要读出层次感。

作品 47 《香港:最贵的一棵树》

在湾仔,香港最热闹的地方,有一棵榕树,它是最贵的一棵树,不光在香港,在全世界,都是最贵的。

树,活的树,又不卖何言其贵?只因它老,它粗,是香港百年沧桑的活见证,香港人不忍看着它被砍伐,或者被移走,便跟要占用这片山坡的建筑者谈条件:可以在这儿建大楼盖商厦,但一不准砍树,二不准挪树,必须把它原地精心养起来,成为香港闹市中的一景。太古大厦的建设者最后签了合同,占用这个大山坡建豪华商厦的先决条件是同意保护这棵老树。

树长在半山坡上,计划将树下面的成千上万吨山石全部掏空取走,腾出地方来盖楼,把树架在大楼上面,仿佛它原本是长在楼顶上似的。建设者就地造了一个直径十八米、深十米的大花盆,先固定好这棵老树,再在大花盆底下盖楼。光这一项就花了两千三百八十九万港币,堪称是最昂贵的保护措施了。

太古大厦落成之后,人们可以乘滚动扶梯一次到位,来到太古大厦的顶层,出后门,那儿是一片自然景色。一棵大树出现在人们面前,树干有一米半粗,树冠直径足有二十多米,独木成林,非常壮观,形成一座以它为中心的小公园,取名叫“榕圃”。树前面//插着铜牌,说明缘由。此情此景,如不看铜牌的说明,绝对想不到巨树根底下还有一座宏伟的现代大楼。

(节选自舒乙《香港:最贵的一棵树》)

【朗读指导】

①前 400 个音节中翘舌声母 94 个。

②后鼻韵母 50 个,包括:

ang 港6 沧 桑 商2 长 上5 方 仿 常

eng 证 成5 腾 称 乘 层

ing 精 景2 顶2 径2 定 形 名

iang 香5 养 将 项 两

uang 光 壮

③轻声词 35 个,如“热闹”“地方”“合同”“人们”等。

④作品属记叙性散文,比较好读。

作品 48 《鸟的天堂》

我们的船渐渐地逼近榕树了:我有机会看清它的真面目:是一棵大树,有数不清的丫枝,枝上又生根,有许多根一直垂到地上,伸进泥土里。一部分树枝垂到水面,从远处看,就像一棵大树斜躺在水面上一样。

现在正是枝繁叶茂的时节。这棵榕树好像在把它的全部生命力展示给我们看。那么多的绿叶,一簇堆在另一簇的上面,不留一点儿缝隙。翠绿的颜色明亮地在我们的眼前闪耀,似乎每一片树叶上都有一个新的生命在颤动,这美丽的南国的树!

船在树下泊了片刻,岸上很湿,我们没有上去。朋友说这里是“鸟的天堂”,有许多鸟在这棵树上做窝,农民不许人去捉它们。我仿佛听见几只鸟扑翅的声音,但是等到我的眼睛注意地看那里时,我却看不见一只鸟的影子,只有无数的树根立在地上,像许多根木桩。地是湿的,大概涨潮时河水常常冲上岸去。“鸟的天堂”里没有一只鸟,我这样想到。船开了,一个朋友拨着船,缓缓地流到河中间去。

第二天,我们划着船到一个朋友的家乡去,就是那个有山有塔的地方。从学校出发,我们又经过那“鸟的天堂”。

这一次是在早晨,阳光照在水面上,也照在树梢上。一切都//显得非常光明。我们的船也在树下泊了片刻。

起初四周围非常清静。后来忽然起了一声鸟叫。我们把手一拍,便看见一只大鸟飞了起来,接着又看见第二只,第三只。我们继续拍掌,很快地这个树林就变得很热闹了。到处都是鸟声,到处都是鸟影。大的,小的,花的,黑的,有的站在枝上叫,有的飞起来,在扑翅膀。

(节选自巴金《鸟的天堂》)

【朗读指导】

①前400个音节中翘舌声母97个。

②后鼻韵母49个,包括:

ang 上12 躺 堂3 仿 涨 常2 方

eng 生3 正 缝 声 等 朋2

ing 清2 另 明 听 睛 影 经

iang 像3 样2 亮 想 乡 阳

uang 桩 光

③轻声词68个,如“部分”“我们”“朋友”“它们”“眼睛”“地方”等。

④作品属记叙性散文,注意文中翘舌声母较多。

作品49 《野草》

有这样一个故事。

有人问:世界上什么东西的气力最大?回答纷纭得很,有的说“象”,有的说“狮”,有人开玩笑似的说:是“金刚”。金刚有多少气力,当然大家全不知道。

结果,这一切答案完全不对,世界上气力最大的,是植物的种子。一粒种子所可以显现出来的力,简直是超越一切。

人的头盖骨,结合得非常致密与坚固,生理学家和解剖学者用尽了一切的方法,要把它完整地分出来,都没有这种力气。后来忽然有人发明了一个方法,就是把一些植物的种子放在要剖析的头盖骨里,给它以温度与湿度,使它发芽。一发芽,这些种子便以可怕的力量,将一切机械力所不能分开的骨骼,完整地分开了。植物种子的力量之大,如此如此。

这,也许特殊了一点儿,常人不容易理解。那么,你看见过笋的成长吗?你看见过被压在瓦砾和石块下面的一棵小草的生长吗?它为着向往阳光,为着达成它的生之意志,不管上面的石块如何重,石与石之间如何狭,它必定要曲曲折折地,但是顽强不屈地透到地面上来。它的根往土壤钻,它的芽往地面挺,这是一种不可抗拒的力,阻止它的石块,结果也被它掀翻,一粒种子的力量之大,如//此如此。

没有一个人将小草叫做“大力士”，但是它的力量之大，的确是世界无比。这种力是一般人看不见的生命力。只要生命存在，这种力就要显现。上面的石块，丝毫不足以阻挡。因为它是一种“长期抗战”的力；有弹性，能屈能伸的力；有韧性，不达目的不止的力。

（节选自夏衍《野草》）

【朗读指导】

①前400个音节中翘舌声母88个。

②后鼻韵母40个，包括：

ang　上4　刚2　当　常2　方2　放　长2　壤　抗

eng　生3　整2　能　成2

ing　明　定　挺

iang　样　象　量3　将　向　阳　强

uang　往3　光

③轻声词68个，如“故事”“东西”“力气”等。

④作品属抒情性散文，比较好读。

作品50　《一分钟》

著名教育家班杰明曾经接到一个青年人的求救电话，并与那个向往成功、渴望指点的青年人约好了见面的时间和地点。

待那个青年如约而至时，班杰明的房门敞开着，眼前的景象却令青年人颇感意外——班杰明的房间里乱七八糟、狼藉一片。

没等青年人开口，班杰明就招呼道：“你看我这房间，太不整洁了，请你在门外等候一分钟，我收拾一下，你再进来吧。”一边说着，班杰明就轻轻地关上了房门。

不到一分钟的时间，班杰明就又打开了房门并热情地把青年人让进客厅。这时，青年人的眼前展现出另一番景象——房间内的一切已变得井然有序，而且有两杯刚刚倒好的红酒，在淡淡的香水气息里还漾着微波。

可是，没等青年人把满腹的有关人生和事业的疑难问题向班杰明讲出来，班杰明就非常客气地说道：“干杯。你可以走了。”

青年人手持酒杯一下子愣住了，既尴尬又非常遗憾地说：“可是，我……我还没向您请教呢……”

“这些……难道还不够吗？”班杰明一边微笑着，一边扫视着自己的房间，轻言细语地说，“你进来又有一分钟了。”

“一分钟……一分钟……”青年人若有所思地说：“我懂了，您让我明白了一分钟的时间可以做许//多事情，可以改变许多事情的深刻道理。”

班杰明舒心地笑了。青年人把杯里的红酒一饮而尽，向班杰明连连道谢后，开心地走了。

其实，只要把握好生命的每一分钟，也就把握了理想的人生。

（节选自纪广洋《一分钟》）

【朗读指导】

①前400个音节中翘舌声母64个。

②后鼻韵母67个,包括:

ang 房7 敞 狼 上 让2 刚2 漾 常2

eng 曾 成 等3 整 生 愣

ing 经 青9 并2 景 令 明10 请2 轻3 情 厅 另 井

iang 向3 象 两 香 讲

uang 往 望

③轻声词50个,如“招呼”“收拾”“客气”“明白”等。

④作品属记叙性散文,注意其中前后鼻韵母的分辨及发音。

作品51 《一个美丽的故事》

有个塌鼻子的小男孩儿,因为两岁时得过脑炎,智力受损,学习起来很吃力。打个比方,别人写作文能写二三百字,他却只能写三五行。但即便这样的作文,他同样能写得很动人。

那是一次作文课,题目是《愿望》。他极其认真地想了半天,然后极认真地写,那作文极短。只有三句话:我有两个愿望,第一个是,妈妈天天笑眯眯地看着我说:“你真聪明。”第二个是,老师天天笑眯眯地看着我说:“你一点儿也不笨。”

于是,就是这篇作文,深深地打动了他的老师,那位妈妈式的老师不仅给了他最高分,在班上带感情地朗读了这篇作文,还一笔一画地批道:你很聪明,你的作文写得非常感人,请放心,妈妈肯定会格外喜欢你的,老师肯定会格外喜欢你的,大家肯定会格外喜欢你的。

捧着作文本,他笑了,蹦蹦跳跳地回家了,像只喜鹊。但他并没有把作文本拿给妈妈看,他是在等待,等待着一个美好的时刻。

那个时刻终于到了,是妈妈的生日——一个阳光灿烂的星期天:那天,他起得特别早,把作文本装在一个亲手做的美丽的大信封里,等着妈妈醒来。妈妈刚刚睁眼醒来,他就笑眯眯地走到妈妈跟前说:“妈妈,今天是您的生日,我要//送给您一件礼物。”

果然,看着这篇作文,妈妈甜甜地涌出了两行热泪,一把搂住小男孩儿,搂得很紧很紧。

是的,智力可以受损,但爱永远不会。

(节选自张玉庭《一个美丽的故事》)

【朗读指导】

①前400个音节中翘舌声母55个。

②后鼻韵母37个,包括:

ang 方 行 上 朗 常 放 阳 刚2

eng 能3 等2 生2 睁

ing 明2 情 请 定3 并 星 醒2

iang 两2 样2 想

uang 望2 光 装

③轻声词67个,如“比方”“喜欢”等。

④作品属记叙性散文,比较好读,注意用恰当的语速表达其中的情感。

作品52 《永远的记忆》

小学的时候，有一次我们去海边远足，妈妈没有做便饭，给了我十块钱买午餐。好像走了很久，很久，终于到海边了，大家坐下来便吃饭，荒凉的海边没有商店，我一个人跑到防风林外面去，级任老师要大家把吃剩的饭菜分给我一点儿。有两三个男生留下一点儿给我，还有一个女生，她的米饭拌了酱油，很香。我吃完的时候，她笑眯眯地看着我，短头发，脸圆圆的。

她的名字叫翁香玉。

每天放学的时候，她走的是经过我们家的一条小路，带着一位比她小的男孩儿，可能是弟弟。小路边是一条清澈见底的小溪，两旁竹荫覆盖，我总是远远地跟在她后面，夏日的午后特别炎热，走到半路她会停下来，拿手帕在溪水里浸湿，为小男孩儿擦脸。我也在后面停下来，把肮脏的手帕弄湿了擦脸，再一路远远跟着她回家。

后来我们家搬到镇上去了，过几年我也上了中学。有一天放学回家，在火车上，看见斜对面一位短头发、圆圆脸的女孩儿，一身素净的白衣黑裙。我想她一定不认识我了。火车很快到站了，我随着人群挤向门口，她也走近了，叫我的名字。这是她第一次和我说话。

她笑眯眯的，和我一起走过月台。以后就没有再见过//她了。

这篇文章收在我出版的《少年心事》这本书里。

书出版后半年，有一天我忽然收到出版社转来的一封信，信封上是陌生的字迹，但清楚地写着我的本名。

信里面说她看到了这篇文章心里非常激动，没想到在离开家乡，漂泊异地这么久之后，会看见自己仍然在一个人的记忆里，她自己也深深记得这其中的每一幕，只是没想到越过遥远的时空，竟然另一个人也深深记得。

（节选自苦伶《永远的记忆》）

【朗读指导】

①前400个音节中翘舌声母48个。

②后鼻韵母33个，包括：

ang 商 防 放2 肮 脏 上3

eng 风 剩 生2 愣 能

ing 明2 经 清 停2 净 定

iang 像 凉 两2 酱 香2 向 想

uang 荒

③轻声词60个，如“时候”“我们”“头发”“名字”“素净”“认识”等。

④作品属记叙性散文，注意其中的后鼻韵母。

作品53 《语言的魅力》

在繁华的巴黎大街的路旁，站着一个衣衫褴褛、头发斑白、双目失明的老人。他不像其他乞丐那样伸手向过路行人乞讨，而是在身旁立一块木牌，上面写着：“我什么也看不见！”街上过往的行人很多，看了木牌上的字都无动于衷，有的还淡淡一笑，便姗姗而去了。

这天中午,法国著名诗人让·彼浩勒也经过这里。他看看木牌上的字,问盲老人:"老人家,今天上午有人给你钱吗?"

盲老人叹息着回答:"我,我什么也没有得到。"说着,脸上的神情非常悲伤。

让·彼浩勒听了,拿起笔悄悄地在那行字的前面添上了"春天到了,可是"几个字,就匆匆地离开了。

晚上,让·彼浩勒又经过这里,问那个盲老人下午的情况。盲老人笑着回答说:"先生,不知为什么,下午给我钱的人多极了!"让·彼浩勒听了,摸着胡子满意地笑了。

"春天到了,可是我什么也看不见!"这富有诗意的语言,产生这么大的作用,就在于它有非常浓厚的感情色彩。是的,春天是美好的,那蓝天白云,那绿树红花,那莺歌燕舞,那流水人家,怎么不叫人陶醉呢?但这良辰美景,对于一个双目失明的人来说,只是一片漆黑。当人们想到这个盲老人,一生中竟连万紫千红的春天//都不曾看到,怎能不对他产生同情之心呢?

(节选自小学《语文》第六册中《语言的魅力》)

【朗读指导】

①前400个音节中翘舌声母88个。

②后鼻韵母47个,包括:

ang 旁 上8 往 让4 盲5 常2 伤 行 当

eng 生3

ing 明2 行2 经2 情3 听2 莺 景 竞

iang 像 样 向 良 想

uang 双

③轻声词66个,如"什么""晚上""先生""怎么""人们"等。

④作品属记叙性散文,注意情感的恰当表达及文中人名的读音。

作品54 《赠你四味长寿药》

有一次,苏东坡的朋友张鹗拿着一张宣纸来求他写一幅字,而且希望他写一点儿关于养生方面的内容。苏东坡思索了一会儿,点点头说:"我得到了一个养生长寿古方,药只有四味,今天就赠给你吧。"于是,东坡的狼毫在纸上挥洒起来,上面写着:"一曰无事以当贵,二曰早寝以当富,三曰安步以当车,四曰晚食以当肉。"

这哪里有药?张鹗一脸茫然地问。苏东坡笑着解释说,养生长寿的要诀,全在这四句里面。

所谓"无事以当贵",是指人不要把功名利禄、荣辱过失考虑得太多,如能在情志上潇洒大度,随遇而安,无事以求,这比富贵更能使人终其天年。

"早寝以当富",指吃好穿好、财货充足,并非就能使你长寿。对老年人来说,养成良好的起居习惯,尤其是早睡早起,比获得任何财富更加宝贵。

"安步以当车",指人不要过于讲求安逸、肢体不劳,而应多以步行来替代骑马乘车,多运动才可以强健体魄,通畅气血。

"晚食以当肉",意思是人应该用已饥方食、未饱先止代替对美味佳肴的贪吃无厌。他进一步解释,饿了以后才进食,虽然是粗茶淡饭,但其香甜可口会胜过山珍;如果饱了还要勉强吃,即使美味佳肴摆在眼前也难以//下咽。

苏东坡的四味"长寿药",实际上是强调了情志、睡眠、运动、饮食四个方面对养生长寿的重要性,这种养生观点即使在今天仍然值得借鉴。

(节选自蒲昭和《赠你四味长寿药》)

【朗读指导】

①前400个音节中翘舌声母83个。

②后鼻韵母52个,包括:

ang 张3 方3 长3 狼 上3 当8 茫 畅

eng 朋 赠 能3 更2 成 乘 胜 生3

ing 名 情 并 应2 行

iang 养4 良 讲 强2 香

uang 望

③轻声词22个,如"意思"等。

④作品属议论性文章,注意其中"当"的读音为dàng。

作品55 《站在历史的枝头微笑》

人活着,最要紧的是寻觅到那片代表着生命绿色和人类希望的丛林,然后选一高高的枝头站在那里观览人生,消化痛苦,孕育歌声,愉悦世界!

这可真是一种潇洒的人生态度,这可真是一种心境爽朗的情感风貌。

站在历史的枝头微笑,可以减免许多烦恼。在那里,你可以从众生相所包含的甜酸苦辣、百味人生中寻找你自己;你境遇中的那点儿苦痛,也许相比之下,再也难以占据一席之地;你会较容易地获得从不悦中解脱灵魂的力量,使之不致变得灰色。

人站得高些,不但能有幸早些领略到希望的曙光,还能有幸发现生命的立体的诗篇。每一个人的人生,都是这诗篇中的一个词、一个句子或者一个标点。你可能没有成为一个美丽的词,一个引人注目的句子,一个惊叹号,但你依然是这生命的立体诗篇中的一个音节、一个停顿、一个必不可少的组成部分。这足以使你放弃前嫌,萌生为人类孕育新的歌声的兴致,为世界带来更多的诗意。

最可怕的人生见解,是把多维的生存图景看成平面。因为那平面上刻下的大多是凝固了的历史——过去的遗迹;但活着的人们,活得却是充满着新生智慧的,由//不断逝去的"现在"组成的未来。人生不能像某些鱼类躺着游,人生也不能像某些兽类爬着走,而应该站着向前行,这才是人类应有的生存姿态。

(节选自[美]本杰明·拉什《站在历史的枝头微笑》)

【朗读指导】

①前400个音节中翘舌声母89个。

②后鼻韵母50个,包括:

ang 朗 放 上

eng 生12 声2 风 能3 成3 萌 更

ing 命3 境2 情 灵 幸2 领 惊 停 兴 景 平2 凝

iang 相2 量

uang 望2 爽 光

③轻声词51个,如“部分”“人们”等。

④作品属议论性文章,注意其中的“众生相(xiàng)”是一个词,不能拆读。

作品56 《中国的宝岛——台湾》

中国的第一大岛、台湾省的主岛台湾,位于中国大陆架的东南方,地处东海和南海之间,隔着台湾海峡和大陆相望。天气晴朗的时候,站在福建沿海较高的地方,就可以隐隐约约地望见岛上的高山和云朵。

台湾岛形状狭长,从东到西,最宽处只有一百四十多公里;由南至北,最长的地方约有三百九十多公里。地形像一个纺织用的梭子。

台湾岛上的山脉纵贯南北,中间的中央山脉犹如全岛的脊梁。西部为海拔近四千米的玉山山脉,是中国东部的最高峰。全岛约有三分之一的地方是平地,其余为山地。岛内有缎带般的瀑布,蓝宝石似的湖泊,四季常青的森林和果园,自然景色十分优美。西南部的阿里山和日月潭,台北市郊的大屯山风景区,都是闻名世界的游览胜地。

台湾岛地处热带和温带之间,四面环海,雨水充足,气温受到海洋的调剂,冬暖夏凉,四季如春,这给水稻和果木生长提供了优越的条件。水稻、甘蔗、樟脑是台湾的“三宝”。岛上还盛产鲜果和鱼虾。

台湾岛还是一个闻名世界的“蝴蝶王国”。岛上的蝴蝶共有四百多个品种,其中有不少是世界稀有的珍贵品种。岛上还有不少鸟语花香的蝴//蝶谷,岛上居民利用蝴蝶制作的标本和艺术品,远销许多国家。

(节选自《中国的宝岛——台湾》)

【朗读指导】

①前400个音节中翘舌声母76个。

②后鼻韵母41个,包括:

ang 方3 朗 上5 长2 纺 常 长 樟

eng 省 峰 风 胜 生 盛

ing 晴 形2 平 青 景2 名2

iang 相 像 央 梁 洋 凉 香

uang 望2 状 王

③轻声词43个,如“时候”“地方”“脊梁”“甘蔗”等。

④作品虽属说明性文章,但抒情意味较浓,比较好读。

作品57 《中国的牛》

对于中国的牛,我有着一种特别尊敬的感情。

留给我印象最深的,要算在田垄上的一次“相遇”。

一群朋友郊游,我领头在狭窄的阡陌上走,怎料迎面来了几头耕牛,狭道容不下人和牛,终有一方要让路。它们还没有走近,我们已经预计斗不过畜牲,恐怕难免踩到田地泥水里,弄得鞋袜又泥又湿了。正踟蹰的时候,带头的一头牛,在离我们不远的地方停下来,抬起头看看,稍迟疑一下,就自动走下田去。一队耕牛,全跟着它离开阡陌,从我们身边经过。

我们都呆了,回过头来,看着深褐色的牛队,在路的尽头消失,忽然觉得自己受了很大的恩惠。

中国的牛,永远沉默地为人做着沉重的工作。在大地上,在晨光或烈日下,它拖着沉重的犁,低头一步又一步,拖出了身后一列又一列松土,好让人们下种。等到满地金黄或农闲时候,它可能还得担当搬运负重的工作;或终日绕着石磨,朝同一方向,走不计程的路。

在它沉默的劳动中,人便得到应得的收成。

那时候,也许,它可以松一肩重担,站在树下,吃几口嫩草。偶尔摇摇尾巴,摆摆耳朵,赶走飞附身上的苍蝇,已经算是它最闲适的生活了。

中国的牛,没有成群奔跑的习//惯,永远沉沉实实的,默默地工作,平心静气。这就是中国的牛!

(节选自小思《中国的牛》)

【朗读指导】

①前400个音节中翘舌声母69个。

②后鼻韵母32个,包括:

ang 上4 方2 让2 当 苍

eng 耕2 牲 等 能 程 成2 生

ing 敬 情 领 迎 经3 停 蝇

iang 相 向

uang 光 黄

③轻声词73个,如"我们""它们""畜牲""地方""人们""时候""尾巴""耳朵""苍蝇"等。

④作品属议论性文章,读准其中的生僻字,如"阡(qiān)陌(mò)""踟(chí)蹰(chú)""下种(zhǒng)"。

作品58 《住的梦》

不管我的梦想能否成为事实,说出来总是好玩儿的。

春天,我将要住在杭州。二十年前,旧历的二月初,在西湖我看见了嫩柳与菜花,碧浪与翠竹。由我看到的那点儿春光,已经可以断定,杭州的春天必定会叫人整天生活在诗与图画之中。所以,春天我的家应当是在杭州。

夏天,我想青城山应当算作最理想的地方。在那里,我虽然只住过十天,可是它的幽静已拴住了我的心灵。在我所看见过的山水中,只有这里没有使我失望。到处都是绿,目之所及,那片淡而光润的绿色都在轻轻地颤动,仿佛要流入空中与心中似的。这个绿色会像音乐,涤清了心中的万虑。

秋天一定要住北平。天堂是什么样子,我不知道,但是从我的生活经验去判断,北平之秋便是天堂。论天气,不冷不热。论吃的,苹果、梨、柿子、枣儿、葡萄,每样都有若干种。论花草,菊花种类之多,花式之奇,可以甲天下。西山有红叶可见,北海可以划船——虽然荷花已残,荷叶可还有一片清香。衣食住行,在北平的秋天,是没有一项不使人满意的。

冬天,我还没有打好主意,成都或者相当的合适,虽然并不怎样和暖,可是为了水仙,素心腊梅,各色的茶花,仿佛就受一点儿寒//冷,也颇值得去了。昆明的花也多,而且天气比成都好,可是旧书铺与精美而便宜的小吃远不及成都那么多。好吧,就暂这么规定:冬天不住成都便住昆明吧。

在抗战中,我没能发国难财。我想,抗战胜利以后,我必能阔起来。那时候,假若飞机减价,一二百元就能买一架的话,我就自备一架,择黄道吉日慢慢地飞行。

(节选自老舍《住的梦》)

【朗读指导】

①前400个音节中翘舌声母83个。

②后鼻韵母53个,包括:

ang 杭3 浪 当2 方 仿2 堂2

eng 梦 能 成2 整 生2 城 冷

ing 经2 定3 应2 青 静 灵 轻2 清2 平3 苹 行 并

iang 想2 将 像 样3 香 项 相

uang 光2 望

③轻声词43个,如"地方""什么""主意"等。

④作品属抒情性散文,比较好读。

作品59 《紫藤萝瀑布》

我不由得停住了脚步。

从未见过开得这样盛的藤萝,只见一片辉煌的淡紫色,像一条瀑布,从空中垂下,不见其发端,也不见其终极,只是深深浅浅的紫,仿佛在流动,在欢笑,在不停地生长。紫色的大条幅上,泛着点点银光,就像迸溅的水花。仔细看时,才知那是每一朵紫花中的最浅淡的部分,在和阳光互相挑逗。

这里除了光彩,还有淡淡的芳香。香气似乎也是浅紫色的,梦幻一般轻轻地笼罩着我。忽然记起十多年前,家门外也曾有过一大株紫藤萝,它依傍一株枯槐爬得很高,但花朵从来都稀落,东一穗西一串伶仃地挂在树梢,好像在察言观色,试探什么。后来索性连那稀零的花串也没有了。园中别的紫藤花架也都拆掉,改种了果树。那时的说法是,花和生活腐化有必然关系。我曾遗憾地想:这里再看不见藤萝花了。

过了这么多年,藤萝又开花了,而且开得这样盛,这样密,紫色的瀑布遮住了粗壮的盘虬卧龙般的枝干,不断地流着,流着,流向人的心底。

花和人都会遇到各种各样的不幸,但是生命的长河是无止境的。我抚摸了一下那小小的紫色的花舱,那里满装了生命的酒酿,它张满了帆,在这//闪光的花的河流上航行。它是万花中的一朵,也正是由每一个一朵,组成了万花灿烂的流动的瀑布。

在这浅紫色的光辉和浅紫色的芳香中,我不觉加快了脚步。

(节选自宗璞《紫藤萝瀑布》)

【朗读指导】

①前400个音节中翘舌声母68个。

②后鼻韵母53个,包括:

ang 仿 长2 上 芳 傍 舱 张

eng 盛2 藤5 生4 迸 梦 曾2

ing 停2 轻2 伶 仃 性 零 幸 命 境

iang 样4 像3 阳 相 香2 想 向 酿

uang 煌 光2 壮 装

③轻声词58个,如“部分”“什么”“关系”等。

④作品属抒情性散文,注意其中的后鼻韵母。

作品60 《最糟糕的发明》

在一次名人访问中,被问及上个世纪最重要的发明是什么时,有人说是电脑,有人说是汽车,等等。但新加坡的一位知名人士却说是冷气机。他解释,如果没有冷气,热带地区如东南亚国家,就不可能有很高的生产力,就不可能达到今天的生活水准。他的回答实事求是,有理有据。

看了上述报道,我突发奇想:为什么没有记者问:“二十世纪最糟糕的发明是什么?”其实二零零二年十月中旬,英国的一家报纸就评出了“人类最糟糕的发明”。获此“殊荣”的,就是人们每天大量使用的塑料袋。

诞生于上个世纪三十年代的塑料袋,其家族包括用塑料制成的快餐饭盒、包装纸、餐用杯盘、饮料瓶、酸奶杯、雪糕杯等等。这些废弃物形成的垃圾,数量多、体积大、重量轻、不降解,给治理工作带来很多技术难题和社会问题。

比如,散落在田间、路边及草丛中的塑料餐盒,一旦被牲畜吞食,就会危及健康甚至导致死亡。填埋废弃塑料袋、塑料餐盒的土地,不能生长庄稼和树木,造成土地板结。而焚烧处理这些塑胶垃圾,则会释放出多种化学有毒气体,其中一种称为二噁英的化合物,毒性极大。

此外,在生产塑料袋、塑料餐盒的//过程中使用的氟利昂,对人体免疫系统和生态环境造成的破坏也极为严重。

(节选自林光如《最糟糕的发明》)

【朗读指导】

①前400个音节中翘舌声母90个。

②后鼻韵母45个,包括:

ang 访 上3 康 长

eng 等4 冷2 能3 生4 成3 牲 生 称

ing 名2 明3 英2 评 瓶 形 轻 性

iang 想 量3 降

uang 装 亡 庄

③轻声词26个,如“什么”“人们”“庄稼”等。

④作品属说明性文章。

技能考核2 朗读能力考核

评分标准:测查一篇作品(项目2.3中的60篇作品任选)的前400个音节内容。测查标准内容如表2.1所示。

表2.1　朗读能力训练测查表

	三　朗读(30分)						扣分
	字音错误 -0.1/个	系统缺陷 -0.5/-1	语调偏误 -0.5/-1/ -1.5/-2	停连不当 -0.5/ -1/-2	不流畅 -0.5/ -1/-2	超过4分钟 -1	
1							
2							
3							
4							
5							

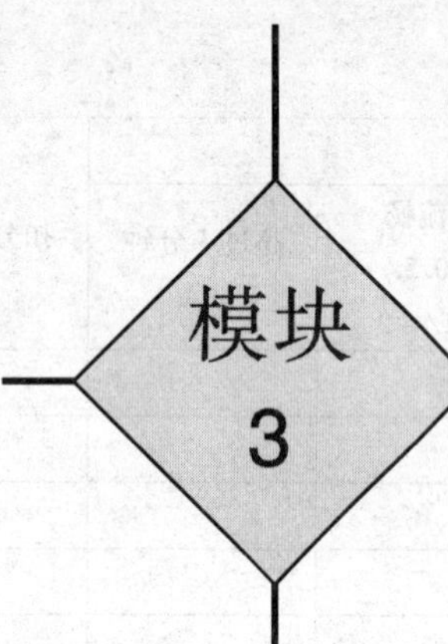

模块3 普通话说话训练

模块能力目标

学生通过不同类别的说话训练，能够比较流畅地自我介绍、求职面试、演讲、辩论，提升口语表达能力。

模块知识目标

不同类别话题的说话技巧。

模块内容简介

学习语言的目的在于交际沟通。人们交际沟通的主要手段之一是说话。学习本课程就是要用标准、流畅的普通话进行交流。说话是口语交际和表达思想的直接工具，要求达到规范性和艺术性的统一。说话具有规范性，包括语音、词汇、语法各方面的规范，发音要标准，掌握足够的词汇材料，语法上没有毛病。只有言语合乎规范，才能互相交流和理解，产生交际效应。说话还要具有艺术性，即在规范化基础上讲究表达的艺术，一是表达的内容“词能达意”，不仅让人懂得容易和透彻，还要使人信服和感动，产生共鸣，乐于接受。二是“说什么”和“怎么说”都要讲究技巧。

说话技巧有以下几个方面。

①克服怯场的心理。积极主动争取平时当众说话、课堂回答问题、会上发言和大庭广众演讲的机会。练习次数多了，自信心会不断增强，怯场心理会逐渐克服。

②持之以恒，刻苦训练。口语课堂上老师精讲，学生课余时间多练。练习场所除课堂外，还有平时的交际场合。

③相互学习，取长补短。学习的方式是多样的，除聆听教师指点、学习典型案例中能者的经验外，还要虚心学习同学的长处，相互指出缺陷或不足。

本模块中，说话训练包括自我介绍、测试话题表达、求职面试、演讲、辩论以及职业语言运用等。

项目3.1 自我介绍

训练目标

①能准确地进行自我介绍。

②能自我描述和自我评价。

支撑知识

自我介绍是指把自己介绍给对方,意在使对方了解自己。自我介绍一般用于人际交往的开端,为讲究礼节或利于思想感情的沟通,都需用到自我介绍。

自我介绍应简洁明了。在多数情况下,只讲清姓名、身份即可,但在招考、求职、初到新单位(新学校)上班(学)时,则还需介绍学历、资历、性格、特长、爱好等。

自我介绍不仅是对自己基本情况的客观描述,也包括自我评价。自我评价的内容应恰到好处,做到自信、自识和自谦。自信是对自己的能力、特长要敢于肯定;自识即有自知之明,严格剖析自己的短处;自谦是自我评价要留有余地,不宜说“很、最、极”等极端词语,否则让人感觉狂妄,不好交往。自我介绍有必要用些诙谐幽默、风趣生动的语言,以给人平易、活泼的感觉,能快速缩短彼此之间的距离。

一、自我介绍技巧

①突出个人的优点和特长,并要有相当的可信度。

②展示个性,使个人形象鲜明,可以适当引用别人的言论,如老师、朋友等的评论,以支持自己的描述。

③不可夸张,坚持以事实说话,少用虚词、感叹词之类。

④符合常规和逻辑。介绍时应层次分明、重点突出,介绍的内容应合理、有序地展开,使自己的优势很自然地逐步显露,不要一上来就急于罗列自己的优点。

⑤表述方式尽量口语化。

二、应聘自我介绍训练指导

【例一】

××经理:

我叫王××,是一名即将毕业的大学生,想在贵公司应聘××岗位。

我学的专业是“××××”。到目前为止,全部学业都已出色完成,成绩优良。我曾多次受到学校的表彰,我的一篇文章曾发表于《××》杂志,并荣获过××××奖。

据我了解,贵公司领导十分重视人才,办事效率高,人际关系融洽,没有眼下国内不少企业存在的“窝里斗”现象,员工可以一心一意地搞科研和生产。今年上半年在贵公司实习的一段时间里,我也深深地感受到了这一点。能在如此宽松、和谐的环境里工作是十分荣幸的，如果能成为贵公司的一员，我将感到十分自豪！

当然，条件如此优越的公司，想进去绝非易事，但我坚信自己有能力敲开贵公司的大门，我已熟练掌握本专业的基础理论及操作技能，在××方面尤有特长，导师为此写下推荐信供贵公司参考。在一个崇尚平等竞争的公司里，我想我会如愿的。希望贵公司能给我一个为公司做出贡献的机会。

【训练指导】

这是一篇用于求职的自我介绍，相对于以联系或礼仪性介绍为目的的自我介绍要详尽，其中展示了个性，也突出了个人的优点和特长并具有相当的可信度，使个人形象鲜明，而且坚持以事实说话。该自我介绍既展示了应聘者的强烈自信，又全面介绍了自己的经历和经验，自我评价比较客观。为展示个人特长借助导师的推荐作为支持，比较有说服力。

【例二】

尊敬的各位老师：

上午好！

我是来自重庆师范大学翻译专业的研究生杨××，今年24岁。

教师是阳光底下最光辉的职业，十几年的求学，使我深刻体会到一名人民教师的神圣职责，如果我能应聘成功，将以满腔热情投入到我所喜爱的教育事业中去。

“学高为师，身正为范”是我一直铭记的名言。因此，在本科四年和研究生三年里，我不断努力充实自我，调整自我。我刻苦学习专业知识，并取得了优异成绩。同时我还参加了许多翻译实践活动，大大锻炼了自己的实际工作能力。

作为一名未来的教师，我始终没有忘记自己的使命。在研究生阶段，我积极参加教学实践，曾在本校担任过英语教师。两年的教学实践，让我对教师这个职业有了进一步的了解和认识。与此同时，我还积极向其他老教师学习讲课的方法和技巧。教学实践，不仅锻炼了我的专业知识，也让我深受学生的尊敬和爱戴。

众多的社会实践也锻炼出我的爱心、耐心和细心，我担任过学校科技协会的会长，还被评为“优秀社团干部”。当然，我始终没有放松自己的专业学习，先后通过了专业英语四、八级考试。

现在，我就要步入社会。我迫切希望实现自己的价值，回报社会。“泰山不让土壤，故能成其大；河海不择细流，故能就其深。”因此，我诚挚希望加入贵校这支教书育人的精英队伍，在未来的日子里，与大家携手并进，开创美好明天！

谢谢！

（作者用于巴蜀中学面试时的自我介绍，最终落选）

修改后的一则例文如下。

尊敬的各位老师：

上午好！

我叫杨××，今年24岁，来自重庆师范大学。我相信，今天能来应聘的，都是很优秀的人才。我之所以敢来应聘，是坚信自己有以下优势。

第一，学历上的优势。看其他同学的年龄，大都比我年轻，应该是即将结束本科阶段的学习，而我即将硕士研究生毕业。

第二,专业知识上的优势。我接受过七年系统的英语教育。在校期间,我以优异的成绩通过了英语专业八级考试,并自学考取了英语导游资格证,曾参与接待过塞拉利昂驻华大使、澳大利亚驻华公使等贵宾,很好地完成了任务。

第三,教学实践上的优势。我有着近两年的英语教学实践,曾在重庆师范大学学前教育学院和涉外商贸学院担任英语教师,教授专业英语和公共英语。

第四,身体上的优势。从高中开始,我一直坚持体育锻炼,因此大家看到了,我有良好的身体素质,可以完成繁重的中学教学任务。

第五,家庭上的优势。我可以自豪地告诉各位老师,我来自一个不太富裕的农村家庭,这让我受过许多城里孩子没有受过的锻炼,也养成了有些城里孩子缺乏的品质:吃苦耐劳。

最后,就是年龄上的优势。我今年24岁,是重庆师范大学本届外语研究生毕业生中最年轻的一个,从理论上讲,如果应聘成功,可以为贵校工作更长的时间;同时我又比今天来面试的大多数的同学年龄略大一些,处事更成熟稳重一些,教学经验更丰富一些。

我自信会成为贵校最优秀的教师之一,请各位领导和老师给我一个机会。

谢谢!

(作者用于重庆八中面试时的自我介绍,最终成功)

【训练指导】

相对于前一个自我介绍,修改后的自我介绍特点表现在以下三点。首先是重点突出,自我介绍通篇围绕考官最关注的问题——求职者应聘这份工作的优势何在展开,没有横生枝节。其次是结构清晰,层次分明,不至于让人听过一遍却不知所云。最后是语言简洁,没有“废话”。开头开门见山,结尾虎虎有力。

技能训练

①在班上进行自我介绍。

②在大型比赛活动中进行自我介绍。

③模拟求职自我介绍。

项目3.2 求职面试

训练目标

①能准确运用求职面试语言。

②比较自如地应对求职面试。

支撑知识

面试过程是主试与被试双方面对面地观察、交谈、了解、智斗的过程,也是短兵相接、双向沟通的过程，主试人通过对被试人的外部行为特征的观察与分析，考察并评价其素质特征、应变能力、理解能力、思考问题的广度和深度。同时，被试人也在对主试人进行观察与分析，对主试人的个性、爱好、价值观等进行推测和判断，力图使自己的回答和其他表现符合面试官的要求，所以，演好这场重头戏，对求职者来说是至关重要的。

一、求职面试技巧

1. 面试成功的因素

1)非语言因素

握手(注意男女有别)、目光(保持交流)、微笑(自然)、点头示意(有度)、身姿(端正)、衣着(得体)。

2)语言因素

(1)提问(考官想问的)

①你做得了这个工作吗?

②你愿意做这个工作吗?

③把你和其他求职者比起来又如何?

上述三个问题的具体化如下。

①你为什么决定向我单位求职?

②你认为你最大的优点和缺点是什么?

③你以前有过怎样的工作经验?

④你打算在未来的五年里做些什么?

⑤五年后你想做到什么程度?

(2)面试语言准备(求职者要说的)

①说话要清楚，不要吞吞吐吐，回答问题要切题。

②不要对另外的人出言不逊;不要贬低你自己的教授或教育;尽量避免在面试中进行工资谈判。

③不要喧宾夺主，也不要唯唯诺诺，要自信且有度。

【案例】

李小文是广州某重点大学新闻与传播学院的应届毕业生，大三就开始在一家报社实习，一年多下来，有上百篇稿件见诸报端。她觉得自己性格外向，脑瓜子灵活，天生就是干记者和编辑这一行的料。所以某大型国企的内部刊物招聘编辑时，李小文毫不犹豫投了简历，自我感觉这个岗位非自己莫属。

通过了资格审查和笔试，她一路过关斩将闯进了面试。面试的一个重要环节是小组讨论，十个应聘者一组，由主考官给出一个栏目的策划草案，大家一起讨论一个半小时。李小文一心想要显示自己的实力，希望给考官留下一个深刻的印象，于是发言特别积极，一个人就占了半个小时的时间，并在接下来的讨论中，有时候别人一开口就被她打断，她接过话头就滔滔不绝，遇到有不同意见更是争论不休。看到其他人面露不悦，李小文心想：那也没办法，竞争就是这样残酷嘛。讨论完后，她自我感觉很不错，回到家就开始准备上岗后大显身手，然而几天后，网上公布的录用名单上却没有她。

“小组讨论”是近年来用人单位大多采用的一种面试方式，它可以综合考查求职者多方面的素质和能力，如创新策划能力、口语表达能力、交际沟通能力和专业知识水平等。小组讨论中一言不发固不可取，但也不是说得越多越好，关键是言之有理，礼貌谦虚，不要喧宾夺主，也不要唯唯诺诺，要自信且有度。

④准确描述要谋取的岗位特征及其匹配点。

【案例】

学习广告专业的宋佳慧一直想进入一家外企工作。在她临毕业的时候，一家美国广告公司来湖北招聘。宋佳慧特别希望进入这家公司，于是她为面试做了很多准备——她对这家公司经营的业务进行了详细的了解，将该公司的经营理念、团队口号等内容打印出来反复阅读，她还分析了该公司过去的成功作品，又将自己不太熟悉的专业理念认真地学习了一番。为了深入了解这家公司，宋佳慧在网上将所有关于该公司的网页都看了一遍，还认识了一个在该公司工作的员工范欣。通过与范欣的沟通，她对公司的人文环境、企业文化有了更进一步的了解。此外，她在面试前又温习了学习过的比较重要的专业知识，还设想了公司招聘时可能会提出的许多问题。面试那天，宋佳慧身穿职业装神采飞扬地出现在招聘现场。有备而来的她果然给考官留下了很好的印象，扎实的基本功和干脆利落的回答让考官非常满意。

（何玲霞《演讲与口才》2006 年 5 月）

对要谋取的岗位特征了解越多，并且尽可能地找到更多的匹配点，再有针对性地展示自己。这样的结果是，一方面体现了自己的专业水准和理论素养，另一方面给面试考官留下你适合这个岗位且能胜任这个岗位的印象，第三还可以增加自己的自信。所以面试者准确描述职业岗位特征及自己与之匹配的语言表达能力必须具备。

⑤自我能力评估。详见表 3.1。

表 3.1　自我能力评估表

	学　业	课　余
成就		
解决问题		
创新能力		
领导能力		
与人合作		

2. 面试问题的巧妙回答

对于每一个求职者，最大的困难就是如何回答面试人员的问题。对于没有任何求职经验的大学生来说，面对面试官的提问，真的会防不胜防，被打个措手不及，平时的伶牙俐齿这时全下了岗，只剩下雾里云里、杂乱无章、东拉西扯、胡说乱侃。实际上，面试官的提问并没有那么可怕，虽然每家公司的问法五花八门、千变万化，但万变不离其宗，提出的所有问题都有其清晰明确的目的，所谓“运用之妙，存乎一心”，其实如果能够好好准备，掌握了常规的方法技巧，抓住面试中的采分点，加上临场镇定的表现和充分发挥，针对不同类型的问题，要以不同的方式应答。在灵活机动应对各种提问的同时，还要会推销自己，才能轻松过关，马到成功，这是面试的一个法宝。

八个经典面试题回答思路如下。

问题一:“请你自我介绍一下。”

思路:

①这是面试的必考题目;

②介绍内容要与个人简历相一致;

③表述方式上尽量口语化;

④要切中要害,不谈无关、无用的内容;

⑤条理要清晰,层次要分明;

⑥事先最好以文字的形式写好背熟。

问题二:“谈谈你的家庭情况。”

思路:

①家庭情况对于了解应聘者的性格、观念、心态等有一定的作用,这是招聘单位问该问题的主要原因;

②简单地罗列家庭人口;

③宜强调温馨和睦的家庭氛围;

④宜强调父母对自己教育的重视;

⑤宜强调各位家庭成员的良好状况;

⑥宜强调家庭成员对自己工作的支持;

⑦宜强调自己对家庭的责任感。

问题三:“你有什么业余爱好?”

思路:

①业余爱好能在一定程度上反映应聘者的性格、观念、心态,这是招聘单位问该问题的主要原因;

②最好不要说自己没有业余爱好;

③不要说自己有那些庸俗的且令人感觉不好的爱好;

④最好不要说自己仅限于读书、听音乐、上网,否则可能令面试官怀疑应聘者性格孤僻;

⑤最好能有一些户外的业余爱好来“点缀”你的形象。

问题四:“你最崇拜谁?”

思路:

①最崇拜的人能在一定程度上反映应聘者的性格、观念、心态,这是面试官问该问题的主要原因;

②不宜说自己谁都不崇拜;

③不宜说崇拜自己;

④不宜说崇拜一个虚幻的或是不知名的人;

⑤不宜说崇拜一个明显具有负面形象的人;

⑥所崇拜的人最好能与自己所应聘的工作能“搭”上关系;

⑦最好说出自己所崇拜的人的哪些品质、哪些思想感染着自己、鼓舞着自己。

问题五:“你的座右铭是什么?”

思路:

①座右铭能在一定程度上反映应聘者的性格、观念、心态,这是面试官问这个问题的

主要原因；

②不宜说那些易引起不好联想的座右铭；

③不宜说那些太抽象的座右铭；

④不宜说太长的座右铭；

⑤座右铭最好能反映出自己某种优秀品质；

⑥参考答案——“只为成功找方法，不为失败找借口”。

问题六：“谈谈你的缺点。”

思路：

①不宜说自己没缺点；

②不宜把那些明显的优点说成缺点；

③不宜说出严重影响所应聘工作的缺点；

④不宜说出令人不放心、不舒服的缺点；

⑤可以说出一些对于所应聘工作“无关紧要”的缺点，甚至是一些表面上看是缺点，从工作的角度看却是优点的“缺点”。

问题七：“谈一谈你的一次失败经历。”

思路：

①不宜说自己没有失败的经历；

②不宜把那些明显的成功说成是失败；

③不宜说出严重影响所应聘工作的失败经历；

④所谈经历的结果应是失败的；

⑤宜说明失败之前自己曾信心百倍、尽心尽力；

⑥说明仅仅是由于外在客观原因导致失败；

⑦失败后自己很快振作起来，以更加饱满的热情面对以后的工作。

问题八：“你为什么选择我们公司？”

思路：

①面试官试图从中了解你求职的动机、愿望以及对此项工作的态度；

②建议从行业、企业和岗位三个角度回答；

③参考答案——“我十分看好贵公司所在的行业，我认为贵公司十分重视人才，而且这项工作很适合我，相信自己一定能做好。”

3. 面试要领

①有简历还要你介绍，是想测试你的综合表达能力，拣主要的说。

②回答问题时有问必答，但总体上拣对口的、优秀的、主要的说，需要流利。

③表示感谢：记住考官的名字（称呼）。

④给公司点机会推销他们自己：可以问问他们的培训、文化、外部环境、机遇、职业发展等方面的情况。

⑤把考官看成朋友，你的面试是在帮助他解决问题。

4. 求职指导

如何在面试中适当地运用技巧秀出自己的亮点？在每一次面试前要问自己下面两个问题。

①所应聘的职位有哪些关键要求？如果应聘技术工程师，专业知识和技能显然是最关键的，认识到这点还不够，比如同样是软件工程师，还应认识到这个职位所要求的编程语言是哪一种或两种？对项目经验的要求如何？外语能力要求怎样？

②能与这个职位最大的匹配点在哪里？在认识职位的基础上想一想，我具备哪些条件与职位要求相匹配？其中最大的竞争优势是什么？同样以软件工程师为例，是自己的技能最匹配，还是项目经验最为匹配，或是以往同类公司的经历？

针对找到的与职位的匹配点做好充分准备。因为在面试过程中，当你抛出了亮点之后，面试官一定会颇感兴趣，可能会针对这些方面重点提问，比如，假如你说自己曾参加过某个大型开发项目，对方很有可能会询问这个项目的详情，甚至包括诸多细节，比如项目的预算、项目经理是谁，你具体在其中做了些什么工作，项目开发过程中碰到了哪些问题，等等。

最后要说明的是，技巧是锦上添花的，包装的作用也是有限的，真实的实力才是真正的竞争力，所以，磨炼实力是面试取胜的根本。

二、招聘面试实录

以下是联想集团有限公司业务员招聘面试实录（根据录音整理）。

人力资源部（A）：王小姐，您好！非常欢迎您来应聘我们公司的职位！我看了一下您的简历，您学的是国际贸易专业，那么能不能请您简单谈一下您这个专业的一些内容，就是介绍一下您的这个专业！

王小姐：好的。我的专业课的侧重点是国际贸易实务的相关课程以及国际商法、贸易英语这三类。

人力资源部（A）：这是您主要的课程，对吗？

王小姐：对！

人力资源部（A）：您在大学四年的过程当中一定会得到很多的收获，包括您的个人能力方面和您的专业方面，那您能不能简单地介绍一下通过四年的大学学习，您在专业方面和个人的能力方面得到哪些收获。

王小姐：通过四年的学习吧，首先从专业课上我学习到在进行贸易的活动当中，要了解和学习的东西特别多，像财务，还有法律这些方面如果掌握得不好的话，都会在进行贸易的过程中给自己造成很多的麻烦。所以，这就让我感觉到需要了解的知识面要广一些。

人力资源部（A）：谢谢！我想您在大学里边的收获对包括您走上工作岗位都会带来很大帮助。那么您现在是应聘我们公司（这个）采购商务的商务员的岗位，那么您能不能结合您所学的专业谈一谈您应聘这个岗位的想法：您为什么来应聘这个岗位，您觉得您的优势在哪方面呢？

王小姐：好的。据我所知，我应聘的岗位是商务……商务员，是吧？

人力资源部（A）：对！

王小姐：首先从我的专业来讲，我觉得我这个专业对于这个岗位比较对口儿，我觉得能够把我四年学习的那份知识运用到今后的工作实践当中；第二呢，是我对联想这个企业的印象，就是从接收到的社会上的一些信息吧，联想在管理上是非常规范的，像我们这种应届生，没有社会经验的人希望在这种规范的机构里吸收更多的知识。

人力资源部(B):你好,王小姐!我就想了解一下您在课余活动的时候主要参加哪些社团,或者其他的一些活动。

王小姐:在大学四年的生活学习当中,我主要参加的是合唱团,学校的合唱团,还有就是宣传组。合唱团主要是进行一些学校内部的联欢活动,还有就是各个大学校园之间的联谊;宣传组呢,主要是进行一些板报的宣传,还有广播的宣传,这些题目都是宣传组自己拟定的素材,也就是自己搜集的。

人力资源部(B):你认为通过参加这些活动,你最大的收获是什么?

王小姐:合唱团主要是锻炼了我的胆量吧,因为站在舞台上面对着很多观众,刚开始可能会有一点儿怯场,但是经过四年的这种活动已经非常自然了;然后,宣传组呢,主要是锻炼了明确做一件事的目的,因为你要宣传一个题材的话首先要达到一定的目的,然后就是要紧紧围绕这个题目去搜集一些丰富的背景,就是切题的一些材料。我觉得这些方面是我参加这些社团得到的一些收获。

人力资源部(B):你能用几个简单的字描绘一下自己的性格特征吗?

王小姐:我的性格主要是比较稳重,还有就是比较开朗。

人力资源部(B):能告知一下你在学校的综合排名是处在什么位置?

王小姐:中等。

人力资源部(B):你怎么看待你这个排名结果?

王小姐:我觉得每个人努力的结果都是两方面的,一方面是已经尽了百分之百的力,另一方面可能是并没有尽全力,我觉得像我这个结果是尽了百分之八十的力。

人力资源部(B):在这个过程中我们看到您表现得非常自信,那我想请你举个例子:你在大学期间自己哭过吗?举一个你自己哭的例子,然后也告诉我们你为什么哭?

王小姐:因为我参加板报社,在宣传队的时候出过一次板报,出板报的过程当中,从选题到搜集材料方面,跟组友发生了矛盾,当时大家在争辩的时候,组友说了一些伤人的话,比较过激的话,那个时候心里特别委屈,觉得是在为学校、同学们生活增添色彩,但是却得来了一些自己都想不到的“回报”吧,这个时候哭过。

人力资源部(B):那我想问,你和同寝室室友和同学的关系如何。

王小姐:我和同学的关系还是比较融洽的,尤其是住在大学宿舍里一个寝室里的同学的关系还是非常融洽的。

人力资源部(B):和她们有过冲突吗?

王小姐:正面的、比较尖锐的冲突没有!但是大家朝夕相处,一些日常的、生活习惯方面的不适应还是有的。

人力资源部(B):跟她们产生具体冲突的时候,你能告诉我你是怎样解决这个冲突的吗?

王小姐:我会首先从对方考虑想一下我不适应她的原因,还有她产生这种行为的原因,然后如果我觉得这种行为是根深蒂固的,我不可能通过沟通或其他方式使它完全消失,那么我会尽量去采取一些措施让她把程度尽量降低。

人力资源部(B):那好,王小姐,我们对你的了解今天就先到这里。看看你对我们公司还有哪些事想要了解?

王小姐:我想我有两个问题,第一个就是我入职以后会接受什么样的培训?

人力资源部(B):是这样的,我们公司在培训方面是非常系统的,我们专门有一个培训中心在做这样的事情,从新员工的培训,然后到一系列的专业技能培训,你到岗位后还有一些岗位上的专业培训,这是在系统里头,具体的要根据岗位来看。

王小姐:那第二个问题就是想问一下我的户口入职以后能够解决吗?

人力资源部(B):如果我们邀请你进入联想以后,我们肯定会为你解决北京户口,没问题。

人力资源部(B):那这样,王小姐,非常感谢你今天到公司(让)咱们有一个互相的了解和沟通,那今天咱们的交流就到此。回头我们会在一周之内给你最终的结果,好吗?

王小姐:行,谢谢你!非常希望能成为联想的员工!

(王小姐主动与主考官握手)

主考官点评:

人力资源部(B):怎么样?谈谈你的看法。

人力资源部(A):我认为她在表达方面应该说是比较不错的,沟通能力应该比较好;但是在对于本专业的描述上不够详尽,尤其看她的成绩排在中等的水平,我看她在专业方面可能不是特别强,但是她对这个岗位的认识很深,对自己发展的平台应该说也比较切合实际,对咱们的岗位还是比较合适的。

人力资源部(B):其实我从她一进屋就观察她,让我感觉印象最深的一点是她表现得非常自信,她一点都没有怯场的感觉;再一个她刚才回答她与同学的冲突的问题时反映出她是一个非常注重对方感受的人,说明她会非常好地处理团队关系,尤其是岗位角色要求她更多的是与客户、同事关系的处理,我认为她在这方面是可以的。但具体的专业性的东西我认为应该再做进一步的了解。

人力资源部(A):我觉得到工作岗位上之后,在后期的培训和业务指导方面应该会有一个好的指导,这样就能弥补了,但从个人素质来讲应该说是还是比较符合咱们的用人要求。从她的综合素质上来讲应该跟岗位还是能够有一定适应性的,我建议把她作为一个候选人,但是由于成绩的原因,她也不是很优秀,先把她作为候选,咱们后续再面试其他人的时候作为一个平衡的比较。

人力资源部(B):没问题!

技能训练

以小组为单位,分别设计岗位面试内容,分角色扮演考官及应试者进行模拟求职面试。

项目3.3 测试话题说话

训练目标

①能围绕具体话题组织语言、进行说话。

②用语标准和流畅。

支撑知识

普通话水平测试中的命题说话相对于即兴演讲及正式谈话来说难度较小，要求应试者从规定的两个话题中任选一个话题，连续说一段3分钟的话，目的是测查应试人在无文字凭借的情况下说普通话的水平，应试人均为单向说话，其中的测查项目包括语音标准程度、词汇语法规范程度和自然流畅程度等内容。

在“说话”的过程中，语音是流动的。应试者没有时间去推敲某一个音节的读音，致使读字词的时候不会出错的难点音，一到语流中就故态复萌。尤其是难点音连续读的时候，有的人为了把每个音节的声韵调读准，一个字一个字地发音，还有人事先把每一个话题写成文章，背熟，测试的时候背出来，这样说出来的普通话，语音虽然标准，但不自然，不流畅。

测试中的“说话”可以成为高标准语言表达能力训练即具备好口才的一个重要步骤。

一、说话技巧

1. 普通话思维

假如思维用的是方言，说话又用普通话，这就给自己的口头表达设置了拦路虎。必须用普通话思维，才能用普通话自然流畅地表达。说话是一连串音节的快速组合，不可能给思维转换留出时间，方言词语和句式会不由自主地随思维蹦出来，方言一出，你再纠正，语流就会中断，表达就会结结巴巴。因此，必须进行大量的说句、说段训练，养成用普通话思维的习惯。

2. 口语化表达

“说话”不是朗读，更不是背稿子，它必须突出口语化的特点。

①表达口语化，要求声音质朴，保持本色，不夸张，不做作；语调平稳，曲折变化不大，语气亲切自然，不拿腔拿调。

②表达口语化，要求长句化短，这也是“说话”流畅的一个诀窍。

③表达口语化，要求多选用口语化的词语，语言直观、生动、形象。

④表达口语化，要求注意说话的语速适当，通常为180～240个音节/分钟。

⑤表达口语化，可恰当地使用语气词，从而使说话语气舒缓、自然。但是，不能滥用语气词，尤其不要使用方言语气词。

二、说话训练指导

1. 步骤

第一步：报题（我要说的话题是……或我选择的话题是……）。

第二步：过渡（结合第三步的中心内容表达，将第一、第三步有机地结合起来）。

第三步：中心内容（要求有思维目标，即按提纲要求有几方面内容；要求说的内容越具体越好，不要说空洞的大道理，否则会无话可说）。

2. 如何说话

和朗读相比，说话可以更有效地考查应试人在自然状态下运用普通话语音、词汇、语法的能力。说话不仅是对应试人语言水平的考查，同时，也是对应试人心理素质的考验。说话是在没有文字凭借的情况下，把思维的内部语言转化为自然、准确、流畅的外部语言，需要应试人有良好的心理素质。综上所述，说话具有以下几种基本要求。

1)话语自然

说话就是口语表达，但口语表达并不等于口语本身。口头说话要使用语言材料，但是说话的效果并不仅仅是这些语言材料的总和。口头说的话应该是十分生动的，它和说话的环境、说话人的感情、说话的目的和动机都有很大的关系。

要做到自然，就要按照日常口语的语音、语调来说话，不要带着朗读或背诵的腔调。这并不是很高的要求，但实际做起来却相当困难。需要强调的是，进行说话准备，不要把说话材料写成书面材料，因为写出来的东西往往会进行修改，殊不知，就是在修改中改掉了口语表达的特点。

语速适当，是话语自然的重要表现。正常语速大约 240 个音节/分钟均应视为正常。如果根据内容、情景、语气的要求偶尔 10 来个音节稍快、稍慢也属正常。语速和语言流畅程度是成正比的。一般说来，语速越快，语言越流畅。但语速过快就容易导致发音时口腔打不开、复元音的韵母动程不够和归音不准。语速过慢，容易导致语流凝滞，话语不够连贯。有人为了不在声、韵、调上出错，说话的时候一个字、一个字地往外挤，听起来非常生硬。因而，过快和过慢的语速都应该尽量避免。

2)用词得体

口语词和书面语词的界限不易分清。一般说来，口语词指日常说话用得多的词，书面语词指书面上用得多的词。口语词和书面语词相比，各有其特点。说话中特别要注意克服方言语气，必须克服方言的影响及摒弃方言词汇。但是，普通话词汇标准是开放的，它将不断地从方言中吸收富有表现力的词汇以丰富和完善自己的词汇系统。因而，普通话水平测试允许应试人使用较为常用的新词语和方言词语。

3)用语流畅

现代汉语的口语和书面语是基本一致的，使用的句式也是大体相同的。但是，从句式使用的经常性来看，口语与书面语仍然存在着差别，其特点是：

①口语句式比较松散，短句多；

②较少使用或干脆不用关联词语；

③经常使用非主谓句；

④较多地使用追加和插说的方法，句间关联不紧密；

⑤停顿和语气词多。

技能训练

普通话水平测试中共有 30 个话题，可以分为说人、叙事和议论三类。

一、“说人”话题训练

话题有“我尊敬的人”“我的朋友”“我所在的集体”，等等。

【案例】

我尊敬的人

教师是太阳底下最崇高、最光辉的职业。之所以说是“最崇高”“最光辉”，就是因为教师是“人类灵魂的工程师”。建造一座房子或桥梁的人，我们称他为建筑工程师；设计工厂的合理流程的人，我们称他为工业工程师；研究更好地养花种花、美化环境的人，我们称他为园艺工程师。然而教师却是灵魂的工程师，那就意味着他是塑造人类的思想、建设人们的精神世界的人，是精神文明的设计者和创造者，是精神花园里的园丁。

“师者，所以传道、授业、解惑也。”传播人生道理，讲授专业知识，解除心中困惑等，都是一个教师所要做的事。在这个过程中，知识的火炬被一代一代地传递下去。所以我认为，教师更像一个接力赛的队员。这个接力赛的总长度是人类历史的整个时间长河，前不见古人，后不见来者，悠悠无尽头。整个接力赛的队员主要由一代一代的教师组成，一代相当于一棒。历史赋予我们特定的一程，我们从上一代手中接过知识接力棒，然后跟时间赛跑，直至跑完我们的这一段，把接力棒传递给下一代人。一棒一棒，无穷无尽。在这个过程中，应该有三种情况。

一是没有按要求传到或是传错了传丢了等，这是混者。浑水摸鱼、滥竽充数而误人子弟者即是。

二是刚刚符合要求传出，这是庸者，平庸无进而得过且过者即是。

三是不但按要求传到，而且加进了自己的内力和内功，使知识接力棒本身越来越新、越来越有用，这是智者。创造发明，做出贡献，人类一定记住他。

我想，我决不能做阿混，也不能甘于平庸，而是要追求智！当然要达到智，需要付出艰苦卓绝的努力。首先必须有一颗爱心，然后是练好教师的各类基本功，如语言、写作、书写、板画、计算机（如时间有多余，可再讲几个要点）等，再是不断学习，终生学习，不断充实自己，不断完善自己，争取有所创造，有所贡献！

让教师这个职业带给人们更多的真知，让我的生命燃烧得更有意义吧！

（摘自新闻网—青岛社区—教师论坛，2006 年 5 月 11 日）

【案例评改】

上述话题内容评论性的东西较多，并不适合学生这一层次，可以按照如下三步的要求进行更改。

第一步：我要说的话题是《我尊敬的人》。

第二步：我尊敬的人有许多，比如说我的亲人，包括我的爸爸、妈妈、爷爷、奶奶、外公、外婆……；有历史上的伟人，像马克思、恩格斯、列宁、毛泽东，等等；还有我的老师们，比如小学老师、中学老师、大学老师等。这里我想说说我的几位老师。

第三步：首先说××老师，她是我小学时的语文老师，又是我的班主任，她是一位女老师，当时大约××岁（长相、性格、教学方法、我们之间发生的某件具体的事）；

再说××老师，他是我高中的老师（年龄、性别、长相、性格、教学方法、我们之间发生的某件具体的事）；

最后再说××老师，她是我大学时的××老师（年龄、性别、长相、性格、教学方法、我们之间发生的某件具体的事）。

二、“叙事”类话题训练

练习“叙事”的话题，如“我的学习（业余、假日）生活”“难忘的旅行”“我喜欢的节日”“我的愿望”“童年的记忆”等。在“叙事”的话题中，一定注意思维目标，说话的程式，即按时间顺序进行描述，强调具体。

三、“议论”类话题训练

1. 话题归类

诸如谈谈卫生与健康、谈谈对环境保护的认识、谈谈科技发展与社会生活；谈谈美食、谈谈服饰、购物的感受；谈谈社会公德、谈谈个人修养等。

2. 进行转换

各种“议论”类话题都可以转换为具体的人和事。

谈谈卫生与健康：个人卫生与健康、室友的卫生习惯、班上同学的卫生状况、校园环境，等等，必须落实到具体的人和事上。

谈谈科技发展与社会生活：电视、电脑、电话、音乐播放器、卫星、火箭、核弹……你所知的任何现代化的东西，都是科技带来的不一样的社会生活。

谈谈美食：具体到你喜欢的吃食，叫什么名字？如何制作？吃了以后的感觉等等；也可以说你知道的美食，比如满汉全席、八大菜系等。旅游、酒店专业的学生都开过相关知识的课程，可以很好地运用。

谈谈社会公德、谈谈个人修养：这两项内容可以结合在一起说，公德也是个人修养的一方面。可以结合周边的人和事，比如公共场所的卫生习惯、说话语气、谦让，还有你了解到的一些知名人士在这些方面的表现，等等。

谈谈对环境保护的认识：可以说家乡的山水变化、环境变化，也可以说本地连年爆发的洪灾，还可以说说全球气候变暖……组织这些内容必须注意其条理性，也就是要有思维目标。

谈谈购物的感受：自己是否喜欢购物？喜欢和什么人一起购物？一般买些什么？或者描述某次购物的经历，比如说逛了多长时间，如何讨价还价？中间遇到了什么人或发生了什么事？

3. 有条理地说

转换为具体的人和事后，必须理清思路，先说什么？后说什么？做到有条理地说。

普通话水平测试是对应试人运用普通话进行交际的能力水平的测试和评价。它既不是普通话知识的考试，也不是文化水平的考核，更不是口才的评估。测试大纲以语音面貌、词汇语法的规范程度和自然流畅程度作为说话的一部分标准，对与文章结构有关的立意、选材及布局谋篇并未提出具体的要求，不能一厢情愿地把作文的评分标准强加于说话之上。

项目3.4 演讲

训练目标

①能选择某一主题进行演讲。

②表达标准、流畅并富有激情。

支撑知识

演讲是人类的一种社会实践活动,是指演讲者在特定的时境中,借助有声语言(为主)和态势语言(为辅)的艺术手段,针对社会当下和未来,面对广大听众发表意见和抒发情感,从而达到感召听众并促使其行动的一种现实的信息交流活动。演讲的传达手段,主要有:有声语言、态势语言和主体形象。

①有声语言(讲)。有声语言是演讲活动最主要的物质表达手段,是信息传递的主要载体,要求吐字清楚、准确,声音清亮、圆润、甜美,语气、语调、声音和节奏富于变化,注重形式美和声音美。它具有语言艺术的某些特点,是听众听觉接受对象和欣赏对象。

②态势语言(演)。态势语言就是演讲者的姿态、动作、手势、表情等,要求准确、鲜明、自然、协调和优美,要有表现力和说服力,弥补有声语言的不足。

③主体形象。演讲者是以其自身出现在听众面前进行演讲的,必然以整体形象,包括体形、容貌、衣冠、发型、举止神态等直接诉诸听众的视觉器官。这就要求演讲者在自然美的基础上,要有一定的装饰美,既有利于思想感情的传达,又有利于取得良好的演讲效果。

一、演讲的口语表达技巧

演讲的口语表达技巧的基本要求如下。

1.发音正确、清晰、优美

以声音为主要手段的演讲对语音的要求很高,既要能准确地表达丰富多彩的思想感情,又要悦耳爽心,清澈优美。为此,演讲者必须认真对语音进行研究,努力使自己的声音达到最佳状态。

一般来说,最佳语言是指:

①准确清晰,即吐字正确清楚,语气得当,节奏自然;

②清亮圆润,即声音洪亮清越,铿锵有力,悦耳动听;

③富于变化,即区分轻重缓急,随感情变化而变化;

④有传达力和浸彻力,即声音有一定的响度和力度,使在场听众都能听真切,听明白。

演讲语言常见的毛病有声音痉挛颤抖,飘忽不定;大声喊叫,音量过高;音节含糊,夹杂明显的气息声;声音忽高忽低,音响失度;朗诵腔调,生硬呆板等。所有这些,都会影响听众对演讲内容的接受和理解。

要达到最佳语言效果,应做到如下几点。

1)字正腔圆

字正,是演讲语言的基本要求,要读准字音,读音响亮,送音有力。读音要符合普通话声母、韵母、声调、音节、音变的标准,严格避免地方音和误读。如将“鞋子”说成“孩子”,将“干涸”说成“干固”等。读错、讲错字音,一方面直接影响听众对一个词、一个句子,甚至整篇内容的理解;另一方面也直接影响演讲者的声誉和威信,降低了听众对演讲者的信任感。

腔圆,即声音圆润清亮,婉转甜美,富有音乐美,并发音响亮。演讲时齐齿呼音节(i或以i开头的韵母)和撮口呼音节(ü或以ü开头的韵母)由于发音口腔开合小、共鸣腔不大且音发出来不亮,在备稿时可将其换成开口呼音节(ɑ或以ɑ开头的韵母)和合口呼音节(o或以o开头的韵母)。如把“至”改为“到”,把“与”改为“和”。

2)分清词界

词分单音节词和多音节词。单音节词不会割裂分读,而多音节词则有可能割裂引起歧义。例如:“一米九个头的冯骥才伫立在空荡荡的山谷里。”这句话中的“一米九个头”本意是“一米九的个头”念时应为“一米九——个头”,如果词界划分不当,很容易弄成为“一米——九个头”,把“个头”(身材)一词割裂为“个”(量词)和“头”(名词)两个词,因而产生歧义。演讲者如出现这种错误,便会令人忍俊不禁。

3)音韵配搭

汉语讲究声调。声调能产生抑扬急缓的变化,本身就富有音乐美。好的演讲平仄错落有致,抑扬顿挫,显得悦耳动听。

(1)双音节化

汉语中的一些单音节词表达意义复杂、深奥,如果能改成双音节就明白、通俗些。且双音节响亮明朗,有顿挫变化,易于表现语言的音乐美。

(2)注意押韵

如果在适当的地方,有意押韵,更能产生一种声音的回环美与和谐美,讲起来上口,听起来悦耳,似有散文诗的风韵。

(3)平仄相间

汉字一字一调,高低升降,起伏变化。作为平声字的阴平、阳平变化不大,比较稳,易听清楚;仄声字的上声、去声变化大,声音短促,音感强烈。二者要相间配合,使音节起伏变化。此外,恰当地运用象声词和叠声词,进行渲染烘托,也能收到声情并茂的功效。

2. 词句流利、准确、易懂

听众通过演讲活动接受信息主要诉诸听觉作用。演讲者借助口语发出的信息,听众要立即能理解。口语与书面语之间有较明显的差距。有人说,书面语是最后被理解,而口语则应立即被听懂。与书面语相比,口语具有以下特点:

①句式短小,不宜使用过长的句子;

②通俗易懂,要使用常用词语和一些较流行的口头词语,使语言富有生气和活力;

③不过多地做精确的列举,特别是过大的数字,常用约数;

④较多地使用表明个人倾向的词语,诸如“显而易见”“依我看来”,等等,并且常常运用“但是”“除了”等连接词,使讲话显得活泼、生动、有气势。

当然,讲究表意朴实的口语化,绝不能像平常随便讲话那样任意增减音节,拖泥带水,嗑嗑巴巴,这样便损害了口语的健康美,破坏了语言的完整性。

3. 语调贴切、自然、动情

语调是口语表达的重要手段,它能很好地辅助语言表情达意。同样一句话,由于语调轻重、高低、长短、急缓等的不同变化,在不同的语境里,可以表达出种种不同的思想感情。一般来讲,如表达坚定、果敢、豪迈、愤怒的思想感情,则语气急骤、声音较重;如表达幸福、温暖、体贴、欣慰的思想感情,则语气舒缓、声音较轻;如表达优雅、庄重、满足的思想感情,则语调前后弱而中间强。只有这样,才能绘声绘色,传情达意。语调的选择和运用必须切合思想内容,符合语言环境,考虑现场效果。语调贴切和自然正是演讲者思想感情在语言上的自然流露。所以,演讲者为能在现场恰当地运用语调,必须事先准确地掌握演讲的内容和感情。

二、演讲语言的设计

1. 承上启下

演讲,尤其是赛事演讲,一般来说,演讲者都对演讲的开头、中间、结尾进行了全面完整的设计,不可能也不太好做过多的临场更改。但如能独辟蹊径,巧妙地承接上一位或前面几位演讲选手的演讲话题或是演讲观点和演讲动作并进行引发,其效果将非同凡响。这种临场性的引发会给听众留下良好而深刻的印象。以下列举几则实例。

①刚才第八号选手已讲到国家税务工作人员的辛劳不被社会理解,我与他有同样的感觉。在这里,我愿与八号及全体参赛选手一起为我们神圣的税务工作,为税务工作者能得到社会的承认、人们的理解而呐喊!

②时代在呼唤,社会在呼唤,历史在呼唤,人民在呼唤!推广全国通用的普通话势在必行,非常重要!这是前面几位朋友发出的共同心声。对啊!……

③刚才有位先生在演讲中表演了一个双手合十,顶礼膜拜的动作,这让我想起了风行世界的佛教,想起了佛教的源远流长。……

2. 少说客套话

有些演讲者演讲时喜欢说客套话。如“本来不想讲,可刘主任偏要我讲,讲不好,请大家原谅!”有些人习惯套话迭出:“在……领导下,在……号召下,在……帮助下,在……关怀下,红旗如海歌如潮。”这些话语没有文采,没有情感。还有些人出于习惯,或由于紧张,或忘记讲稿,总是“这个,那个;那个,那个;嗯,啊,吧……”频出这些赘语听来令人心烦。良好的演讲语言要新鲜,忌套话、空话、老话、大话、假话、官话。有位演讲者这样结尾:“我的演讲就要结束了,此时我向大家表示深深的歉意。耽误了每个人五分钟,加起来就耽误了大家五百分钟。很对不起!”这样的结尾并不可取。演讲的结尾应该感情充沛,语气铿锵,像美国作家约翰·沃尔夫说的:“演讲最好在听众兴趣未尽时戛然而止。”给人以振奋,给人以无穷的回味和不尽的遐思。

3. 始句缓平稳

高尔基在论述写作时说:“最难的是开始,就是第一句话。如同音乐一样,全曲的音调,都是它给予的。”演讲也是这样,演讲者应利用语言的变化把基调定好,以引起听众良好的思维定向。一般来说,开始句语调要做到缓、平、稳。如果开始太高,到后来感情的强烈处就会声嘶力竭;过低,以后再突出高音就显得不和谐。基调确定好之后,切忌保持平坦进行，应该有起有伏，有张有弛，前后照应，变化无穷。例如闻一多先生的《最后一次讲演》："这几天，大家晓得，在昆明出现了历史上最卑污最无耻的事情！李先生究竟犯了什么罪？竟遭此毒手？他只不过用笔写写文章，用嘴说说话，而他所写的，所说的，却无非是一个没有失掉良心的中国人的话。"开始，闻一多先生不是慷慨激昂，而是把语调表达得很深沉、平静，似乎把一切愤慨都埋藏在心灵的深处。以一种"忍"的感觉为后面的爆发"蓄力"。接下去，感情奔泻而出，慷慨陈词，气吞山河。

4. 起伏结合

"文似看山不喜平"，演讲亦如此。心理学家认为：人听讲话时的注意力每间隔五至七分钟就会有所松弛。因此，演讲者要适度地注意演讲的起伏张弛，变化有度。主要是从语言、内容、情感几方面去体现。语调要有高低升降，速度要有急促徐缓，声音要有宏大精细，音色要刚柔多变，情感要跌宕起伏。产生这种效果的方法是：事实与道理相融，议论与抒情互见，严肃与轻松共存，快速与徐缓交替。

5. 事例可信

"事实胜于雄辩"，演讲中如果没有典型、生动、感人的事例作为依据，再动听的语言也是苍白、空乏的。有些演讲者总是喜欢列举一些人人皆知的名人趣事。似乎觉得只有名人的言行才有说服力。当然，名人事迹有一定力度，能收到"权威效应"。但是如果千篇一律，听起来就会叫人索然无味。另外，这些名人一般不在身边，或时间久远，或地域遥远。听众容易产生"身外之物""可望而不可即"之感，并会产生逆反心态。因此，演讲中也可以举一些发生在身边的让人感到亲切可信的事例，它们具体、生动、实在、说服力强。可以说"下里巴人"，更易走入"寻常百姓家"。

三、演讲词表达技巧

演讲好不好，演讲词是关键。好的演讲词取决于其正确鲜明的主题。正确的做法应是在运用典型充分的材料表达演讲主题时，及时对材料的本质内涵加以分析、概括、提炼、延伸，并通过富于理性色彩的语言点拨、渲染，激起听众的心理共鸣，将听众的思维引向一个更深邃、更崇高的境界，致使演讲的主题得以升华。

一般来说，演讲词有以下几种表达技巧。

1. 由点及面的扩展

演讲中的事实材料是灵活多样的，诸如一次亲身经历、一个小故事、一段人物描写，甚至人物的只言片语，等等，这些虽是个别的却是很典型的材料，往往就能成为升华演讲主题的"点"。由对"这一个"事实的叙述推及包含"这一类"的全部或部分事实内涵的概括，就是由点及面的扩展演讲主题的技巧。

例如，傅缨的演讲《铭记国耻，把握今天》中的一段话：

吉鸿昌高挂写有"我是中国人"标语的木牌，走在一片蓝眼睛、黄头发的洋人群中。

正是这千百万个赤子，才撑起了我们民族的脊梁，祖国的希望；正是他们，在自己的"今天"，用满腔的热血，冒着敌人的炮火，谱写了无愧于时代的《义勇军进行曲》，才使得我们今天的共和国国歌响彻神州，那么气势磅礴，那么雄壮嘹亮；正是他们，才使得我们今天的炎黄子孙一次又一次地登上世界最高领奖台，并使那音量越来越大，那旋律越来越强！

演讲者以吉鸿昌的爱国行为做基点，然后高屋建瓴，联想到千千万万个爱国者的精神，用“正是这千百万个赤子”“正是他们”的提示语，通过三层铺排推进，概括出一代代爱国者的崇高情怀，使单一的事例所体现的思想意义得到扩展、升华。演讲就能燃起听众爱国的情感之火，产生一定的感召力。

2.由表及里的深化

有些蕴含着深层意义的事实材料，不经点破，听众也许理解不透演讲者所要表达的主旨。一旦经过演讲者的揭示与深化提炼，就如同在沙砾中发掘出闪亮的金了，在贝壳里发现晶莹的珍珠，催人感悟，发人深省。这种由外表行动或客观存在事实的叙述，升华为内在思想或深层含义的表达方法，就是由表及里深化升华主题的技巧。

例如，孙中山先生在一次演讲中讲道：

南洋爪哇有一个财产超过千万的华侨富翁。一次他外出访友，因未带夜间通行证怕被荷兰巡捕查获，只得花钱请一个日本妓女送自己回家。

日本妓女虽然很穷，但是她的祖国很强盛，所以她的地位高，行动也自由。这个中国人虽然很富，但他的祖国却不强盛，所以他的地位还不如日本的一个妓女。“如果国家灭亡了，我们到处都要受气，不但自己受气，子子孙孙都要受气啊！”

孙中山先生在这里对一个典型材料进行了由表及里的剖析，揭示出国家贫弱，人民必受欺凌，“落后就要挨打”的道理，升华了演讲的主题，唤起了听众强烈的爱国之心。

3.由此及彼的引申

在演讲中，有时可以以某一典型事件或自然现象作为触发点和媒介而加以引申，联系到另一类相关事物和事理，以此升华演讲的主题。这种由此及彼引申的升华主题的技巧，通过形象化的渲染，不仅可以启迪听众的智慧和洞察力，还可以创设充满哲理美的境界和氛围。

例如，一位在中国某医学院任职的美籍教师对学生演讲时，先讲了一则小故事：

在暴风雨后的一个早晨，一个男人在海边散步，沙滩上有许多被昨夜暴风雨卷上岸的小鱼被困在浅水洼里。忽然，他看到一个小男孩正在捡起水洼里的小鱼，并且用力把它们扔回大海。这个男人问道：“孩子，这水洼里有几百几千条小鱼，你救不过来的。”“我知道。”小孩头也不抬地回答。“哦？那你为什么还在扔？谁在乎呢？”小男孩边扔小鱼边回答：“这条小鱼在乎！这条，还有这条……”

教师讲完了这则小故事，满怀深情地说道：

今天，你们在这里开始大学生活。你们每一个人都将在这里学会如何去拯救生命。虽然你们救不了全世界的人，救不了全中国的人，甚至救不了一个省一个市的人，但是，你还是可以救一些人，你们可以减轻他们的痛苦。因为你们的存在，他们的生活从此有所不同——你们可以使他们的生活变得更加美好。这是你们能够并且一定会做得到的。

这位美籍教师在演讲中对一个富有哲理意味的小故事进行了由此及彼的引申，形象地阐明了医学院学生应树立的高尚的职业道德。升华了演讲的主题，使演讲具有一种强烈的感召力。

4.由陈及新的点化

在演讲中，有时可以套用仿拟一些过去的材料，并且进行由陈及新的点化，挖掘出具有现实意义的深刻内涵，也是一种较好的升华主题的技巧。

例如,在弘扬爱国主义的主题演讲比赛上,一位演讲者讲述了盼望台湾回归和祖国统一的内容。最后他是这样升华主题的:

……有一位老知识分子病重期间叮嘱自己的子女:"祖国完成统一日,家祭毋忘告乃翁。"这句话比陆游的名句又有了新的内涵。它代表着多少老知识分子的心愿,代表着多少中国人的心愿啊!同志们,朋友们,我们盼望着这一天的到来!

这一天一定能到来!

在这里,演讲者对这则典型材料中改过的陆游名句进行了由陈及新的点化,赋予其更深刻的现实意义,把演讲所体现的爱国主义思想感情推向了高潮。

5. 由境及情的交融

在演讲中,可以对现实生活中发生的典型事件进行渲染,创设出一种紧扣题旨的境况,并由此触景生情,情景交融,达到升华演讲主题的效果。

例如,胡云龙的演讲《我们的后代喝什么》中的一段话:

德国的亨格尔小姐与同伴来到神往已久的长江三峡游览。一路上,她俩饱览了长江两岸醉人的风光,也深深领略了"中国人"肆意破坏环境的无情。在中国游客眼中,长江竟然无异于一个天然的废物场,滚滚东流的长江"毫无怨言"地包揽了中国游客抛弃的一切:果皮、废纸、饭盒、塑料……作为外国游客,她俩怎么也不忍心这样做,在无法找到垃圾桶的情况下,她俩只好将旅程中的废弃物用塑料袋一一装好,下船前彬彬有礼地请乘务员代为处理。不料,乘务员竟嗤之以鼻,毫不犹豫地把垃圾袋投入长江的怀抱。看到这里,我不由地要问一句:《长江之歌》中描述的"用纯洁的清流灌溉花的国土"和"用健美的臂膀挽起高山大海"的长江,能够挽起它所养育的人们对它一次次无情摧残的重压吗?

……水对我们人类有恩有情,我们决不能做出忘恩负义、恩将仇报的蠢事,也不能将我们自己酿成的苦酒逼着我们的后代喝下去,更不能做出杀鸡取卵,贻害子孙的傻事。这是责任!

在这里演讲者通过外国游客在长江三峡的见闻和遭遇,形象地渲染出国人环保意识差的生活图景,由此抒发感慨,引发议论,做到了由境及情、情景交融、情理相生,很好地升华了演讲的主题。

6. 由抑及扬的反衬

演讲中的高潮常常是升华主题的关键之处,而恰当地运用由抑及扬的反衬技巧,能使集中于高潮的情与理的表现更有效果,从而使演讲的主题得到升华。

例如,卢国华的演讲《愿君敢为天下先》的高潮部分:

也许有人说,年轻气盛,不知天高地厚,改革的潮是那么好弄的吗?弄得好,该你走运,福星高照;弄得不好,该你倒霉,身败名裂……我们如果徘徊观望,如果急流勇退,如果不求有功但求无过,如果事不关己高高挂起,如果害怕枪打出头鸟,信奉"人言可畏"的法则,那么,就会被历史所淘汰,被时代所抛弃,被生活所嘲弄。我们只有去无畏拼搏,去大胆开拓,去承担风险,去顽强竞争!

在这里,演讲者逆水推舟,以退为进,先设立一个与结论相反的前提,极力地"抑",再用否定性结论,为结论的"扬"蓄势,最后才水到渠成地"扬"起来,这样由抑及扬的反衬,把演讲推向了高潮,使主题得到了升华。

四、演讲训练指导

步骤一：大声读演讲准备提纲，看看你写下来的内容如何转换成口语内容。是不是太长，是不是太短？演讲出来的时候，要点是不是很清楚？论证材料是不是很明确，很有说服力，很有趣？开场白和结论部分是不是安排得很好？回答这些问题的时候，按照需要修改演讲原稿。

步骤二：准备好演讲提纲。准备期间，应该利用准备提纲中同样的符号来标记演讲提纲。确保演讲提纲一眼就能够看得很清楚。尽量把演讲提纲弄得简单一些。在演讲提纲上做上提示自己的标志。

步骤三：只照演讲提纲来反复大声练习演讲。确保所有的例子都要以谈话的方式讲出来，全盘背诵所有的引语和统计数字。集中精力在获取对思想的控制上面，而不要费力气把演讲逐字逐句背诵下来。练习几次之后，应该能够以临场演讲的方式完成演讲。

步骤四：开始修饰演讲，使演讲表达达到完美程度。在镜子面前练习演讲，看看自己的视觉接触效果，看看有没有让听众分心的不良举动。把演讲录下来，看看音量、音高、说话速度、停顿和嗓音变化方面的情况。最重要的是，应该当着朋友、室友、家人的面练习，只要愿意听你演讲，愿意就你的演讲拿出真诚意见的人都行。这样可以提前找出演讲过程中的毛病，看看自己的演讲在听众面前是什么样子的。

步骤五：最后，正式练习一次着装演讲，并且要在尽量接近真实演讲环境的场所进行练习。提前几天练习，让这最后的真实练习使你找到自信，使自己对演讲和演讲的表达方式有绝对的把握。

人格是最高的学位

很多年前，有一位学大提琴的年轻人去向20世纪最伟大的大提琴家卡萨尔斯讨教：怎样才能成为一名优秀的大提琴家？卡萨尔斯面对雄心勃勃的年轻人，意味深长地回答：先成为优秀而大写的人，然后成为一名优秀而大写的音乐人，再然后就会成为一名优秀的大提琴家。

听到这个故事的时候，我还年少，对老人回答中所透露出的含义理解不多。然而，在以后的工作生涯中，随着采访接触的人越来越多，这个回答在我脑海中便越印越深。

在采访北大教授季羡林的时候，我听到一个关于他的真实故事。有一年秋天，北大新学期开学，一个外地来的学子背着大包小包走进了校园，实在太累了，就把包放在路边。这时正好一位老人走来，年轻学子就拜托老人替自己看一下包，自己则轻装去办理手续。老人爽快地答应了。近一个小时过去，学子归来，老人还在尽职尽责地看守着。学子谢过老人，两人分别。几日后北大举行开学典礼，这位年轻的学子惊讶地发现，主席台上就座的北大副校长季羡林，正是那一天替自己看行李的老人。

我不知道这位学子当时是一种怎样的心情，但我听过这个故事之后却强烈地感觉到：人格才是最高的学位。后来，我又在医院采访了世纪老人冰心。我问她："您现在最关心的是什么？"老人的回答简单而感人："是老年病人的状况。"

当时的冰心已接近自己人生的终点，而这位在"五四运动"中走上文学之路的老人，对芸芸众生的关爱之情历经80年的岁月而仍然未老。这又该是怎样的一种传统!

冰心的身躯并不强壮,然而她这一生却用自己当笔,拿岁月当稿纸,写下了一篇关于爱是一种力量的文章,在离去之后给我们留下了一个伟大的背影。

当你有机会和经过“五四”或受过“五四”影响的老人接触,你就知道,历史和传统其实一直离我们很近。这些世纪老人身上所独具的人格魅力是不是也该作为一种传统被我们延续下去呢?

不久前,我在北大又听到一个有关季先生的清新而感人的新故事。一批刚刚走进校园的年轻人,相约去看季羡林先生,走到门口,却开始犹豫,他们怕冒失地打扰了先生,最后决定每人用竹子在季老家门口的地上留下问候的话语,然后才满意地离去。

这该是怎样美丽的一幅画面!在季老家不远,是北大的博雅塔在未名湖中留下的投影,而在季老家门口的问候语中,是不是也有先生的人格魅力在学子心中留下的投影呢?

听多了这样的故事,便常常觉得自己像只气球,仿佛飞得很高,仔细一看却是被浮云拖着;外面看上去也还饱满,但肚子里却是空空的。这样想着就不免有些担心:这样怎么能走更长的路呢?于是,“渴望老年”四个字,对于我就不再是幻想中的白发苍苍或身份证上年满60周岁,而是如何在自己还年轻的时候,能吸取优秀老人身上所具有的种种优秀品质。于是,我也更加知道了卡萨尔斯的回答中所具有的深义。怎样才能成为一个优秀的主持人呢?心中有个声音在回答:先成为一个优秀的人,然后成为一个优秀的新闻人,再然后,就会成为一名优秀的节目主持人。

(白岩松《演讲与口才》2006年10月)

【训练指导】

这是1998年白岩松参加“演讲与口才杯”全国新闻界“作文与做人”演讲比赛获得特等奖的演讲词。演讲开篇借用小故事切入主题,引用大提琴家卡萨尔斯的话亮出自己的观点:先学会做人,才能做好工作,最后才能取得事业的成功。接下来演讲者又讲了一个关于季羡林的小故事,季老能在学生们的心灵深处激起那么强烈的崇敬和爱戴之情,并不仅仅因为他是北大的副校长和著名教授,更是因为他做人的高贵品格。之后演讲者又用他对极具爱心的冰心老人的富有散文诗般的语言深深地感染了听众。在这个感情基础上,白岩松又进行了深层挖掘,在听众面前展现了一幅画面:季老学生用竹子留言。演讲者用语言勾勒出的这幅画,既是诗化的人格,也是人格的诗化!至此,演讲者的观点已经深入人心。白岩松的演讲言简意赅却寓意深长,朴实无华却感人至深。通篇演讲把情与理巧妙地融会于故事之中,如和风细雨,滋润了听众的心田,让人格之灯的光芒照彻每一个听众的心灵。

技能训练

①以“我的梦想”为主题开展班级即兴演讲活动。

②结合下列演讲稿,训练自己的演讲能力。

【例一】

人的生活方式

人的生活方式有两种,第一种是像草一样活着。你尽管活着,每年还在成长,但是你毕竟是一棵草;你吸收雨露阳光,但是长不大。人们可以踩过你,人们不会因为你的痛苦而产生痛苦;人们不会因为你被踩了,而来怜悯你,因为人们本身就没看到你。所以,我们每一个人都应该像树一样成长。即使我们现在什么都不是,但是只要你有树的种子,即使被人踩到泥土中间,你依然能够吸收泥土的养分,自己成长起来。也许两年、三年你长不大,但是十年、八年、二十年,你一定能长成参天大树,当你长成参天大树以后,遥远的地方,人们就能看到你;走近你,你能给人一片绿色、一片阴凉,你能帮助别人。即使人们离开你以后,回头一看,你依然是地平线上一道美丽的风景线。树,活着是美丽的风景,死了依然是栋梁之才。活着死了都有用,这就是我们每一个同学做人的标准和成长的标准。

当一个人为别人活着的时候,就非常麻烦。因为别人的标准是不一样的,没有坚持了自己的追求而想要的东西,你的尊严和自尊是得不到保证的,因为你总是在飘摇中间。对于我们来说,保持自己尊严和自尊的最好的方法是什么呢?就是说你有一个梦想,通过从最基本的一个步骤,你就可以开始追求。比如说最后你想取代我,成为新东方的董事长和总裁,你能不能做到?只要你有足够的心态和足够做事情的方法,以及胸怀,肯定是能做到的。

凡是想要一下子把一件事情干成的人,就算他干成这件事情,他也没有基础,因为等于是在沙滩上造的房子,最后一定会倒塌。只有慢慢地一步一步把事情干成的,每一步都给自己打下坚实的基础,每一步都给自己一个良好的交代,再重新向未来更高去走每一步的人,他才能够把事情真正地做成功。

当你决定了一辈子干什么以后,你就要坚定不移地干下去,就不要随便地换。你可以像一条河流一样,越流越宽阔,但是千万不要再想去变成另外一条河,或者变成一座高山。有了这样一个目标以后,你生命就不会摇晃,不会因为有某种机会,你就到处乱窜,这样你才能够做出事情。

我们未来生活的一种重要能力,叫做忍辱负重的能力。很多社会名流会遇到很多很多你不能忍受的事情,但是你不得不忍受。而你不忍受就不可能成功。为什么,因为你不忍辱负重,你就没有时间,你就没有空间,没有走向未来的空间。如果你想走向未来,最后变得更加强大、更加繁荣,你就必须要做好给自己留下足够的时间和空间。轮到我们自己的生命,要想为一个伟大的目标而奋斗的时候,你排除也得必须排除你生命中一切琐碎的干扰,因此你就必须忍辱负重。

不管我们是什么年龄,我们哪能做一时气不过的事情。这个世界上让你气不过的事情太多了,只有你气得过的时候,这个世界才在你面前才能展开最光辉的一面。

我有这么一个比喻,每一条河流都有自己不同的生命曲线。长江和黄河的曲线,是绝对不一样的。但是每一条河流都有自己的梦想,那就是奔向大海。所以不管黄河是多么的曲折,绕过了多少的障碍;长江拐的弯不如黄河多,但是她冲破了悬崖峭壁,用的方式是不一样的,但是最后都走到了大海。当我们遇到困难时,不管是冲过去还是绕过去,只要我们能过去就行。我希望大家能使自己的生命向梦想流过去,像长江、黄河一样流到自己梦想的尽头,进入宽阔的海洋,使自己的生命变得开阔,使自己的事业变得开阔。但是并不是你想流就能流过去,其实这里面就具备了一种精神,毫无疑问就是水的精神。我们的生命有时候会是泥沙,尽管你也跟着水一起往前流,但是由于你个性的缺陷,面对困难的退步或者说胆怯,你可能慢慢地就会像泥沙一样沉淀下去,一旦你沉淀下去,也许你不用为前进而努力了,但是你却永远见不得阳光了。你沉淀了下去,上面的泥沙就会不断地把你压住,最后你会暗无天日。所以我建议大家,不管你现在的生命是什么样的,一定要有水的精神。哪怕被污染了,也能洗净自己。像水一样,不断地积蓄自己的力量,不断地冲破障碍,当你发现时机不到的时候,把自己的厚度给积累起来,当有一天时机来临的时候,你就能够奔腾入海,成就自己的生命。

渡过难关是一种心态,你想要跨过去的话,就必然能跨过去。

很多人在工作的时候,带着怨气和怨恨在工作,你的工作就远做不好。

如何能够把事情做得更成功的几个要点。第一要点,如何尽可能把自己的长期目标和短期目标结合起来。我们要先分清楚,哪些事情是我们想一辈子干的事情,哪些事情是一下子干完,我们就可以不用干的事情。中国有句话叫急事慢做,你越着急的事情,你做得越仔细、越认真,越能把事情做好。而你越着急的事情,做得越快反而越做得七零八落,我把这个急事也叫做大事。第二个要素就是要决定自己一辈子干什么。那么还有一个我觉得非常重要的,就是平时做事情的时候,对时间的计划性。还有一点,就是成功要自我约束。任何时候,当你前面面临一个巨大的诱惑,和其他任何可能产生诱惑的时候,如果你觉得自己停不下来,你千万别去追那个东西。因为你追了那个东西停不下来,最后栽跟头的一定就是你。

千万记住一点,做任何事情的时间都是能挤出来的。

伟大与平凡的不同之处,一个平凡的人每天过着琐碎的生活,但是他把琐碎堆砌出来,还是一堆琐碎的生命。所谓伟大的人,是把一堆琐碎的事情,通过一个伟大的目标,每天积累起来以后,变成一个伟大的事业。

我的核心价值观就是,以善为生,用善良的心态来对待自己的生命和别人的生命。

有两句话我是比较欣赏的。生命是一种过程;事业是一种结果。

我们每一个人是活在每一天的,假如说你每一天不高兴,你把所有的每一天都组合起来,就是你一辈子不高兴。但是假如你每一天都高兴了,其实你一辈子就是幸福快乐的。有一次我在黄河边上走的时候,我就用矿泉水瓶灌了一瓶水。大家知道黄河水特别的浑,后来我就放在路边,大概有一个小时左右。我非常吃惊地发现,四分之三已经变成了非常清澈的一瓶水,而只有四分之一呢,是沉淀下来的泥沙。假如说我们把这瓶水,清水部分比喻我们的幸福和快乐,而把那个浑浊的沉淀的泥沙,比喻我们痛苦的话,你就明白了;当你摇晃一下以后,你的生命中整个充满的是浑浊,也就是充满的都是痛苦和烦恼。但是当你把心静下来的以后,尽管泥沙总的分量一点都没有减少,但是它沉淀在你的心中,因为你的心比较沉静,所以就再也不会被搅和起来,因此你的生命的四分之三,就一定是幸福和快乐的。

人的生命道路其实很不平坦,靠你一个人是绝对走不完的,这个世界上只有你跟别人在一起,为了同一个目标一起做事情的时候,才能把这件事情做成。一个人的力量很有限,但是一群人的力量是无限的。当五个手指头伸出来的时候,它是五个手指头,但是当你把五个手指头握起来的时候,它是一个拳头。未来除了是你自己成功,一定要跟别人一起成功,跟别人团结在一起,形成我们,你才能把事情做成功。

(俞敏洪 http://www.reader8.cn/data/20100701/516700.html)

【例二】

带着诚信上路

朋友们:

大家好!

在美国流传着这样一个故事:说的是一个贫穷的打工仔非常喜欢哈雷牌摩托车,可他手头拮据根本买不起新车,于是,他花了35美金买了一辆破旧的哈雷牌摩托车,聊以自慰。面对着一堆"破铜烂铁",他突发奇想,想自己动手修理它,使其成为自己的真正"坐骑"。由于缺乏配件,他给厂家去了电话寻求帮助。对方询问了车的型号后说:这是一款老车,早就不生产了,配件要到仓库里找找看,然后再答复他。他等啊等,以为没有希望了,然而有一天厂家突然来电话,有人急切地问他车架上是否刻有KING的印记?这个打工仔在擦拭这辆车时,确实看见过这个印记,但他实在搞不明白这和配件有什么关系,他有些不快地告诉对方,是有这样几个字母。谁知没过几天,一个自称是哈雷工厂老板的老年人,又打电话给他,说:"我们愿意出35万美元收购这辆旧摩托车,你愿意吗?"这个打工仔大吃一惊!忙问原因,那老人告诉他——这辆车是猫王生前在他们工厂定做的,那个KING是他亲手打上的。

这个消息不胫而走,又有很多人打来电话,愿意出40万、50万美元,甚至更多的钱购买这辆摩托。

这个故事的结尾,也就是这辆摩托车最后卖了多少钱,又是它引出了一个话题:哈雷老板如果拿一辆新车去跟打工仔交换,那个打工仔肯定会乐疯的,而哈雷工厂也不用花那么多钱去收购这辆旧车了。但是哈雷老板却老老实实地按真实的价值与打工仔交易,绝不哄骗对方。这是什么经商之道呢?这就是诚信!

我们再推想一下,这件事如果发生在我们身边,又会怎样呢?起码会有一帮人嘲笑那个哈雷老板太傻了,说不定是脑袋进水了。但朋友们再往深处想一想,正因为哈雷老板表面上吃了大亏的诚信之举,却为他的哈雷品牌做了极好的广告,其经济效益远远超过了35万美元,其社会效益更是不可低估。

在我国也有这样一位靠诚信起家的老板,他就是海尔集团的张瑞敏。在众多的家电产品中,"海尔"恐怕是比较贵的,然而,它的效益却一年比一年好。为什么呢?产品质量过硬,售后服务到位。有的家电产品,在你购买前也是说得天花乱坠,而买到家里,尤其是出了故障就会让你焦头烂额。而海尔只需一个电话,周到的服务就上门了。说得到,做得到,诚信的经商法则使海尔得到了丰厚的回报,它赢得了消费者的信任,扩大了市场,经济效益、社会效益取得了双丰收。

诚信是经商的至宝,也是我们每个人走向成功的至宝啊!

说了半天,究竟什么是诚信呢?它就是我们通常所说的——诚实、守信用。那么它为什么一再引起人们的热烈讨论和久久的期待呢?答案非常简单:越是呼唤的越是缺少的。君不闻,安徽阜阳劣质奶粉害死儿童?君不见,所谓的优质工程屡屡坍塌?假冒伪劣的东西无孔不入,防不胜防!

诚信是社会文明程度的重要标志,是整个社会赖以生存和发展的基础。当一个人缺乏诚信,他将失去所有的朋友;当一个企业缺乏诚信,它将迅速走向倒闭;当一个国家缺乏诚信,它将无法在国际舞台立足。

我们中华民族有很多优良的传统,诚信,就是其中一个令我们每一个炎黄子孙都应该珍惜的瑰宝。孔子"人而无信,不知其可也"的警示还回响在耳畔;曾子为妻子一句戏言而给孩子杀猪的故事流传千载;梅艳芳拖着绝症的身体连开八场演唱会以兑现自己的诺言……从古到今,这些关于诚信的言行无不放射着璀璨的光芒!激励着我们!鞭策着我们!

让我们选择诚信吧,因为它比美貌来得可靠。没有美貌的人生或许是缺少亮点的人生,但没有诚信的人生则足以使你的人生失去所有的光明。让我们选择诚信吧,因为它比金钱更具内涵。举着"金钱万能"旗号东奔西走的人,注定只能拥有辛苦乏味的人生,满身的铜臭最终带来的也不过是金钱堆砌而成的冰冷墓穴,而诚信,能给你的人生打底润色,让人格高大起来、丰满起来。让我们选择诚信吧,因为它比荣誉更具长久性。荣誉是短暂的,它再美丽,也只是人生旅途上一小片美丽的风景,但诚信是培植人生亮丽风景的种子,只要你一直耕耘,它就会永远美丽!你将诚信的种子撒满大地,你的人生就将会美丽到天长地久!

无须感叹世态炎凉,不必埋怨人心不古。因为美好的一切就在你我手中,正如诚信的期盼同样在你我心中一样!让我们带着诚信上路,在旷野中开出道路,在沙漠中凿开江河。让我们用完美的人格、开阔的心胸,去感受诚信的温暖,创造出一片真实的天空!

(王会成《演讲与口才》2007 年 3 月)

【例三】

没有人能施舍给你翅膀

亲爱的朋友们:

你们好!

有一个谜语:"有翅无毛是飞禽,不落村庄落树林。"请大家猜一猜,它是什么?对,是"蝉"。我们知道,蝉在黑暗中经过 4 年的掘土生活,才能长出翅膀,换来短暂的生命周期。可您知道它又是怎样冲破命运的苛刻设定,从而拥有飞翔的翅膀吗?当蝉破土而出,获得自由之后,它便开始倒挂在树上使翅膀展开,这时,蝉的翅膀很软,要凭着体液管的液体压力使它们伸开,当液体被抽回蝉体内时,展开的一双翅膀就已经变硬了。

也许是不忍心蝉的痛苦挣扎,也许是想让它快速摆脱束缚、早日起飞、沐浴阳光的温暖,有人动了恻隐之心。他在蝉翼费力展开的刹那,轻轻助了一把力。这是一个善意的举动,可结果却事与愿违,蝉不但不能早日起飞,反而有可能终生残疾,甚至根本无法飞行。由此可见,没有人能够施舍给蝉一双奋飞的翅膀。同样道理,也没有人能施舍给我们打开成功之门的钥匙。唯有靠自己,在经历摸爬滚打、一番磨难之后,才能长出一双强健的翅膀,飞向成功的彼岸。

奥地利的一代名医罗伯特·巴雷尼,从幼年起就患上了骨结核,膝关节变得异常僵硬。由于得不到良好的治疗,小小年纪的他便成了一名残疾人。每天躺在床上,一动不动，那滋味别提多难受了。如果想出去，必须依靠母亲的帮助。可是，如果就这样下去，罗伯特·巴雷尼可能永远站不起来。他不甘心过这样的生活，所以开始每天坚持按计划练习走路，做体操，即使累得满头大汗，摔得鼻青脸肿也绝不放弃。因为他知道，要想真正地站起来，没有人能帮得上忙，即便是自己的母亲。而只有依靠自己的双腿，在人生的道路上勇敢地走下去，才能看见别样的风景。年复一年，日复一日，罗伯特·巴雷尼就是靠着这种自己帮助自己站起来的精神毅力，终于控制住了自己的病情，经受住了命运带给他的无情打击，奇迹般地从床上站了起来。后来，他还以优异的成绩考进了维也纳大学医学院，致力于耳科神经学的研究，最终成为了1914年生理学和医学诺贝尔奖获得者。

所以说，面对人生的痛苦、不幸、失败和挫折，如果一味地依赖别人，自己跌倒不起，自己不帮助自己站起来，那还有谁能帮助你站起来呢？自立，才是一种真正的站立。

现在的，特别是即将走上工作岗位的青年朋友，在打拼过程中，难免会遇到这样或那样的挫折，有时甚至是灾难性的打击。有人开始悲观失望，怨天尤人，抱怨出身不好，抱怨父母没权没势……然而，不经一番寒彻苦，怎得梅花扑鼻香？不从自身找原因，而只强调客观理由，是无济于事的。

大家还记得那位永远生活在寂静无声世界里的"千手观音"邰丽华吗？她虽然聋哑，可不等不靠，不悲观，从不敢奢望别人的施舍，硬是凭着坚定的信念进行刻苦训练，破茧成蝶，用优美的舞姿诠释了生命的真谛，将自己的美缩放在舞台上，最终感动了中国，感动了世界。

无独有偶，2008年奥运会乒乓球男子单打冠军马琳，可谓十年磨一剑。从1999年开始，马琳在世锦赛和奥运会赛场上，遭遇了自己运动生涯的滑铁卢。三次杀进世锦赛的决赛，又三次倒在自己钟爱的乒乓球下。每次都有机会成功，而每次都只差一点点，成了悲情英雄。在2004年的雅典奥运会上，正直巅峰状态的马琳第一轮就惨遭淘汰。他还能破茧而出，展翅翱翔吗？答案是肯定的。马琳没有希望天上掉馅饼，他不等不靠，苦练技术，从头再来。终于在北京奥运会上赢得了金牌。可以说，从1999年到2008年，马琳十年磨一剑，在苦难中，在奋斗中，终于站了起来，攀登上了自己运动生涯的巅峰。

当然，我们在强调自身的努力决定我们成功的同时，也不否认他人的帮助。俗话说，"一个好汉三个帮，一个篱笆三个桩。"生活在黑暗世界的邰丽华的成功离不开教练的悉心指导；马琳的成功离不开教练、队友、家人和球迷的共同支持。但是，我们必须清醒地认识到，他们可以给你提供关爱、机会、技术和指导，却代替不了你跳舞、打球，更代替不了你们上场比赛，没有人能救你，只有你自己亲自去突破重重阻挠，才能赢得成功。

没有人能施舍给你翅膀。蝉不经一番倒挂，一番挣扎，就不会展翅飞翔；罗伯特·巴雷尼不经历一番痛苦挣扎，就不会重新站起来；邰丽华不经一番搏击命运，就不会破茧成蝶，用优美的舞姿诠释生命的真谛；马琳不经历一轮轮的失败和磨炼，也很难在北京奥运会上创造十年磨一剑的成功。所以，朋友们，在人生的旅途上，只有一个人能使你最终获得成功，那个人就是你自己！

（李建元 http://www.koucai.com.cn/ltem/865.aspx）

项目3.5 职业语言训练

训练目标

①能将标准、流畅的普通话运用于各职业活动中。

②准确使用职业语言。

职业语言是指在一定的社会团体内部使用的一种有其特定内容的日常交际用语。不同的职业有不同的职业用语，比如商业、教师、医疗业、旅游业等都有本行业的语言特征。学生走向社会，将按照所学专业从事相关的职业，在其交际沟通等通用核心能力训练基础上对其进行职业语言表达训练是很有必要的。

下面按导游、教师、医护、营销、酒店、文秘等职业进行相关职业语言的描述和训练。

一、导游语言

1.支撑知识

导游语言的表达要求表现在五个方面。

1)流畅通达、措词恰当

流畅通达的语言有三要素:用词得当、语法正确、语音语调传情。导游需要用流畅通达的语言以使旅游者听清、听懂导游词并能领会其用意。导游语言需衔接自然，词语搭配得当，遣词造句准确，给人以清爽流畅之感，能达到不假思索脱口而出的程度。

2)鲜明生动，形象传神

使用导游语言时，应选用丰富多彩的词语和灵活多样的句式组合，并恰如其分地运用多种修辞手法。生动、传神的语言会影响旅游者的心理和情绪，可以使旅游者游兴大增、兴高采烈。

3)展现美感，赏心悦目

美的语言能使听者“赏心”，在导游语言中适当选配音节，注意音步节奏规律，导游导起来就朗朗上口，游客听起来也入耳入心。

4)幽默诙谐，轻松愉快

导游在准备导游词时，可以有意识地加入一些典雅而恰当的幽默词语。运用幽默时，要注意适度和语言品格，不要滥用，不要低级庸俗。

5)温文尔雅，礼节周到

温和的语言是文雅的语言，礼貌语言也是文雅语言。善良是文雅的内涵之一，礼节周到，做到自谦而尊人。

2.导游语言运用技巧

1)充满激情

缺乏激情，必然缺少感染力。

2)语音语调适度、富于变化

导游除不要对导游词的用词、用句、表达手法等语言因素深入理解和感受外，还应在语音语调上适度，富于变化，即在调节音量、讲究停顿、运用语速、控制音色方面下功夫。

3）正确把握语言的时机、节奏

讲解的艺术在于适中，导游根据自己对游客当时情绪的敏锐判断，调整讲解的话题长短、音调高低。

4）当敬则敬，当忌则忌

在不同场合准确使用不同的用语。与客人初次见面时应用"迎客语"，与客人辞别时应用"告别语"，与客人交流时应用"应答语"，当客人为你提供方便时，应用"感谢语"。不能用命令式或否定式的语言与客人交谈。

3. 导游语言训练

1）礼貌用语

①称呼语：小姐/夫人/太太/先生/同志/首长/那位先生/那位女士/那位首长/大姐/阿姨等。

②欢迎语：欢迎您来我们这里/欢迎光临。

③问候语：您好/您早/早安/午安/早上好/下午好/晚上好/路上辛苦了。

④祝贺语：恭喜/祝您愉快/恭喜发财。

⑤告别语：再见/晚安/明天见/祝您旅途愉快/祝您一路平安/欢迎您下次再来。

⑥道歉语：对不起/请原谅/打扰您了/失礼了。

⑦道谢语：谢谢/非常感谢。

⑧应答语：是的/好的/我明白了/谢谢您的好意/不要客气，没关系/这是我应该做的。

⑨征询语：请问您有什么事/我能为您做什么吗/需要我帮您做什么吗/您还有别的事吗/您喜欢（需要、能够……）/您……好吗？

⑩基本礼貌用语10字：您好/请/谢谢/对不起/再见。

2）欢迎词

（1）欢迎词四要素

①首先问候客人，并代表单位表示热烈欢迎之意。

②介绍自己的姓名和职务，介绍参加接待人员的姓名和职务。如在游览车，还应介绍司机的姓名及他所驾车的牌号。

③表示自己工作的态度，即愿努力工作并解答大家的问题。

④祝愿客人旅途愉快，并希望得到客人的合作和谅解。

（2）欢迎词实例

女士们、先生们：

欢迎各位来北京。请允许我向你们介绍我的同事。这是李先生，来自中国国际旅行社，他将陪你们全程。这是杨先生，我们的司机，他的车号是BJ12345。我姓王，也来自中国国际旅行社，是你们北京之行的导游。如你们有什么要求，请告诉我。我的职责是为你们的旅行铺平道路，尽力照顾好各位，使你们旅途愉快。

首都总是旅游者的向往之地。大多数人在本国旅游时，首先希望去看自己的首都，当他们出国旅游时，也要到所在国首都看看。首都总是具有特殊的意义，北京也不例外。北京之所以能吸引游客，不仅仅因为她是中国的政治、文化中心，就其城市本身而言，她也具有无穷的魅力,北京有许多旅游景点,短期内肯定是看不完的,然而走马观花也能让您受益匪浅。祝愿大家在北京旅游愉快！谢谢各位。

3)欢送词

(1)欢送词四要素

①表示惜别之情。与游客相处了一段时间,所以富有感情是自然的。

②感谢合作。小结一下整个旅程,称颂旅行是成功的、有趣的、值得怀念的。

③征求意见。导游工作中不尽如人意在所难免,应该欢迎大家提出宝贵意见,这也表明了自己的诚意和追求优质服务的决心。

④期待相逢。用有文采的语言表达离别愿再相逢的情感。

(2)欢送词实例

女士们、先生们:

我们已经结束了在北京的旅游,就要飞往古城西安了。到达机场之后我将忙于为你们办理行李托运、登机牌以及处理一些临时出现的问题,可能我们就没有时间互相告别了。因此,我想借此机会对各位在北京期间所给予的协作表示由衷的感谢。为你们服务我感到非常高兴,同时也从你们身上学到了许多可贵的知识。

这里有一些评议单,邮资总付。请各位填好后顺便在登机之前投入邮筒。希望你们不仅能够留下友谊,同时也留下批评与建议。

中国有句古话:物唯求新,人唯求旧。东西是新的好,朋友还是老的好。这次我们是新知,下次各位有机会再来,我们就是故交了。祝朋友们万事如意,健康幸福,一路平安！谢谢大家！

4)导游词

(1)导游语言的特点

①口语化特点。一定要将书面导游词口语化。

②存在焦点话题。一个大家都感兴趣的话题是不会引发游客逆反心理的。导游改写导游词必须站在游客角度,进行取舍。

③需要富有感染力的有声语言。明亮、顿挫、节奏、停连,理解内容,突出其中的情感因素。

④要求普通话标准。这是基本要求,导游的普通话水平要求是二甲,只有在音准的基础上才能创设导游语言的美感。

(2)导游讲解的技巧——得体

得体,就是语言体式上的恰如其分,使其既能合乎讲解内容、讲解场景,又能反映导游的讲解风格。

首先,导游语言要有整体的和谐感,导游作为一种特殊的讲演者,其和谐感应体现在以下几个方面:语言严谨而不呆滞,活泼而不轻率,幽默而不油滑,亲切而不低俗,明白而不粗浅。

其次,导游语言要有分体的适应性,即针对不同的景观,运用不同的修辞词汇,采用不同的基调。如自然山水的轻快,园林建筑的斯文,文物古迹的凝重,革命史迹的庄重,主题公园的高亢等。要因景因文,各有所宜。

再次,导游语言要有个体的独特性,主要是指导游个体的讲解风格。讲解风格应与导游个体气质、修养相吻合,或平和舒展,或朴实简洁,或严谨翔实,或情真意切,或激情昂扬。

(3)导游词实例

凤凰古城导游词(节选)

各位朋友:欢迎大家来到美丽的湘西,来到美丽的凤凰古城!(声音甜美、明亮,句调上扬)

凤凰地处湘西,原名镇竿,总面积1 759平方公里,总人口38万,是一座风景优美,文化底蕴深厚的古城,2002年被定为中国历史文化名城。凤凰得名于凤凰县南面有一山,其形酷似一只展翅的凤凰。(音量适中,语调平实,用平调,画线部分用强调重音,后同)

这里曾被新西兰著名作家路易·艾黎称之为“中国最美丽的两座小城之一”。这两座小城,一座是福建省的长汀,一座是湘西的凤凰。他为什么这么说呢?路易·艾黎先生曾经生过一场大病,当时在福建长汀得到了贤惠温柔的惠安女的照料,心里非常感动,所以觉得长汀是一座心灵非常美的小城。(声音带点深情,语调平缓)

而为什么凤凰也是最美丽的小城呢?路易·艾黎只身来到凤凰之后,发现这里很宁静,看到凤凰独特的三百年历史的吊脚楼,听到木屐压过青石板发出“吱呀吱呀”的声响,在清澈见底的沱江泛舟,听着苗族姑娘的山歌,感受到凤凰人民憨厚、纯朴的民俗民风,觉得凤凰是这样的美丽,所以路易·艾黎先生称它为中国最美丽的小城。(询问的语气,排比句式的节奏感)

沈从文故居位于南中营街,是一座典型的南方四合古院。古院正中有(个)小天井,用红色方石板铺成。天井四周为/是砖木结构的古屋,正屋三间,厢房四间,(总)共十余间。房屋矮小,虽(然)无/没有雕龙画凤,但显得小巧别致,古色古香。(大家看)特别是雕花的木窗带有湘西特色,格外引人注目。(平实语调,中速为宜,多加语气词、称谓语转换为口语色彩)

各位朋友来看沈从文故居,更多的理由是想知道为什么在他的笔下,有那么美的《边城》,有如此善良、纯朴的翠翠,翠翠清澈如水的性情和恋情,最后到底怎么样了?在这座小城,能找到天宝和傩送吗?读过《边城》的朋友想知道翠翠最后的结局,带着这种心理来寻梦;没有读过《边城》的朋友想了解翠翠和天宝、傩送两兄弟之间到底发生了什么?我们就带着这些疑惑,在这里陈列着的沈老的遗墨、遗稿、遗物中去找答案吧。(画线部分读重音,结合游客心理,注意设问之后的停顿)

二、教师语言

1.支撑知识

教师语言是指教学口语和教育口语。教学口语专指教师在课堂上为传授知识、培养学生能力所用的讲课语言;教育口语泛指教师对学生的思想、品德、行为、习惯等进行的语言。前者偏重于教书,后者偏重于育人,总称教书育人。

教师语言总的要求如下。

①言之实在,有根有据,富有真实性。

②言之有理,充满哲理,富有教育性。

③言之有情,情理交融,富有启发性。

④有的放矢,一语中的,富有针对性。

⑤用语恰当,分寸适度,富有准确性。

⑥结构严谨,条理清楚,富有逻辑性。

⑦抑扬顿挫,快慢有致,富有节奏性。

⑧观点鲜明,简练流畅,富有简洁性。

⑨形象生动,妙语连珠,富有趣味性。

⑩忌用方言,通用国语,富有规范性。

2. 教师语言表达技巧

1)教学口语

不同的教学对象,不同的专业学科,不同的教学内容,不同的教学环节,在教学口语的运用上,有着不同的特点和要求。教师课堂上的语言应清晰标准,表现如下。

(1)准确清晰

准确是指吐字合乎规范,字音标准;清晰是指语音具有较高的分辨率,即使在杂音环境中也能听清楚。

(2)圆润动听

教师要有较好的声音音色和较高的吐字技巧。圆润动听与嗓音条件有直接关系,也与吐字技巧有关,同时完美的吐字会使人感到声音圆润动听并能弥补嗓音方面的某些不足。

(3)朴实大方

讲课发音接近生活中的讲述,不能过分夸张和过多修饰,讲课用声与口语接近。

(4)富于变化

教师的课堂发音力求变化。无论吐字力度,还是音高、音色、节奏,都尽可能随讲解内容和感情色彩变化。

2)教育口语

作为教师,尤其是班主任,在教育学生的过程中,口语表达能力的强弱,直接关系到教育的效果。教育口语的基本技巧表现如下。

(1)以情动人

首先体现在对学生的尊重、平等待人的基点上,其次体现在对学生真诚的关心、信任和爱护的态度上。

(2)以理服人

指所讲的内容一定要实在、准确、全面。

(3)看人说话

针对不同的谈话对象,运用相应不同的方法。

(4)选择时机

可以根据问题的性质和迫切程度、学生的个性心理特征、当时的心境和气氛以及谈话前的准备情况确定谈话时机。

3. 教师语言训练指导

教学应以学生为主体,所以教师教学语言应在启发、诱导学生思考、掌握知识、具备能力方面下功夫。在教学过程中,成功的教师语言可以表现在鼓励学生参与教学上。

【示例】

提问:老师这里有一节电池、一个小灯泡、一段电线,怎样使小灯泡发光?

分析:这种“小把戏”很多学生在小学就“玩”过,很简单,学生们都有表现欲,积极性很高,很想参与。

反应:果然,很多学生把手举得很高,尤其是男孩子,眼睛都瞪圆了,生怕老师漏了他。

结果:很快,一个学生很“得意”地将亮着的小灯泡展示给全班同学看。

在此基础上,李老师请这位同学将他的连法画在黑板上。

提问:如果想方便地控制小灯泡亮或不亮,同学们应该怎么办呢?

分析:过渡到电路的基本组成。

回答:加个开关。[很快做出]

李老师在黑板上画了一张图上加了个开关,在同学们的“指点”下重新连好电路,并拿出早已准备好的实物板,请一位同学连好电路,闭合开关,灯亮。

分析:让学生尽早地练习电路连接,为后面的学习打下基础。

结论:我们把具有电源、用电器、开关、导线的闭合回路叫做电路。

……

李老师拿出一张手电筒的剖面图,将各个部分介绍给同学。

提问:请同学们说说手电筒的工作原理。

分析:学以致用,这是学物理的最终目的。手电筒是生活中常用的,学生猛一听觉得很简单,可细想并不是那么容易说清楚的。李老师是想培养学生独立思考问题的能力,并训练他们的语言表达能力。

反应:学生在下面小声地商量,很多人想回答但又很犹豫,觉得自己无法很明白地表达。

于是李老师鼓励学生大胆尝试,一位学生站起来后,结结巴巴说了,不完整而且凌乱,李老师在表扬他的尝试精神后,拿出手电筒实物,将每一个部分拆开,并进一步告诉他们相应的材料,提醒他们结合电路知识。其他同学开始互相补充、纠正,气氛相当激烈。当答案逐渐向正确靠拢时,让一位同学从头至尾条理清楚的复述一遍。在整个过程中,李老师没做任何结论,只是引导、提示。大部分学生均参与到教学活动中,而且他发现,在最后答案出来时,同学们脸上的兴奋之情难以言表。

三、医护人员语言

1. 支撑知识

古人云:良言一句三冬暖,恶语伤人六月寒。医护人员亲切、恰当、善解人意的语言,可以给病人安慰、温暖和慰藉,可以使病人产生安全感,减少顾虑,甚至减少痛苦,增强抗病能力,促进肌体早日康复,起到药物所起不到的作用。

2. 医护人员用语技巧

对患者来说,医患沟通是一种重要的心理需求,而医护人员的语言态度是解除患者内心紧张,表达医护情感,寻求患者配合的重要手段。医生、护士良好的语言和态度使患者倍感亲切,产生良好的心理反应。而良好的心理反应可以引起患者神经与内分泌系统积极的反应，使患者处于一个接受治疗所需的最好的心理状态。

1）医生用语技巧

医生的语言可能在不经意之中伤了病人对医生的信任和尊重。但只要应用得好，就会在关键时刻帮助病人，起到昂贵药物无法达到的治疗康复作用。

对于医生，把话说好，并非简单地加几句客气话就可做到的，内心具备仁爱之心才是大前提。我国著名医学家张孝骞说过一句话，“病人以性命相托，我们怎能不诚惶诚恐，如临深渊，如履薄冰。”这正是医生这一治病救人的神圣职业应具备的人文素质。病人来找医生看病时，往往对所患疾病的情况一无所知，非常需要医生提供解释，而当医生给予了病人个体化的健康指导和建议后，病人一般都会满意而去。而且，随着医学的发展和医学模式的转化，现代医学也要求医务人员在诊治上，不仅要了解患者的病理变化，更需要了解患者的心理需求，并在医疗的各个环节表现出对患者的关爱，让他们感受到温暖，而医务人员的语言便是最重要的载体之一。

2）护士用语表达技巧

在护理工作实施中，语言是心理治疗与心理护理的重要手段；反之，若运用不当，语言又可成为导致心因性疾病的因素。因此，护士必须重视语言的运用。

护士在向医生或护士长报告工作情况、反映病情，向病人交代诊治和护理意图，或向病者家属叮嘱事情时，都应当把人物称谓、时间概念、空间关系及其间的联系说清，把一件事情的起始、经过、变化、演续和结局讲明。同时，在符合语法要求的前提下，要注意语言简洁精炼，这样才能提高工作效率。

护士用语的声音要轻一些、语气要温和一些、话语速度要慢一些，并且要适当配合手势和表情，这样也才能显现护士的温文尔雅和对病人的体贴关切。

例如：患者列举的医生和护士最好的用语或态度如下。

【好的语言】	【好的态度】
您今天好吗？	亲切、热情
请您稍等一下。	尊重
感觉好些吗？	关心、体贴
要有信心。	安慰
要相信科学，相信医生。	鼓励
有不适感觉请及时告诉我们。	随叫随到
别着急，我们帮您想办法。	有同情心
别紧张，放松点儿。	理解
帮您去问问。	认真负责
精神状态非常好，为您高兴。	态度可亲
化疗期间注意保暖，要防止感冒。	细心、周到

患者列举的医生、护士最差的语言或态度如下。

【差的语言】	【差的态度】
不知道、不清楚。	态度生硬
着什么急，等着。	没有耐心
快点儿，我还有事。	命令的态度

去问医生,别问我。	推诿
没看见或没听见。	傲慢、冷淡
能有张加床就不错了。	施舍
你知道的比我们还多。	不平等的感觉
谈论与工作无关的事情	不负责任
某某床,某某号	不尊重

3. 医护人员用语训练

1)文明用语

(1)问候语

您好/大家好/早安/晚安/上午好/下午好/来了/忙呢/感觉好吗/感觉如何/哪里不舒服/您有什么事吗/我能帮您什么忙吗/您需要我帮您做些什么吗/我可以进来吗/怎么难过了,能告诉我吗/您不介意的话,我可以看一看吗?

(2)送别语

慢走/请走好/一路平安/多保重/记住按时复查/请按时服药和定期检查/注意调整饮食/有事请及时与我联系。

(3)感谢语

谢谢/谢谢您/谢谢合作/非常感谢/让您费心了/有劳您了/给您添麻烦了/打扰了。

(4)道歉语

对不起/对不起,让您久等了/对不起、让您受疼了/不好意思,请原谅/抱歉/失敬/失陪了/很惭愧/真的过意不去。

(5)应答语

当对方有事请求时,应回答:好/是的,我明白了/我明白您的意思/一定照办/我会尽量按照您的要求去做。

当对方向你表示谢意或口头表扬时应回答:不必客气/这是我应该做的/您太客气了/您过奖了。

当对方因故向你道歉时,应回答:没关系/我不会介意的,请放心/我理解您的心情。

(6)请托语

如:请您帮个忙/劳驾/请您多关照/请您留步/请您稍候。

(7)祝贺语

如早日康复等。

2)诊断病情的询问语

“您好!您的病情虽然是癌症晚期,但是我们经诊断后认为,您康复的希望很大,请您每天按照医嘱配合我们的治疗……希望您不要轻易放弃。”与“你是癌症晚期,我给你开药。”这两句话对于病人显然是两种不同效果。

(1)“不会说话”成医患纠纷导火索

教医生护士学“说话”,这项旨在改善医患关系的举措,近日在甘肃省人民医院率先推广,省卫生厅侯生华厅长表示,医护人员的笑脸和亲切话语,会使每个患者感到温暖。

“哎!你的病是癌症晚期,这类病死亡率在90%以上。”“先生!实在抱歉,根据我们的再三复查,您的病情实在不容乐观。尽管是癌症晚期,但是我们会竭尽全力治疗的,请您不要放弃。”同样面对一名癌症晚期的病人，告知这样一个坏消息，截然不同的说话表达方式却带给患者乃至家属不同的感受。据中国医师协会的统计表明，90%以上的医患纠纷实际上是由沟通不当引起的，“不会说话”成为医患纠纷的导火索。

(2)医生只知道催药费

有位肝癌患者，由于病情恶化住进医院。因为家境贫寒，住院费和医疗费等费用未能按时交纳，病人的停药情况时有发生。主管大夫在平常治疗的过程中，几乎没有一句近乎关心的语气。“快去凑药费”“治疗效果不明显”等话语，既伤害了病人家属，也让病人产生厌烦心理。身患癌症的老人说，自己的病情都这样了，还要花那么多的钱，让儿孙们既负债又受气。最后，这个老人被亲人送回了老家。

(3)怎样告诉“坏消息”

面对一名癌症晚期的病人，医生该如何把“坏消息”告诉病人？“坏消息”的告知要分三步走。第一步：为自己和病人准备一个可以独处的环境。第二步：在把“坏消息”告诉病人的时候，医生一定要带有同情心，而且要让病人感受到医生的这种同情。说完坏消息后，医生一定要对病人有所鼓励。第三步：定期对病人进行随访，关注治疗进展。

3)树立信心的强化语

一位患者被确诊为肺癌需要化疗。患者得知这一消息后非常绝望，拒绝接受化疗。医生把他叫到办公室，耐心讲解化疗对他的价值、可能出现的副反应以及应对的方法，还给他讲了一些临床化疗效果很好的例子。患者终于被打动，接受了化疗并取得了良好的疗效。

有一位社区居民回答“您希望从医生那里得到什么样的服务”时说，她曾患双膝关节滑膜炎，病情时好时坏拖了近3个月，她很苦恼，对治疗快没有信心了。直到有一次看病，她向医生说了这几个月的情况。医生问：为什么要活动啊？这个病不能觉得好了就锻炼，在治疗期间是不能活动的，需要静养2~3个月，等全都好了，才能逐渐恢复活动，这样疗效才会得到巩固。这位居民说，看了那么多次病，都不如这位医生的一句话。后来她严格按照医生的嘱咐，果真在3个月后恢复如初。

四、营销语言

1.支撑知识

营销语言的基本原则如下。

1)礼貌

营销用语的言辞礼貌性主要表现在敬语上，应彬彬有礼，热情而庄重，注意用“您”而不用“你”。

2)措辞

使用服务用语时，要充分尊重顾客的人格和习惯，经常使用谦谨语和委婉语，即用征询、商量的语气，用委婉、含蓄语代替要禁忌的词语。

3)生动

用语幽默主动，创设轻松愉快的营销环境。

4)细致

使用营销语言时注意察言观色,注意观察顾客的反应,不同场合、不同对象说不同的话。

每个营销人员都需要学习和研究工作语言,并在实践中努力提高自己的语言应变能力,注意培养随机性和灵活性,以便适应服务接待工作的需要。

2. 营销语言的运用技巧

1)注意仪态

与顾客对话时,首先要面带微笑地倾听,并通过关注的目光进行感情的交流,或通过点头和简短的提问、插话,表示你对顾客谈话的注意和兴趣。为了表示对顾客的尊重,一般应站立说话。

2)注意选择词语

营销员选择词语不同,往往会给顾客以不同的感受,产生不同的效果。

3)注意语言简练

要注意语言的简练、明确,突出中心。在推销过程中,与顾客谈话的时间不宜过长,这就要我们用简练的语言去交谈。

4)调节语调和语速

说话不仅是在交流信息,同时也是在交流感情。许多复杂的情感往往通过不同的语调和语速表现出来。营销员应通过婉转柔和的语调,创造一种和谐的气氛和较好的推销环境。

3. 营销语言四忌

一忌没有明确的目的。一般大家把销售人员初次拜访客户的目标定位为介绍产品并建立接触,不停地向客户介绍产品的性能、特点等,而不是去了解客户对自己推销产品或服务的哪个特别方面有兴趣,结果引起客户的反感。

二忌喜欢堵住客户的嘴。很多销售人员在和客户接触的过程中,总是滔滔不绝,每当客户想开口时他们就会想尽办法不让客户说,总是让客户听他们说。因为在这些销售人员的脑子里,能说会道是一个成功销售者的标志,只有他们一直努力地说才能引导客户并掌握谈话的主动权。然而事实并非如此,他们的这种行为虽然堵住了客户的嘴,却堵不住客户的心,在客户面对他们滔滔不绝而频频点头的同时心里却已经有了自己的想法。对于销售人员,他们看到的只是客户表面的"点头",却没有观察到其心理的变化,业务也往往在等待中没了下文。

三忌只顾自己说,不会倾听。这是销售人员最常犯的典型错误之一,在和客户沟通的时候销售人员虽然懂得了不用语言堵住客户的嘴,却又经常不听客户所说的内容。这样,自己所说内容就不一定是客户所关心的。倾听就是要和客户互动,让客户甚至是引导客户说出心底深处的声音,只有这样才能理解客户的真实需求和阻碍成交的因素。倾听是沟通的重要技巧,在现代的商务交流中十分重要,它不但体现了一个人的修养而且是实现共同目的的便利途径。

四忌不懂得提问。提问是面对内向型客户的必要措施,也是沟通中高层次的技巧。

有的客户不会主动地把自己的需求和不满告诉销售人员,这时只有销售人员运用提问技巧对客户进行深入的挖掘。

4.营销语言训练

1)基本用语

①迎客时说:欢迎/欢迎您的光临/您好。

②对他人表示感谢时说:谢谢/谢谢您/谢谢您的帮助!

③接受顾客的吩咐时说:听明白了/清楚了,请您放心。

④在不能立即接待顾客时说:请您稍候/麻烦您等一下/我马上就来。

⑤对在等候的顾客说:让您久等了/对不起,让你们等候多时了。

⑥打扰或给顾客带来麻烦时说:对不起/实在对不起/打扰您了/给您添麻烦了。

⑦由于失误表示歉意时说:很抱歉/实在很抱歉。

⑧当顾客向你致谢时说:请别客气/不用客气/很高兴为您服务/这是我应该做的。

⑨当顾客向你致歉时说:没有什么/没关系/算不了什么。

⑩当你听不清楚顾客问话时说:很对不起,我没听清,请重复一遍好吗?

⑪送客时说:再见,一路平安/再见,欢迎您下次再来。

⑫当你要打断顾客的谈话时说:对不起,我可以占用一下您的时间吗/对不起,耽搁您的时间了。

2)敬语

(1)接待顾客时

①接待顾客时应说:欢迎光临/谢谢惠顾。

②不能立刻招呼客人时:对不起,请您稍候/好!马上去!请您稍候,一会儿见。

③让客人等候时:对不起,让您久等了/抱歉,让您久等了/不好意思,让您久等!

(2)拿商品给顾客看时

①拿商品给顾客看时:是这个吗?好!请您看一看。

②介绍商品时:我想,这个比较好。

(3)将商品交给顾客时

①让您久等了!

②谢谢!让您久等了!

(4)请教顾客时

①问顾客姓名时:对不起,请问尊姓大名/对不起!请问是哪一位?

②问顾客住址时:对不起,请问府上何处/对不起,请您留下住址好吗/对不起,改日登门拜访,请问府上何处?

(5)换商品时

①替顾客换有问题的商品时:实在抱歉!马上替您换(修理)。

②顾客想要换另一种商品时:没有问题,请问您要哪一种?

(6)送客时

①谢谢您!

②欢迎下次光临！谢谢！

(7)向顾客道歉时

①实在抱歉！

②给您添了许多麻烦，实在抱歉。

五、宾馆酒店服务语言

1. 宾馆酒店用语技巧

服务员基本用语的语言要求：谦恭、语调亲切、音量适度、言辞简洁清晰。充分体现主动、热情礼貌、周到、谦虚的态度。根据不同的对象使用语言要恰当，对内宾使用普通话，对外宾要使用日常外语，做到客到有请、客问必答、客走告别。

2. 宾馆酒店用语训练

常用礼貌文明用语：

①您好，欢迎光临！

②请问您几位，是否有预定？

③请跟我来！

④很抱歉让您久等了！

⑤请您多多包涵！

⑥请多关照！

⑦让您久等了，这是……茶。

⑧真是抱歉耽误了很长时间！

⑨您还需要别的吗？

⑩我能为您做些什么吗？

⑪很高兴为您服务。

⑫请您多提宝贵意见。

⑬请您随我到收银处结账好吗？

⑭请问您对我的服务还满意吗？

⑮谢谢光临，请慢走。

⑯您走好，欢迎下次光临。

六、文秘、物业管理、物流、报关员、金融等人员接待语言训练

1. 接听电话用语

您好！

您好，××公司。

请问您贵姓？

请问有什么可以帮您的吗？

当听不清楚对方说的话时——

对不起，先生，您刚才讲的问题我没听清楚，请您重述一遍好吗？

先生，您还有别的事吗？

对不起，先生，我把您刚才说的再复述一遍，看妥不妥当？

您能听清楚吗？

当对方要找的人不在时——

对不起，他不在，有什么事情需要我转告他吗？

谢谢您，再见。

2. 打出电话用语

先生，您好，我是××管理公司，麻烦您找××先生。

当要找的人不在时——

您能替我转告他吗？

谢谢您，再见！

3. 用户电话投诉时

先生，您好！××管理公司。

请问您是哪家公司？

先生，请问您贵姓？

请告诉我详情，好吗？

对不起，先生，我立即处理这个问题，大约在××时间给您答复。请问怎样与您联系？

您放心，我们会立即采取措施，使您满意。

很抱歉，给您添麻烦了。

谢谢您的意见。

4. 用户来访投诉时

先生，您好！请问我能帮您什么忙吗？

先生，请问您贵姓？

您能把详细情况告诉我吗？

对不起，给您添麻烦了。

如职权或能力不能解决时——

对不起，先生，您反映的问题由于某种原因暂时无法解决，我会把您的情况向公司领导反映，尽快给您一个满意的答复。

当投诉不能立即处理时——

对不起，让您久等了，我会马上把您的意见反馈到有关部门处理，大约在××时间给您一个答复。请您放心。

谢谢您的意见。

5. 以下几项限物业管理专业

1）用户室内工程报修时用语

您好，服务中心。请问您室内哪里要维修？

您可以留下您的姓名和联络电话以方便维修吗？

谢谢您的合作，我们尽快派人替您维修，大约在××分钟内给您一个答复。

2）收管理费用语

先生，您好！请问您是来交管理费的吗？请问您的房号？

您本月应交管费×××元,上月电费×××元,维修费×××元。

收您×××元,找回××元。

这是您的发票,请保管好。

谢谢您,再见。

3)用户电话咨询管理费时用语

先生,您好!请问有什么可以帮忙的吗?

请稍等,我帮您查一下。

贵公司×月份的管理费×元、电费×元、维修费×元、仓库租金×元,共计×元。您打算来交款吗?

一会儿见。

4)催收管理费用语

先生,您好!

贵公司×月份的管理费还没有交。我们于×日已经发出《缴款通知》,想必您已经收到了,现在再提醒您一下,按管理公约,管理费应在当月15日之前缴纳,逾期管理公司将按0.1%计收滞纳金。

技能考核3 无文字凭借说话考核

根据提供的话题(见附录5)说一段为时3分钟的话。评分标准如表3.5所示。

表3.5 评分标准

序号	四 说话 40分				扣分
	语音面貌(25) 1-2/3-4/5-6/7-8/ 9-10-11/12-13-14	词汇语法(10) 0/-1-2/-3-4	自然流畅(5) 0/0.5-1/-2-3	缺时 -1-2-3/-4-5-6/-40	
1					
2					
3					
4					
5					

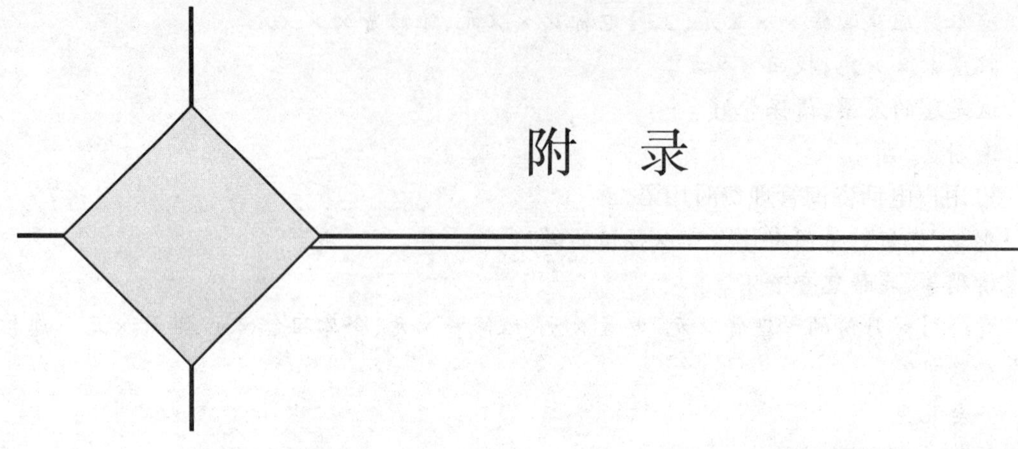

附　录

附录 1　普通话词语表

说　明

1. 本表选自《普通话水平测试实施纲要》(部分删节)。

2. 本表供普通话水平测试第一项——读单音节字词(100 个音节)和第二项——读多音节词语(100 个音节)测试使用。

3. 本表由“一表”和“二表”两部分组成,条目按汉语拼音字母顺序排列。“一表”里带 * 的是频率在 4 000 以上的最常用词。

4. 本表条目除必读轻声音节外,一律只标本调,不标变调。

5. 条目中的必读轻声音节,注音不标调号,如:“明白 míngbai”;一般轻读、间或重读的音节,注音上标调号,注音前再加圆点提示,如:“玻璃 bō · lí”。

6. 条目中儿化音节的注音,只在基本形式后面加 r,如:“一会儿 yīhuìr”,不标语音上的实际变化。

一　表

* 阿 ā	氨基酸 ānjīsuān	拔 bá	颁布 bānbù
阿姨 āyí	岸 àn	* 把 bǎ	搬运 bānyùn
挨 āi	* 按照 ànzhào	* 把儿 bàr	* 板 bǎn
挨 ái	* 案件 ànjiàn	爸 bà	板凳 bǎndèng
矮 ǎi	暗示 ànshì	罢工 bàgōng	板块 bǎnkuài
爱好 àihào	暗中 ànzhōng	* 白色 báisè	版 bǎn
爱护 àihù	凹 āo	百年 bǎinián	* 办法 bànfǎ
* 爱情 àiqíng	敖 āo	百姓 bǎixìng	* 办公室 bàngōngshì
安定 āndìng	熬 áo	摆动 bǎidòng	* 办理 bànlǐ
安静 ānjìng	奥秘 àomì	* 摆脱 bǎituō	* 办事 bànshì
* 安慰 ānwèi	奥运会 Àoyùnhuì	败 bài	半导体 bàndǎotǐ
安心 ānxīn	* 八 bā	拜 bài	* 半径 bànjìng
安置 ānzhì	巴 bā	* 斑 bān	半夜 bànyè
安装 ānzhuāng	扒 bā	* 般 bān	扮演 bànyǎn

伴随 bànsuí
伴奏 bànzòu
瓣 bàn
* 帮助 bāngzhù
榜样 bǎngyàng
傍晚 bàngwǎn
* 包括 bāokuò
包装 bāozhuāng
孢子 bāozǐ
* 薄 báo
* 饱和 bǎohé
宝贝 bǎobèi
* 保持 bǎochí
* 保存 bǎocún
* 保留 bǎoliú
保守 bǎoshǒu
保险 bǎoxiǎn
* 保障 bǎozhàng
* 保证 bǎozhèng
报名 bàomíng
* 报纸 bàozhǐ
* 抱 bào
暴力 bàolì
* 暴露 bàolù
* 爆发 bàofā
* 爆炸 bàozhà
* 杯 bēi
* 背 bēi
悲惨 bēicǎn
* 悲剧 bēijù
* 北方 běifāng
* 背 bèi
* 背景 bèijǐng
* 倍 bèi
被动 bèidòng
辈 bèi
奔 bēn
* 本领 běnlǐng
本能 běnnéng
本事 běnshì
本事 běnshi
* 本质 běnzhì
苯 běn
奔 bèn

笨 bèn
崩溃 bēngkuì
蹦 bèng
逼 bī
鼻 bí
* 比较 bǐjiào
* 比如 bǐrú
* 比赛 bǐsài
* 彼此 bǐcǐ
笔者 bǐzhě
必然性 bìránxìng
* 必须 bìxū
必需 bìxū
* 毕竟 bìjìng
* 毕业 bìyè
闭合 bìhé
壁画 bìhuà
* 避免 bìmiǎn
臂 bì
边界 biānjiè
边缘 biānyuán
编辑 biānjí
鞭 biān
扁 biǎn
变更 biàngēng
* 变化 biànhuà
变换 biànhuàn
变量 biànliàng
变迁 biànqiān
变态 biàntài
便利 biànlì
* 遍 biàn
辨认 biànrèn
辩护 biànhù
* 辩证法 biànzhèngfǎ
标准化 biāozhǔnhuà
表层 biǎocéng
* 表明 biǎomíng
表述 biǎoshù
表彰 biǎozhāng
* 别 bié
* 别 biè
宾 bīn
冰川 bīngchuān

兵力 bīnglì
丙 bǐng
柄 bǐng
饼 bǐng
屏 bǐng
* 并且 bìngqiě
* 病 bìng
拨 bō
* 波 bō
剥夺 bōduó
* 剥削 bōxuē
播种 bōzhǒng
播种 bōzhòng
伯 bó
* 博士 bóshì
搏斗 bódòu
* 薄 bó
薄弱 bóruò
* 薄 bò
补偿 bǔcháng
* 补充 bǔchōng
捕捞 bǔlāo
捕捉 bǔzhuō
不曾 bùcéng
不当 bùdàng
不妨 bùfáng
* 不禁 bùjīn
* 不仅 bùjǐn
不堪 bùkān
不容 bùróng
不惜 bùxī
* 不幸 bùxìng
不宜 bùyí
不已 bùyǐ
* 布置 bùzhì
* 步骤 bùzhòu
部署 bùshǔ
* 擦 cā
猜 cāi
* 才能 cáinéng
* 材料 cáiliào
* 财产 cáichǎn
采集 cǎijí
彩色 cǎisè

踩 cǎi
* 菜 cài
蔡 cài
参 cān
参谋 cānmóu
参数 cānshù
* 参与 cānyù
残酷 cánkù
蚕 cán
灿烂 cànlàn
仓库 cāngkù
舱 cāng
* 藏 cáng
操纵 cāozòng
曹 cáo
槽 cáo
* 草 cǎo
册 cè
* 侧 cè
* 测 cè
* 测量 cèliáng
策略 cèlüè
* 层次 céngcì
* 曾经 céngjīng
* 叉 chā
* 差 chā
* 差别 chābié
差价 chājià
差距 chājù
* 差异 chāyì
* 插 chā
* 茶 chá
* 查 chá
察 chá
叉 chǎ
* 差 chà
拆 chāi
* 差 chāi
柴 chái
缠 chán
* 产品 chǎnpǐn
阐述 chǎnshù
颤抖 chàndǒu
长短 chángduǎn

* 长期 chángqī
长征 chángzhēng
* 场 cháng
肠 cháng
尝试 chángshì
常识 chángshí
* 厂 chǎng
* 场所 chǎngsuǒ
* 唱 chàng
抄 chāo
* 超 chāo
巢 cháo
* 朝 cháo
朝廷 cháotíng
潮 cháo
吵 chǎo
炒 chǎo
车辆 chēliàng
车站 chēzhàn
扯 chě
* 彻底 chèdǐ
撤 chè
臣 chén
尘 chén
* 沉淀 chéndiàn
沉积 chénjī
沉着 chénzhuó
* 陈 chén
* 称 chèn
趁 chèn
* 称 chēng
称号 chēnghào
称呼 chēnghu
称赞 chēngzàn
撑 chēng
* 成绩 chéngjì
* 成熟 chéngshú
* 成为 chéngwéi
* 成长 chéngzhǎng
* 呈 chéng
诚恳 chéngkěn
* 承担 chéngdān
* 承认 chéngrèn
城镇 chéngzhèn
* 乘 chéng
乘客 chéngkè
* 盛 chéng
程式 chéngshì
惩罚 chéngfá
秤 chèng
吃惊 chījīng
池塘 chítáng
* 迟 chí
* 持续 chíxù
* 尺度 chǐdù
齿 chǐ
赤 chì
* 翅膀 chìbǎng
* 冲 chōng
* 冲突 chōngtū
* 充分 chōngfèn
充足 chōngzú
* 虫 chóng
* 重 chóng
* 崇拜 chóngbài
* 冲 chòng
* 抽象 chōuxiàng
仇恨 chóuhèn
愁 chóu
丑 chǒu
臭 chòu
* 出 chū
出发点 chūfā diǎn
出身 chūshēn
* 出生 chūshēng
出血 chūxiě
* 初期 chūqī
初中 chūzhōng
除非 chúfēi
* 处 chǔ
处罚 chǔfá
处分 chǔfèn
处境 chǔjìng
* 处理 chǔlǐ
* 处于 chǔyú
储蓄 chǔxù
楚 chǔ
* 处 chù
* 畜 chù
触 chù
川 chuān
* 穿着 chuānzhuó
* 传 chuán
传教士 chuánjiào shì
传染病 chuánrǎnbìng
传授 chuánshòu
船舶 chuánbó
喘 chuǎn
串联 chuànlián
创 chuāng
创伤 chuāngshāng
窗口 chuāngkǒu
* 床 chuáng
幢 chuáng
闯 chuǎng
创 chuàng
* 创造性 chuàngzàoxìng
* 创作 chuàngzuò
* 吹 chuī
* 垂直 chuízhí
锤 chuí
春秋 chūnqiū
* 纯 chún
唇 chún
词典 cídiǎn
辞 cí
* 磁场 cíchǎng
雌 cí
此刻 cǐkè
次数 cìshù
次序 cìxù
* 刺 cì
赐 cì
* 从 cóng
从 cóng
凑 còu
粗糙 cūcāo
促 cù
簇 cù
窜 cuàn
催 cuī
摧毁 cuīhuǐ
村庄 cūnzhuāng
* 存在 cúnzài
寸 cùn
挫折 cuòzhé
* 措施 cuòshī
* 错 cuò
* 搭 dā
* 打 dá
* 达 dá
* 答 dá
答案 dá'àn
* 打 dǎ
大伯 dàbó
* 大多数 dàduōshù
大风 dàfēng
* 大概 dàgài
大街 dàjiē
* 大脑 dànǎo
大厦 dàshà
大王 dàwáng
* 大学生 dàxuéshēng
大爷 dàyé
大爷 dàye
大自然 dàzìrán
* 呆 dāi
* 待 dāi
代理人 dàilǐrén
* 带 dài
* 贷款 dàikuǎn
* 待 dài
袋 dài
逮捕 dàibǔ
* 戴 dài
* 担 dān
担负 dānfù
* 单纯 dānchún
胆 dǎn
* 石 dàn
* 但是 dànshì
* 担 dàn
* 诞生 dànshēng
淡水 dànshuǐ
* 弹 dàn
* 蛋白质 dànbáizhì

* 氮 dàn
* 当 dāng
* 当地 dāngdì
当即 dāngjí
* 当年 dāngnián
* 当时 dāngshí
* 当事人 dāngshìrén
当选 dāngxuǎn
当中 dāngzhōng
挡 dǎng
党性 dǎngxìng
* 当 dàng
当成 dàngchéng
* 当年 dàngnián
* 当时 dàngshí
当天 dàngtiān
当作 dàngzuò
档案 dàng ′ àn
导 dǎo
导管 dǎoguǎn
岛屿 dǎoyǔ
* 倒 dǎo
倒霉 dǎoméi
* 到处 dàochù
* 倒 dào
盗窃 dàoqiè
* 道德 dàodé
稻谷 dàogǔ
* 得 dé
* 得以 déyǐ
德育 déyù
* 得 děi
* 灯 dēng
蹬 dēng
* 等 děng
邓 Dèng
* 瞪 dèng
低下 dīxià
* 滴 dī
* 的确 díquè
敌对 díduì
抵 dǐ
* 底 dǐ
* 地方 dìfāng
* 地方 dìfang
* 地面 dìmiàn
地壳 dìqiào
* 地下 dìxià
* 地下 dì · xià
地下水 dìxiàshuǐ
地震 dìzhèn
弟子 dìzǐ
帝 dì
递 dì
* 第 dì
* 典型 diǎnxíng
* 点头 diǎntóu
碘 diǎn
电磁波 diàncí bō
* 电荷 diànhè
电视剧 diànshìjù
* 电子 diànzǐ
* 电阻 diànzǔ
* 店 diàn
垫 diàn
淀粉 diànfěn
奠定 diàndìng
雕塑 diāosù
吊 diào
* 调 diào
调拨 diàobō
* 掉 diào
* 爹 diē
跌 diē
迭 dié
叠 dié
* 丁 dīng
盯 dīng
钉 dīng
* 顶 dǐng
订 dìng
钉 dìng
* 定 dìng
* 丢 diū
* 东西 dōngxī
* 东西 dōngxi
* 冬季 dōngjì
* 懂 dǒng
动能 dòngnéng
* 冻 dòng
* 洞 dòng
* 都 dōu
兜 dōu
* 斗 dǒu
抖 dǒu
* 斗 dòu
豆 dòu
逗 dòu
* 都 dū
* 都会 dūhuì
都市 dūshì
毒素 dúsù
* 独特 dútè
* 读书 dúshū
堵 dǔ
杜 dù
肚皮 dùpí
* 度 dù
渡 dù
* 端 duān
* 短 duǎn
短暂 duǎnzàn
* 段 duàn
断定 duàndìng
* 锻炼 duànliàn
堆积 duījī
* 队 duì
* 对 duì
* 对称 duìchèn
* 对应 duìyìng
* 吨 dūn
* 蹲 dūn
* 顿 dùn
* 多 duō
夺 duó
* 度 duó
* 朵 duǒ
* 躲 duǒ
* 阿 ē
俄 é
鹅 é
* 额 é
* 恶 è
恶劣 èliè
* 饿 è
恩 ēn
* 儿童 értóng
* 而且 érqiě
尔 ěr
* 耳 ěr
饵料 ěrliào
* 二 èr
* 发 fā
* 发挥 fāhuī
发掘 fājué
* 发射 fāshè
发音 fāyīn
发作 fāzuò
罚款 fákuǎn
* 法律 fǎlǜ
法西斯 fǎxīsī
* 发 fā
番 fān
* 翻译 fānyì
* 凡是 fánshì
烦恼 fánnǎo
* 繁殖 fánzhí
* 反而 fǎn ′ ér
反馈 fǎnkuì
* 反应 fǎnyìng
* 反映 fǎnyìng
返回 fǎnhuí
* 犯罪 fànzuì
* 饭 fàn
泛 fàn
* 范畴 fànchóu
方法论 fāngfǎlùn
* 方针 fāngzhēn
防御 fángyù
妨碍 fáng ′ ài
* 房 fáng
* 仿佛 fǎngfú
访 fǎng
纺织 fǎngzhī
放射性 fàngshèxìng
飞翔 fēixiáng

飞跃 fēiyuè
非法 fēifǎ
肥料 féiliào
匪 fěi
＊肺 fèi
废除 fèichú
沸腾 fèiténg
＊费 fèi
＊分 fēn
分辨 fēnbiàn
＊分泌 fēnmì
分歧 fēnqí
＊分散 fēnsàn
＊分析 fēnxī
＊分子 fēnzǐ
粉碎 fěnsuì
＊分 fèn
＊分子 fènzǐ
＊份 fèn
＊奋斗 fèndòu
粪 fèn
愤怒 fènnù
＊丰富 fēngfù
风俗 fēngsú
风速 fēngsù
封闭 fēngbì
疯狂 fēngkuáng
峰 fēng
锋 fēng
蜂 fēng
冯 Féng
缝 féng
讽刺 fěngcì
奉 fèng
＊缝 fèng
＊佛 fó
＊佛教 Fójiào
否 fǒu
＊否则 fǒuzé
＊夫 fū
孵化 fūhuà
＊伏 fú
＊扶 fú
服务员 fúwùyuán

俘虏 fúlǔ
浮 fú
＊符号 fúhào
＊符合 fúhé
＊幅 fú
幅度 fúdù
＊辐射 fúshè
福 fú
抚摸 fǔmō
府 fǔ
辅助 fǔzhù
腐蚀 fǔshí
＊父母 fùmǔ
付出 fùchū
＊负担 fùdān
＊妇女 fùnǚ
附 fù
附着 fùzhuó
＊服 fù
赴 fù
复辟 fùbì
＊复杂 fùzá
＊副 fù
赋予 fùyǔ
富裕 fùyù
＊腹 fù
覆盖 fùgài
＊该 gāi
＊改善 gǎishàn
钙 gài
＊盖 gài
＊概括 gàikuò
概率 gàilǜ
＊干 gān
＊干燥 gānzào
杆 gān
肝脏 gānzàng
杆 gǎn
＊赶紧 gǎnjǐn
敢于 gǎnyú
感慨 gǎnkǎi
感应 gǎnyìng
＊干 gàn
＊刚才 gāngcái

纲领 gānglǐng
钢琴 gāngqín
＊岗位 gǎngwèi
港口 gǎngkǒu
＊高兴 gāoxìng
高涨 gāozhǎng
＊搞 gǎo
稿 gǎo
告别 gàobié
搁 gē
割 gē
歌颂 gēsòng
＊革命 gémìng
＊革新 géxīn
格外 géwài
隔壁 gébì
＊个别 gèbié
＊各自 gèzì
＊给 gěi
给以 gěiyǐ
根系 gēnxì
跟随 gēnsuí
＊更 gēng
＊更新 gēngxīn
耕作 gēngzuò
＊更 gèng
工会 gōnghuì
工商业 gōngshāngyè
＊工作 gōngzuò
弓 gōng
＊公 gōng
公主 gōngzhǔ
功率 gōnglǜ
＊功能 gōngnéng
＊攻击 gōngjī
＊供 gōng
＊供给 gōngjǐ
供求 gōngqiú
＊供应 gōngyìng
宫廷 gōngtíng
＊巩固 gǒnggù
汞 gǒng
拱 gǒng
共和国 gònghéguó

＊贡献 gòngxiàn
＊供 gòng
勾结 gōujié
＊沟 gōu
钩 gōu
＊狗 gǒu
构 gòu
购 gòu
＊够 gòu
＊估计 gūjì
孤独 gūdú
＊古老 gǔlǎo
＊谷 gǔ
股票 gǔpiào
＊骨 gǔ
骨骼 gǔgé
鼓吹 gǔchuī
＊固 gù
＊故 gù
顾 gù
顾虑 gùlǜ
雇 gù
瓜 guā
刮 guā
＊挂 guà
拐 guǎi
＊怪 guài
＊关 guān
＊观 guān
＊官 guān
官吏 guānlì
冠 guān
馆 guǎn
管辖 guǎnxiá
＊观 guàn
＊贯彻 guànchè
冠 guàn
＊冠军 guànjūn
惯性 guànxìng
＊灌溉 guàngài
光滑 guānghuá
＊广泛 guǎngfàn
逛 guàng
归结 guījié

*规律 guīlǜ
*规模 guīmó
*硅 guī
*轨道 guǐdào
*鬼 guǐ
*贵族 guìzú
桂 guì
跪 guì
*滚 gǔn
郭 guō
锅 guō
*国营 guóyíng
果断 guǒduàn
*果然 guǒrán
裹 guǒ
过度 guòdù
*过渡 guòdù
哈 hā
*还 hái
海域 hǎiyù
害虫 hàichóng
*含 hán
*函数 hánshù
寒冷 hánlěng
罕见 hǎnjiàn
*喊 hǎn
*汉 hàn
*汗 hàn
旱 hàn
*行 háng
航行 hángxíng
*号 háo
*好 hǎo
好转 hǎozhuǎn
*号召 hàozhào
*好 hào
好奇 hàoqí
好事 hàoshì
耗费 hàofèi
*呵 hē
*喝 hē
*合适 héshì
*合作社 hézuòshè
何况 hékuàng
*和 hé
*和谐 héxié
*河流 héliú
荷 hé
*核 hé
盒 hé
颌 hé
*和 hè
荷 hè
*喝 hè
*黑暗 hēi′àn
痕迹 hénjì
*很 hěn
*恨 hèn
*恒星 héngxīng
*横 héng
衡量 héngliáng
*横 héng
轰 hōng
哄 hōng
红旗 hóngqí
洪 hóng
哄 hǒng
哄 hòng
后悔 hòuhuǐ
厚度 hòudù
候 hòu
*乎 hū
呼唤 hūhuàn
*呼吸 hūxī
呼吁 hūyù
忽略 hūlüè
*和 hú
弧 hú
*胡 hú
壶 hú
*核儿 húr
湖泊 húpō
蝴蝶 húdié
*虎 hǔ
*互 hù
*户 hù
护 hù
沪 hù
*花 huā
划 huá
*华 huá
滑 huá
化肥 huàféi
划 huà
*划分 huàfēn
*华 Huà
*画 huà
话筒 huàtǒng
*怀疑 huáiyí
*坏 huài
欢乐 huānlè
*欢迎 huānyíng
*还 huán
还原 huányuán
*环境 huánjìng
缓和 huǎnhé
幻觉 huànjué
*换 huàn
唤 huàn
*患 huàn
荒 huāng
慌 huāng
*皇帝 huángdì
*黄 huáng
晃 huǎng
晃 huàng
灰尘 huīchén
挥 huī
*恢复 huīfù
辉煌 huīhuáng
回避 huíbì
毁 huǐ
*汇报 huìbào
会场 huìchǎng
*绘画 huìhuà
*婚姻 hūnyīn
*浑身 húnshēn
*混 hún
魂 hún
*混 hùn
*混合 hùnhé
*混乱 hùnluàn
混淆 hùnxiáo
*和 huó
*活跃 huóyuè
火柴 huǒchái
*或者 huòzhě
*和 huò
*货币 huòbì
*获得 huòdé
*几乎 jīhū
击 jī
饥饿 jī′è
机械化 jīxièhuà
*肌肉 jīròu
*鸡 jī
*积 jī
*积极 jījí
*积累 jīlěi
*基督教 jīdūjiào
畸形 jīxíng
激 jī
*及时 jíshí
*级 jí
*极 jí
即将 jíjiāng
*即使 jíshǐ
*急 jí
*疾病 jíbìng
*集团 jítuán
*几 jǐ
己 jǐ
*挤 jǐ
济济 jǐjǐ
*给予 jǐyǔ
脊 jǐ
*计算 jìsuàn
*记载 jìzǎi
纪录 jìlù
*技术 jìshù
*系 jì
季风 jìfēng
*剂 jì
济 jì
*既 jì
*既然 jìrán

* 既是 jìshì
* 继承 jìchéng
祭祀 jìsì
寄 jì
寂寞 jìmò
* 加速 jiāsù
* 夹 jiā
家畜 jiāchù
* 夹 jiá
* 甲 jiǎ
钾 jiǎ
* 假 jiǎ
* 价 jià
驾驶 jiàshǐ
* 架 jià
* 假 jià
嫁接 jiàjiē
* 尖锐 jiānruì
歼灭 jiānmiè
坚硬 jiānyìng
* 间 jiān
肩膀 jiānbǎng
艰难 jiānnán
* 监督 jiāndū
* 兼 jiān
拣 jiǎn
茧 jiǎn
捡 jiǎn
* 检查 jiǎnchá
减弱 jiǎnruò
剪 jiǎn
简称 jiǎnchēng
* 碱 jiǎn
* 见解 jiànjiě
* 件 jiàn
* 间 jiàn
间隔 jiàngé
* 间接 jiànjiē
* 建筑 jiànzhù
剑 jiàn
* 健全 jiànquán
* 渐渐 jiànjiàn
鉴别 jiànbié
* 键 jiàn
箭 jiàn
江南 jiāngnán
* 将 jiāng
浆 jiāng
* 讲话 jiǎnghuà
奖励 jiǎnglì
* 蒋 jiǎng
降 jiàng
降落 jiàngluò
降水 jiàngshuǐ
* 将 jiàng
* 强 jiàng
交叉 jiāochā
交织 jiāozhī
郊区 jiāoqū
浇 jiāo
骄傲 jiāo′ào
胶 jiāo
* 教 jiāo
* 教学 jiāoxué
焦急 jiāojí
嚼 jiáo
* 角 jiǎo
脚印 jiǎoyìn
搅 jiǎo
* 叫作 jiàozuò
* 觉 jiào
* 校 jiào
* 较为 jiàowéi
* 教会 jiàohuì
* 教学 jiàoxué
阶层 jiēcéng
* 皆 jiē
* 结 jiē
* 结果 jiēguǒ
* 接触 jiēchù
* 揭露 jiēlù
街 jiē
节省 jiéshěng
* 节奏 jiézòu
杰出 jiéchū
洁白 jiébái
* 结 jié
* 结果 jiéguǒ
* 结合 jiéhé
* 结束 jiéshù
截 jié
竭力 jiélì
* 解 jiě
解剖 jiěpōu
解散 jiěsàn
* 介绍 jièshào
戒 jiè
* 届 jiè
* 界限 jièxiàn
借助 jièzhù
* 解 jiè
* 斤 jīn
* 今 jīn
金融 jīnróng
津 jīn
* 仅 jǐn
* 尽 jǐn
* 尽管 jǐnguǎn
尽快 jǐnkuài
* 尽量 jǐnliàng
* 紧 jǐn
锦标赛 jǐnbiāosài
谨慎 jǐnshèn
* 尽 jìn
尽力 jìnlì
* 尽量 jìnliàng
* 进入 jìnrù
近似 jìnsì
* 劲 jìn
晋 jìn
浸 jìn
* 禁止 jìnzhǐ
* 茎 jīng
京剧 jīngjù
* 经济 jīngjì
惊讶 jīngyà
* 晶 jīng
* 精神 jīngshén
* 精神 jīngshen
鲸 jīng
井 jǐng
景 jǐng
* 警察 jǐngchá
* 劲 jìng
径流 jìngliú
净化 jìnghuà
* 竞争 jìngzhēng
竟然 jìngrán
敬 jìng
静脉 jìngmài
* 境界 jìngjiè
* 镜 jìng
* 纠正 jiūzhèng
* 究竟 jiūjìng
* 九 jiǔ
* 久 jiǔ
* 酒精 jiǔjīng
* 旧 jiù
救济 jiùjì
* 就业 jiùyè
* 车 jū
* 居民 jūmín
* 居住 jūzhù
局势 júshì
菊花 júhuā
咀嚼 jǔjué
* 举行 jǔxíng
* 巨大 jùdà
* 句 jù
* 拒绝 jùjué
* 具 jù
俱 jù
剧烈 jùliè
* 据说 jùshuō
* 距离 jùlí
聚集 jùjí
捐 juān
* 圈 juān
* 卷 juǎn
* 卷 juàn
* 圈 juàn
* 决策 juécè
* 角 jué
* 角色 juésè
* 觉 jué
觉察 juéchá

* 绝对 juéduì
嚼 jué
* 军阀 jūnfá
均衡 jūnhéng
* 均匀 jūnyún
君主 jūnzhǔ
* 菌 jūn
咖啡 kāfēi
卡 kǎ
开垦 kāikěn
* 开辟 kāipì
开拓 kāituò
刊登 kāndēng
* 看 kān
勘探 kāntàn
砍 kǎn
* 看 kàn
扛 káng
* 抗战 kàngzhàn
炕 kàng
* 考虑 kǎolǜ
靠近 kàojìn
* 科技 kējì
* 棵 kē
颗粒 kēlì
壳 ké
咳 ké
* 可怜 kělián
* 可惜 kěxī
渴望 kěwàng
* 克服 kèfú
刻画 kèhuà
客厅 kètīng
* 课程 kèchéng
* 肯定 kěndìng
啃 kěn
坑 kēng
* 空 kōng
* 空间 kōngjiān
孔雀 kǒngquè
恐怖 kǒngbù
* 空 kòng
空白 kòngbái
* 控制 kòngzhì

扣 kòu
* 哭 kū
苦难 kǔnàn
苦恼 kǔnǎo
库存 kùcún
夸张 kuāzhāng
跨 kuà
* 块 kuài
* 快 kuài
宽阔 kuānkuò
款 kuǎn
筐 kuāng
狂 kuáng
况且 kuàngqiě
矿产 kuàngchǎn
亏损 kuīsǔn
* 昆虫 kūnchóng
捆 kǔn
困境 kùnjìng
扩展 kuòzhǎn
阔 kuò
* 拉 lā
* 拉 lá
* 落 là
蜡烛 làzhú
辣椒 làjiāo
来临 láilín
* 来信 láixìn
赖 lài
兰 lán
栏 lán
* 蓝 lán
烂 làn
狼 láng
* 浪费 làngfèi
捞 lāo
劳力 láolì
牢固 láogù
老虎 lǎohǔ
* 老师 lǎoshī
* 落 lào
* 乐 lè
* 累 léi
雷达 léidá

* 累 lěi
* 泪 lèi
* 类似 lèisì
* 累 lèi
冷却 lěngquè
愣 lèng
* 离婚 líhūn
梨 lí
犁 lí
礼貌 lǐmào
* 李 lǐ
* 里 lǐ
* 理论 lǐlùn
理智 lǐzhì
力图 lìtú
* 历史 lìshǐ
* 立场 lìchǎng
* 立即 lìjí
* 利润 lìrùn
* 例如 lìrú
* 粒 lì
俩 liǎ
连接 liánjiē
莲子 liánzǐ
联结 liánjié
联盟 liánméng
廉价 liánjià
* 脸色 liǎnsè
* 练 liàn
炼 liàn
恋爱 liàn´ài
链 liàn
良种 liángzhǒng
凉 liáng
梁 liáng
* 量 liáng
* 粮 liáng
* 两 liǎng
* 亮 liàng
凉 liàng
* 辆 liàng
* 量 liàng
辽阔 liáokuò
* 了 liǎo

* 了解 liǎojiě
* 料 liào
咧 liě
* 列 liè
烈士 lièshì
猎 liè
裂 liè
邻 lín
* 林 lín
临 lín
* 临床 línchuáng
淋 lín
* 磷 lín
* 灵魂 línghún
铃 líng
零售 língshòu
龄 líng
* 令 lǐng
岭 lǐng
* 领导 lǐngdǎo
* 另外 lìngwài
* 令 lìng
溜 liū
* 刘 Liú
* 留 liú
流氓 liúmáng
流血 liúxuè
* 硫酸 liúsuān
瘤 liú
柳 liǔ
* 六 liù
陆 liù
溜 liù
* 龙 lóng
笼 lóng
* 垄断 lǒngduàn
拢 lǒng
笼罩 lǒngzhào
* 弄 lòng
搂 lōu
楼房 lóufáng
搂 lǒu
漏 lòu
* 露 lòu

炉 lú	瞒 mán	* 苗 miáo	纳税 nàshuì
卤 lǔ	* 满意 mǎnyì	* 描绘 miáohuì	* 钠 nà
鲁 lǔ	漫长 màncháng	* 秒 miǎo	乃至 nǎizhì
陆 lù	* 慢 màn	妙 miào	奶 nǎi
陆续 lùxù	忙碌 mánglù	庙 miào	耐心 nàixīn
录 lù	* 盲目 mángmù	灭亡 mièwáng	* 男人 nánrén
鹿 lù	茫然 mángrán	民俗 mínsú	* 南 nán
路程 lùchéng	* 猫 māo	* 民族 mínzú	* 难 nán
* 露 lù	毛巾 máojīn	敏捷 mǐnjié	难得 nándé
驴 lǘ	* 矛盾 máodùn	* 名称 míngchēng	* 难 nàn
旅 lǚ	冒险 màoxiǎn	* 明显 míngxiǎn	囊 náng
* 铝 lǚ	* 贸易 màoyì	鸣 míng	* 脑 nǎo
缕 lǚ	帽 mào	* 命运 mìngyùn	* 闹 nào
* 履行 lǚxíng	* 没 méi	* 摸 mō	内脏 nèizàng
* 律 lǜ	* 枚 méi	模范 mófàn	嫩 nèn
* 率 lǜ	眉头 méitóu	模拟 mónǐ	* 能量 néngliàng
绿化 lǜhuà	梅 méi	* 模式 móshì	泥土 nítǔ
氯气 lǜqì	媒介 méijiè	* 膜 mó	拟 nǐ
滤 lǜ	煤炭 méitàn	摩擦 mócā	* 你 nǐ
* 卵 luǎn	酶 méi	* 磨 mó	逆 nì
* 乱 luàn	* 每年 měinián	* 抹 mǒ	年初 niánchū
掠夺 lüèduó	美感 měigǎn	末期 mòqī	年青 niánqīng
* 略 lüè	镁 měi	* 没 mò	* 年轻 niánqīng
伦理 lúnlǐ	魅力 mèilì	没落 mòluò	* 念 niàn
轮廓 lúnkuò	闷 mēn	* 抹 mò	* 娘 niáng
* 论 lùn	* 门口 ménkǒu	陌生 mòshēng	* 鸟 niǎo
* 罗 luó	闷 mèn	* 莫 mò	尿 niào
螺旋 luóxuán	蒙 mēng	墨 mò	捏 niē
络 luò	萌芽 méngyá	* 默默 mòmò	* 您 nín
* 落 luò	蒙 méng	* 磨 mò	宁 níng
* 落实 luòshí	猛烈 měngliè	谋 móu	宁静 níngjìng
* 抹 mā	蒙 Měng	* 某 mǒu	拧 níng
麻醉 mázuì	孟 mèng	模样 múyàng	凝结 níngjié
马车 mǎchē	* 梦 mèng	* 母 mǔ	拧 nǐng
码 mǎ	弥漫 mímàn	* 亩 mǔ	宁 nìng
* 蚂蚁 mǎyǐ	迷 mí	木材 mùcái	拧 nìng
* 骂 mà	谜 mí	* 目标 mùbiāo	* 牛顿 niúdùn
埋 mái	* 米 mǐ	墓 mù	扭转 niǔzhuǎn
* 买 mǎi	* 秘密 mìmì	幕 mù	* 农村 nóngcūn
迈 mài	* 密 mì	* 拿 ná	浓厚 nónghòu
麦 mài	* 棉 mián	* 哪 nǎ	脓 nóng
* 卖 mài	免疫 miǎnyì	* 哪儿 nǎr	* 弄 nòng
脉 mài	勉强 miǎnqiǎng	* 那 nà	* 奴隶 núlì
蛮 mán	* 面积 miànjī	* 那儿 nàr	奴役 núyì

＊努力 nǔlì
怒 nù
女士 nǚshì
＊暖 nuǎn
欧 ōu
偶尔 ǒu ′ ěr
扒 pá
＊爬 pá
＊怕 pà
＊拍 pāi
拍摄 pāishè
＊排斥 páichì
＊牌 pái
派出所 pàichūsuǒ
派遣 pàiqiǎn
潘 Pān
攀 pān
＊盘 pán
判处 pànchǔ
盼望 pànwàng
庞大 pángdà
＊旁边 pángbiān
＊胖 pàng
抛弃 pāoqì
＊泡 pāo
炮 páo
＊跑 pǎo
＊泡 pào
炮 pào
炮弹 pàodàn
胚胎 pēitāi
陪 péi
培训 péixùn
赔偿 péicháng
＊配合 pèihé
喷 pēn
盆地 péndì
彭 Péng
棚 péng
蓬勃 péngbó
＊膨胀 péngzhàng
捧 pěng
＊碰 pèng
＊批准 pīzhǔn
披 pī
＊皮肤 pífū
疲倦 píjuàn
脾 pí
＊匹 pǐ
＊譬如 pìrú
＊偏 piān
＊篇 piān
＊片 piàn
骗 piàn
飘 piāo
票 piào
拼命 pīnmìng
贫穷 pínqióng
频繁 pínfán
＊品质 pǐnzhì
乒乓球 pīngpāngqiú
＊平衡 pínghéng
＊平行 píngxíng
评选 píngxuǎn
苹果 píngguǒ
凭借 píngjiè
屏幕 píngmù
＊瓶 píng
坡 pō
＊颇 pō
迫使 pòshǐ
破裂 pòliè
剖面 pōumiàn
扑 pū
＊铺 pū
朴素 pǔsù
＊普遍 pǔbiàn
谱 pǔ
＊铺 pù
＊七 qī
凄凉 qīliáng
＊期 qī
漆 qī
＊齐 qí
＊其次 qícì
奇迹 qíjì
＊骑 qí
旗帜 qízhì
＊企图 qǐtú
＊企业 qǐyè
＊启发 qǐfā
起初 qǐchū
＊气候 qìhòu
弃 qì
＊汽车 qìchē
契约 qìyuē
砌 qì
器材 qìcái
卡 kǎ
恰当 qiàdàng
千方百计 qiānfāngbǎijì
迁移 qiānyí
牵 qiān
铅笔 qiānbǐ
＊签订 qiāndìng
前景 qiánjǐng
＊前途 qiántú
＊钱 qián
潜力 qiánlì
＊浅 qiǎn
遣 qiǎn
欠 qiàn
嵌 qiàn
＊枪 qiāng
腔 qiāng
＊强调 qiángdiào
墙壁 qiángbì
抢救 qiǎngjiù
＊强 qiǎng
＊悄悄 qiāoqiāo
＊敲 qiāo
桥梁 qiáoliáng
＊瞧 qiáo
巧妙 qiǎomiào
壳 qiào
＊切 qiē
＊且 qiě
＊切 qiè
切实 qièshí
＊侵略 qīnlüè
亲密 qīnmì
亲眼 qīnyǎn
＊秦 Qín
琴 qín
勤劳 qínláo
青春 qīngchūn
轻微 qīngwēi
＊氢气 qīngqì
倾斜 qīngxié
＊清晰 qīngxī
情操 qíngcāo
请示 qǐngshì
庆祝 qìngzhù
穷人 qióngrén
秋季 qiūjì
求证 qiúzhèng
酋长 qiúzhǎng
＊球 qiú
＊区分 qūfēn
＊曲 qū
＊曲线 qūxiàn
曲折 qūzhé
驱逐 qūzhú
屈服 qūfú
＊趋势 qūshì
渠道 qúdào
＊曲 qǔ
＊取消 qǔxiāo
娶 qǔ
去世 qùshì
趣味 qùwèi
＊圈 quān
权益 quányì
全民 quánmín
泉 quán
拳 quán
＊劝 quàn
缺陷 quēxiàn
＊却 què
＊确实 quèshí
＊群众 qúnzhòng
＊然而 rán ′ ér
＊燃料 ránliào
＊染色体 rǎnsètǐ
嚷 rǎng

*让 ràng
扰动 rǎodòng
扰乱 rǎoluàn
*绕 rào
惹 rě
热能 rènéng
人均 rénjūn
人民币 rénmínbì
仁 rén
*任 Rén
忍耐 rěnnài
认识论 rènshílùn
*任 rèn
扔 rēng
仍旧 réngjiù
日趋 rìqū
荣誉 róngyù
容纳 róngnà
*溶液 róngyè
熔点 róngdiǎn
融合 rónghé
柔软 róuruǎn
揉 róu
肉体 ròutǐ
*如何 rúhé
儒家 Rújiā
*乳 rǔ
入侵 rùqīn
*软 ruǎn
*若干 ruògān
弱点 ruòdiǎn
撒 sā
洒 sǎ
撒 sǎ
鳃 sāi
塞 sāi
塞 sài
赛 sài
*三角形 sānjiǎoxíng
伞 sǎn
*散 sǎn
散射 sǎnshè
*散 sàn
散布 sànbù

散步 sànbù
嗓子 sǎngzi
*丧失 sàngshī
扫荡 sǎodàng
*色彩 sècǎi
塞 sè
*森林 sēnlín
僧侣 sēnglǚ
杀害 shāhài
沙滩 shātān
纱 shā
砂 shā
傻 shǎ
*色 shǎi
晒 shài
山峰 shānfēng
*扇 shān
闪烁 shǎnshuò
*单 Shàn
*扇 shàn
善良 shànliáng
伤害 shānghài
*商品 shāngpǐn
*上 shǎng
赏 shǎng
*上 shàng
上诉 shàngsù
上涨 shàngzhǎng
*尚 shàng
*烧 shāo
*梢 shāo
稍微 shāowēi
*少 shǎo
*少量 shǎoliàng
*少 shào
少女 shàonǚ
*舌 shé
*折 shé
*蛇 shé
舍 shě
*设置 shèzhì
*社会学 shèhuìxué
舍 shè
射击 shèjī

*涉及 shèjí
摄影 shèyǐng
*谁 shéi
申请 shēnqǐng
伸手 shēnshǒu
身影 shēnyǐng
参 shēn
深远 shēnyuǎn
*神经 shénjīng
沈 Shěn
*审美 shěnměi
婶 shěn
*肾 shèn
*甚至 shènzhì
*渗透 shèntòu
慎重 shènzhòng
*升 shēng
生意 shēngyì
生意 shēngyi
*生殖 shēngzhí
*声音 shēngyīn
牲畜 shēngchù
绳 shéng
*省 shěng
圣经 shèngjīng
*胜利 shènglì
盛行 shèngxíng
剩余 shèngyú
尸体 shītǐ
失调 shītiáo
师长 shīzhǎng
诗歌 shīgē
施行 shīxíng
湿润 shīrùn
*十 shí
石灰 shíhuī
时髦 shímáo
识别 shíbié
*实在 shízài
*实在 shízai
拾 shí
食盐 shíyán
史学 shǐxué
使劲 shǐjìn

*始终 shǐzhōng
士兵 shìbīng
*氏族 shìzú
示范 shìfàn
*世界观 shìjièguān
*市场 shìchǎng
*式 shì
*似的 shìde
事迹 shìjì
势必 shìbì
试图 shìtú
视野 shìyě
*是否 shìfǒu
*适应 shìyìng
*室 shì
逝世 shìshì
*释放 shìfàng
*收缩 shōusuō
收音机 shōuyīnjī
*熟 shóu
手臂 shǒubì
后脚 hòujiǎo
手榴弹 shǒuliúdàn
*手指 shǒuzhǐ
守恒 shǒuhéng
*首都 shǒudū
寿命 shòumìng
受伤 shòushāng
狩猎 shòuliè
授 shòu
兽 shòu
*瘦 shòu
书籍 shūjí
抒情 shūqíng
梳 shū
舒适 shūshì
疏 shū
输送 shūsòng
*蔬菜 shūcài
熟练 shúliàn
*属性 shǔxìng
鼠 shǔ
*数 shǔ
术语 shùyǔ

＊束缚 shùfù	宿舍 sùshè	倘若 tǎngruò	同行 tóngháng
述 shù	＊塑料 sùliào	＊躺 tǎng	同行 tóngxíng
树干 shùgàn	＊酸 suān	烫 tàng	＊铜 tóng
竖 shù	＊算 suàn	＊趟 tàng	童话 tónghuà
数值 shùzhí	＊虽然 suīrán	掏 tāo	＊统治 tǒngzhì
刷 shuā	隋 suí	逃走 táozǒu	桶 tǒng
耍 shuǎ	随即 suíjí	桃 táo	筒 tǒng
衰变 shuāibiàn	＊遂 suí	陶冶 táoyě	＊通 tòng
衰老 shuāilǎo	髓 suǐ	淘汰 táotài	＊痛 tòng
摔 shuāi	岁月 suìyuè	＊讨论 tǎolùn	偷偷 tōutōu
甩 shuǎi	＊遂 suì	＊套 tào	头顶 tóudǐng
＊率领 shuàilǐng	碎 suì	特权 tèquán	投降 tóuxiáng
拴 shuān	穗 suì	＊特殊 tèshū	＊投资 tóuzī
＊双方 shuāngfāng	＊孙 sūn	疼 téng	透露 tòulù
霜 shuāng	损耗 sǔnhào	疼痛 téngtòng	凸 tū
＊谁 shuí	缩短 suōduǎn	藤 téng	突击 tūjī
水泥 shuǐní	所属 suǒshǔ	踢 tī	图画 túhuà
水银 shuǐyín	＊所有制 suǒyǒuzhì	提炼 tíliàn	图纸 túzhǐ
水蒸气 shuǐzhēngqì	索 suǒ	题目 tímù	徒 tú
税收 shuìshōu	锁 suǒ	＊体积 tǐjī	＊途径 tújìng
睡眠 shuìmián	＊他 tā	替代 tìdài	涂 tú
＊顺序 shùnxù	＊它 tā	天鹅 tiān´é	屠杀 túshā
瞬间 shùnjiān	＊她 tā	天真 tiānzhēn	土匪 tǔfěi
说服 shuōfú	塔 tǎ	天主教 tiānzhǔjiào	＊土壤 tǔrǎng
司令 sīlìng	踏 tà	添 tiān	＊吐 tǔ
丝毫 sīháo	胎 tāi	田野 tiányě	＊吐 tù
私有制 sīyǒuzhì	台风 táifēng	＊甜 tián	湍流 tuānliú
＊思维 sīwéi	抬头 táitóu	＊填 tián	＊团结 tuánjié
斯 sī	太空 tàikōng	＊挑 tiāo	推荐 tuījiàn
死刑 sǐxíng	＊态 tài	挑选 tiāoxuǎn	＊腿 tuǐ
四边形 sìbiānxíng	摊 tān	条款 tiáokuǎn	退休 tuìxiū
寺院 sìyuàn	滩 tān	＊调 tiáo	＊托 tuō
＊似乎 sìhū	谈判 tánpàn	调和 tiáohé	＊拖拉机 tuōlājī
＊饲料 sìliào	＊弹 tán	＊挑 tiǎo	＊脱离 tuōlí
＊松 sōng	痰 tán	挑战 tiǎozhàn	妥协 tuǒxié
＊宋 sòng	坦克 tǎnkè	跳舞 tiàowǔ	挖掘 wājué
＊送 sòng	叹息 tànxī	＊贴 tiē	瓦 wǎ
搜集 sōují	探测 tàncè	＊铁路 tiělù	歪曲 wāiqū
艘 sōu	＊碳 tàn	厅 tīng	外贸 wàimào
＊苏 sū	＊汤 tāng	听觉 tīngjué	弯曲 wānqū
俗称 súchēng	＊唐 táng	停顿 tíngdùn	完备 wánbèi
诉讼 sùsòng	堂 táng	＊挺 tǐng	完毕 wánbì
＊素质 sùzhì	塘 táng	＊通 tōng	＊完整 wánzhěng
＊速度 sùdù	＊糖 táng	＊通讯 tōngxùn	玩具 wánjù

顽强 wánqiáng	吻 wěn	* 细胞 xìbāo	* 享受 xiǎngshòu
挽 wǎn	* 稳定 wěndìng	* 细菌 xìjūn	响应 xiǎngyìng
晚期 wǎnqī	问世 wènshì	虾 xiā	想象力 xiǎngxiànglì
* 碗 wǎn	窝 wō	瞎 xiā	向来 xiànglái
万物 wànwù	* 我 wǒ	狭隘 xiá ′ ài	* 项目 xiàngmù
汪 wāng	卧室 wòshì	狭窄 xiázhǎi	* 相 xiàng
亡 wáng	握手 wòshǒu	下颌 xiàhé	* 象征 xiàngzhēng
王朝 wángcháo	乌龟 wūguī	下旬 xiàxún	* 像 xiàng
网络 wǎngluò	* 污染 wūrǎn	* 吓 xià	橡胶 xiàngjiāo
往来 wǎnglái	* 屋 wū	* 夏 xià	削 xiāo
* 忘记 wàngjì	无非 wúfēi	仙 xiān	* 消除 xiāochú
旺盛 wàngshèng	无可奈何 wúkěnàihé	先前 xiānqián	硝酸 xiāosuān
望远镜 wàngyuǎnjìng	无情 wúqíng	* 纤维 xiānwéi	* 销售 xiāoshòu
* 危机 wēijī	无穷 wúqióng	掀起 xiānqǐ	小儿 xiǎo ′ ér
* 威胁 wēixié	吾 wú	鲜 xiān	小朋友 xiǎopéngyǒu
微生物 wēishēngwù	* 吴 wú	鲜血 xiānxuè	小学生 xiǎoxuéshēng
* 为 wéi	* 五 wǔ	闲 xián	* 校长 xiàozhǎng
为难 wéinán	* 武装 wǔzhuāng	* 弦 xián	效 xiào
为人 wéirén	侮辱 wǔrǔ	咸 xián	* 效应 xiàoyìng
违背 wéibèi	* 舞蹈 wǔdǎo	衔 xián	* 些 xiē
围剿 wéijiǎo	勿 wù	嫌 xián	歇 xiē
* 围绕 wéirào	务 wù	显露 xiǎnlù	* 协调 xiétiáo
唯 wéi	* 物质 wùzhì	显微镜 xiǎnwēijìng	* 协作 xiézuò
维生素 wéishēngsù	误差 wùchā	* 显著 xiǎnzhù	邪 xié
* 伟大 wěidà	误解 wùjiě	险 xiǎn	* 斜 xié
伪 wěi	* 恶 wù	鲜 xiǎn	携带 xiédài
* 尾 wěi	* 雾 wù	县城 xiànchéng	* 鞋 xié
纬度 wěidù	西风 xīfēng	现存 xiàncún	* 写作 xiězuò
委托 wěituō	吸取 xīqǔ	* 现代化 xiàndàihuà	* 血 xiě
* 委员会 wěiyuánhuì	* 吸引 xīyǐn	* 限制 xiànzhì	泄 xiè
* 卫星 wèixīng	* 希望 xīwàng	* 线圈 xiànquān	谢 xiè
* 为 wèi	* 牺牲 xīshēng	线索 xiànsuǒ	* 解 xiè
为何 wèihé	息 xī	* 宪法 xiànfǎ	蟹 xiè
未曾 wèicéng	稀少 xīshǎo	陷于 xiànyú	心血 xīnxuè
* 位 wèi	锡 xī	羡慕 xiànmù	辛苦 xīnkǔ
* 味 wèi	熄灭 xīmiè	献身 xiànshēn	* 欣赏 xīnshǎng
* 胃 wèi	* 习惯 xíguàn	腺 xiàn	锌 xīn
* 谓 wèi	席 xí	* 乡村 xiāngcūn	新陈代谢 xīnchén-dàixiè
* 喂 wèi	袭击 xíjī	* 相似 xiāngsì	新娘 xīnniáng
魏 Wèi	洗澡 xǐzǎo	* 相应 xiāngyìng	新型 xīnxíng
* 温暖 wēnnuǎn	喜悦 xǐyuè	香烟 xiāngyān	新颖 xīnyǐng
* 文献 wénxiàn	* 戏曲 xìqǔ	箱 xiāng	信贷 xìndài
纹 wén	* 系 xì	* 详细 xiángxì	信徒 xìntú
* 闻 wén	* 系统 xìtǒng	降 xiáng	

兴 xīng
* 兴奋 xīngfèn
* 星期 xīngqī
星系 xīngxì
刑罚 xíngfá
刑法 xíngfǎ
* 行使 xíngshǐ
行驶 xíngshǐ
* 形式 xíngshì
* 形势 xíngshì
* 型 xíng
* 省 xǐng
* 醒 xǐng
兴 xìng
* 兴趣 xìngqù
* 幸福 xìngfú
* 性质 xìngzhì
姓名 xìngmíng
凶 xiōng
* 兄弟 xiōngdì
* 兄弟 xiōngdi
胸脯 xiōngpú
雄伟 xióngwěi
熊 xióng
休眠 xiūmián
修辞 xiūcí
宿 xiǔ
臭 xiù
袖 xiù
宿 xiù
绣 xiù
嗅 xiù
* 须 xū
* 虚 xū
* 需求 xūqiú
* 徐 xú
* 许多 xǔduō
序 xù
* 叙述 xùshù
* 畜 xù
* 宣传 xuānchuán
悬挂 xuánguà
旋律 xuánlǜ
* 旋转 xuánzhuǎn
选拔 xuǎnbá
旋 xuàn
削弱 xuēruò
穴 xué
学派 xuépài
* 雪 xuě
* 血 xuè
* 血管 xuèguǎn
* 血液 xuèyè
* 寻找 xúnzhǎo
询问 xúnwèn
* 循环 xúnhuán
* 训练 xùnliàn
* 迅速 xùnsù
压抑 yāyì
押 yā
鸦片 yāpiàn
鸭 yā
牙齿 yáchǐ
* 芽 yá
亚 yà
咽 yān
* 烟 yān
延伸 yánshēn
严峻 yánjùn
* 严肃 yánsù
* 言语 yányǔ
* 岩石 yánshí
炎 yán
沿岸 yán′àn
研究生 yánjiūshēng
* 研制 yánzhì
盐酸 yánsuān
* 颜色 yánsè
掩护 yǎnhù
眼镜 yǎnjìng
演绎 yǎnyì
* 演奏 yǎnzòu
厌恶 yànwù
咽 yàn
宴会 yànhuì
验证 yànzhèng
秧 yāng
扬 yáng
羊毛 yángmáo
* 阳光 yángguāng
* 杨 yáng
洋 yáng
仰 yǎng
养分 yǎngfèn
* 氧 yǎng
样式 yàngshì
* 约 yāo
* 要 yāo
* 要求 yāoqiú
* 腰 yāo
邀请 yāoqǐng
遥远 yáoyuǎn
* 咬 yǎo
药品 yàopǐn
* 要素 yàosù
耶稣 yēsū
* 也许 yěxǔ
冶金 yějīn
野蛮 yěmán
业余 yèyú
叶片 yèpiàn
* 页 yè
* 夜晚 yèwǎn
* 液体 yètǐ
一辈子 yībèizi
一端 yīduān
* 一致 yīzhì
* 衣 yī
医疗 yīliáo
依附 yīfù
* 依赖 yīlài
* 仪器 yíqì
宜 yí
* 移动 yídòng
遗憾 yíhàn
遗嘱 yízhǔ
疑惑 yíhuò
* 乙 yǐ
已 yǐ
以内 yǐnèi
* 以至 yǐzhì
* 以致 yǐzhì
* 矣 yǐ
蚁 yǐ
倚 yǐ
* 亿 yì
* 义务 yìwù
* 艺术家 yìshùjiā
* 议论 yìlùn
* 亦 yì
* 异常 yìcháng
* 抑制 yìzhì
役 yì
译 yì
易于 yìyú
益 yì
意境 yìjìng
意象 yìxiàng
毅然 yìrán
翼 yì
因地制宜 yīndì-zhìyí
* 因素 yīnsù
阴谋 yīnmóu
* 音乐 yīnyuè
* 银行 yínháng
* 引导 yǐndǎo
饮食 yǐnshí
隐蔽 yǐnbì
印刷 yìnshuā
饮 yìn
* 应 yīng
* 应当 yīngdāng
* 应该 yīnggāi
* 英雄 yīngxióng
* 婴儿 yīng′ér
鹰 yīng
迎接 yíngjiē
荧光屏 yíngguāngpíng
盈利 yínglì
* 营养 yíngyǎng
赢得 yíngdé
影片 yǐngpiàn
* 应 yìng
* 应用 yìngyòng
映 yìng
* 硬 yìng

拥护 yōnghù	* 预防 yùfáng	再现 zàixiàn	* 长 zhǎng
永恒 yǒnghéng	预算 yùsuàn	在场 zàichǎng	长官 zhǎngguān
* 勇敢 yǒnggǎn	域 yù	* 载 zài	涨 zhǎng
涌现 yǒngxiàn	欲望 yùwàng	* 咱 zán	* 掌握 zhǎngwò
用户 yònghù	遇 yù	* 暂时 zànshí	丈 zhàng
优惠 yōuhuì	* 愈 yù	赞叹 zàntàn	仗 zhàng
忧郁 yōuyù	* 元素 yuánsù	脏 zāng	帐 zhàng
幽默 yōumò	园 yuán	脏 zàng	账 zhàng
悠久 yōujiǔ	* 员 yuán	葬 zàng	胀 zhàng
* 尤其 yóuqí	袁 Yuán	* 藏 zàng	涨 zhàng
尤为 yóuwéi	原材料 yuáncáiliào	遭遇 zāoyù	* 障碍 zhàng ´ ài
* 由于 yóuyú	原谅 yuánliàng	糟 zāo	招待 zhāodài
邮票 yóupiào	* 原始 yuánshǐ	* 早已 zǎoyǐ	* 着 zhāo
犹豫 yóuyù	原子核 yuánzǐhé	藻 zǎo	* 朝 zhāo
油画 yóuhuà	圆心 yuánxīn	灶 zào	* 着 zháo
铀 yóu	援助 yuánzhù	造型 zàoxíng	* 着急 zháojí
游泳 yóuyǒng	* 缘故 yuángù	* 则 zé	* 找 zhǎo
* 友谊 yǒuyì	源泉 yuánquán	* 责任 zérèn	召集 zhàojí
* 有力 yǒulì	远方 yuǎnfāng	贼 zéi	* 召开 zhàokāi
* 有利 yǒulì	怨 yuàn	* 怎么样 zěnmeyàng	* 赵 zhào
有益 yǒuyì	* 院 yuàn	* 曾 zēng	照例 zhàolì
有意 yǒuyì	* 愿望 yuànwàng	* 增产 zēngchǎn	* 照片 zhàopiàn
* 又 yòu	* 曰 yuē	增添 zēngtiān	照耀 zhàoyào
* 右手 yòushǒu	* 约束 yuēshù	扎 zhā	遮 zhē
幼儿 yòu ´ ér	月初 yuèchū	炸 zhá	* 折 zhé
诱导 yòudǎo	* 乐 yuè	眨 zhǎ	折射 zhéshè
* 于是 yúshì	* 乐曲 yuèqǔ	炸弹 zhàdàn	* 哲学 zhéxué
予 yú	* 阅读 yuèdú	摘 zhāi	* 者 zhě
余地 yúdì	跃 yuè	窄 zhǎi	* 这样 zhèyàng
* 鱼 yú	越过 yuèguò	债务 zhàiwù	针灸 zhēnjiǔ
娱乐 yúlè	粤 yuè	寨 zhài	侦查 zhēnchá
渔业 yúyè	* 云 yún	* 占 zhān	侦察 zhēnchá
* 愉快 yúkuài	匀 yún	沾 zhān	珍珠 zhēnzhū
舆论 yúlùn	* 允许 yǔnxǔ	粘 zhān	真诚 zhēnchéng
* 与 yǔ	* 运动员 yùndòngyuán	盏 zhǎn	* 真正 zhēnzhèng
与其 yǔqí	运转 yùnzhuǎn	展示 zhǎnshì	* 诊断 zhěnduàn
予 yǔ	韵 yùn	崭新 zhǎnxīn	* 阵地 zhèndì
* 予以 yǔyǐ	蕴藏 yùncáng	占据 zhànjù	振兴 zhènxīng
* 宇宙 yǔzhòu	扎 zā	占用 zhànyòng	震惊 zhènjīng
羽毛 yǔmáo	杂志 zázhì	* 战略 zhànlüè	* 镇压 zhènyā
雨水 yǔshuǐ	杂质 zázhì	战役 zhànyì	* 争论 zhēnglùn
* 语音 yǔyīn	砸 zá	* 站 zhàn	征收 zhēngshōu
* 玉米 yùmǐ	灾难 zāinàn	* 张 zhāng	挣 zhēng
育种 yùzhǒng	栽培 zāipéi	章程 zhāngchéng	睁 zhēng

*蒸发 zhēngfā
*整顿 zhěngdùn
*正当 zhèngdāng
*正当 zhèngdàng
证据 zhèngjù
郑 Zhèng
*政策 zhèngcè
*政党 zhèngdǎng
挣 zhèng
*症状 zhèngzhuàng
*之 zhī
支撑 zhīchēng
*支援 zhīyuán
*只 zhī
汁 zhī
枝条 zhītiáo
知觉 zhījué
肢 zhī
织 zhī
脂肪 zhīfáng
*执行 zhíxíng
*直接 zhíjiē
*直径 zhíjìng
直辖市 zhíxiáshì
值班 zhíbān
职责 zhízé
*植物 zhíwù
*殖民地 zhímíndì
止 zhǐ
*只得 zhǐdé
*纸 zhǐ
*指挥 zhǐhuī
*至少 zhìshǎo
*志 zhì
*制订 zhìdìng
*制定 zhìdìng
*制约 zhìyuē
制止 zhìzhǐ
*制作 zhìzuò
*质量 zhìliàng
*治疗 zhìliáo
致富 zhìfù
*秩序 zhìxù
*智慧 zhìhuì
滞 zhì
置 zhì
中等 zhōngděng
中断 zhōngduàn
*中间 zhōngjiān
中枢 zhōngshū
忠诚 zhōngchéng
终究 zhōngjiū
*钟 zhōng
肿瘤 zhǒngliú
*种 zhǒng
种族 zhǒngzú
*中 zhòng
中毒 zhòngdú
*众多 zhòngduō
*种植 zhòngzhí
重工业 zhònggōngyè
*重视 zhòngshì
*州 zhōu
*周期 zhōuqī
周转 zhōuzhuǎn
*轴 zhóu
昼夜 zhòuyè
皱 zhòu
朱 zhū
珠 zhū
*株 zhū
诸如 zhūrú
*猪 zhū
*竹 zhú
*逐渐 zhújiàn
主教 zhǔjiào
*主义 zhǔyì
*主意 zhǔyì
煮 zhǔ
*属 zhǔ
助 zhù
住宅 zhùzhái
贮藏 zhùcáng
贮存 zhùcún
*注意 zhùyì
*驻 zhù
*柱 zhù
祝贺 zhùhè
著 zhù
*著名 zhùmíng
筑 zhù
抓紧 zhuājǐn
*专政 zhuānzhèng
专制 zhuānzhì
砖 zhuān
*转 zhuǎn
*转动 zhuǎndòng
*转身 zhuǎnshēn
*转向 zhuǎnxiàng
*传 zhuàn
*转 zhuàn
*转动 zhuàndòng
*转向 zhuànxiàng
赚 zhuàn
庄严 zhuāngyán
桩 zhuāng
装饰 zhuāngshì
壮大 zhuàngdà
*状况 zhuàngkuàng
撞 zhuàng
幢 zhuàng
追究 zhuījiū
追逐 zhuīzhú
*准确 zhǔnquè
准则 zhǔnzé
*捉 zhuō
桌 zhuō
卓越 zhuōyuè
啄木鸟 zhuómùniǎo
*着 zhuó
着手 zhuóshǒu
*着重 zhuózhòng
琢磨 zhuómó
咨询 zīxún
*姿态 zītài
*资本 zīběn
资产 zīchǎn
滋味 zīwèi
子弹 zǐdàn
*仔细 zǐxì
姊妹 zǐmèi
紫 zǐ
自称 zìchēng
*自从 zìcóng
自豪 zìháo
自力更生 zìlìgēngshēng
*自然 zìrán
自信 zìxìn
自行 zìxíng
自在 zìzài
自在 zìzai
*自治区 zìzhìqū
自转 zìzhuàn
字母 zìmǔ
宗旨 zōngzhǐ
*综合 zōnghé
总额 zǒng′é
*总之 zǒngzhī
纵队 zòngduì
走廊 zǒuláng
奏 zòu
租界 zūjiè
足球 zúqiú
*族 zú
*阻碍 zǔ′ài
*组织 zǔzhī
祖父 zǔfù
祖母 zǔmǔ
*钻 zuān
钻研 zuānyán
*钻 zuàn
*嘴唇 zuǐchún
*最初 zuìchū
罪行 zuìxíng
醉 zuì
尊敬 zūnjìng
*遵守 zūnshǒu
*昨天 zuótiān
*左右 zuǒyòu
*作 zuò
*作风 zuòfēng
*作战 zuòzhàn
坐标 zuòbiāo
座位 zuòwèi
做梦 zuòmèng

二　表

哀愁 āichóu	霸占 bàzhàn	包罗万象	笨拙 bènzhuō
哀悼 āidào	掰 bāi	bāoluó-wànxiàng	崩 bēng
哀乐 āilè	白骨 báigǔ	包扎 bāozā	绷 bēng
皑皑 ái′ái	白桦 báihuà	苞 bāo	绷带 bēngdài
癌 ái	白皙 báixī	胞 bāo	绷 běng
矮小 ǎixiǎo	白昼 báizhòu	剥 bāo	泵 bèng
艾 ài	百花齐放	雹 báo	迸发 bèngfā
爱抚 àifǔ	bǎihuā-qífàng	饱含 bǎohán	绷 bèng
碍事 àishì	百家争鸣	宝藏 bǎozàng	逼迫 bīpò
安分 ānfèn	bǎijiā-zhēngmíng	保佑 bǎoyòu	鼻腔 bíqiāng
安抚 ānfǔ	百科全书	保证金 bǎozhèngjīn	匕首 bǐshǒu
安居乐业 ānjū-lèyè	bǎikēquánshū	堡垒 bǎolěi	比例尺 bǐlìchǐ
安理会 Anlǐhuì	柏 bǎi	报导 bàodǎo	比率 bǐlǜ
安闲 ānxián	柏油 bǎiyóu	报到 bàodào	比拟 bǐnǐ
安详 ānxiáng	败坏 bàihuài	报警 bàojǐng	彼岸 bǐ′àn
庵 ān	拜访 bàifǎng	刨 bào	笔直 bǐzhí
按摩 ànmó	扳 bān	抱不平 bàobùpíng	鄙夷 bǐyí
按捺 ànnà	班主任 bānzhǔrèn	豹 bào	币 bì
案头 àntóu	颁发 bānfā	鲍鱼 bàoyú	必需品 bìxūpǐn
暗号 ànhào	斑斓 bānlán	暴 bào	毕生 bìshēng
黯然 ànrán	搬迁 bānqiān	暴躁 bàozào	闭塞 bìsè
昂首 ángshǒu	板栗 bǎnlì	暴涨 bàozhǎng	庇护 bìhù
盎然 àngrán	版权 bǎnquán	爆竹 bàozhú	陛下 bìxià
凹陷 āoxiàn	半成品 bànchéngpǐn	卑鄙 bēibǐ	毙 bì
遨游 áoyóu	半截 bànjié	卑劣 bēiliè	婢女 bìnǚ
螯 áo	扮 bàn	悲凉 bēiliáng	痹 bì
翱翔 áoxiáng	伴侣 bànlǚ	碑文 bēiwén	辟 bì
袄 ǎo	拌 bàn	北极星 běijíxīng	弊端 bìduān
拗 ào	绊 bàn	贝壳 bèiké	碧绿 bìlǜ
傲慢 àomàn	邦 bāng	背包 bēibāo	蔽 bì
奥妙 àomiào	帮凶 bāngxiōng	背道而驰	弊 bì
懊丧 àosàng	梆 bāng	bèidào′érchí	壁垒 bìlěi
八卦 bāguà	绑架 bǎngjià	背脊 bèijǐ	避难 bìnàn
芭蕉 bājiāo	榜 bǎng	钡 bèi	璧 bì
芭蕾舞 bālěiwǔ	膀 bǎng	倍增 bèizēng	敝 bì
疤痕 bāhén	蚌 bàng	被褥 bèirù	臂膀 bìbǎng
跋涉 báshè	棒球 bàngqiú	奔驰 bēnchí	弊病 bìbìng
把柄 bǎbǐng	傍 bàng	奔赴 bēnfù	边陲 biānchuí
靶场 bǎchǎng	磅 bàng	本分 běnfèn	编撰 biānzhuàn
坝 bà	包庇 bāobì	本色 běnsè	编纂 biānzuǎn
耙 bà	包裹 bāoguǒ	本原 běnyuán	鞭策 biāncè
罢免 bàmiǎn	包揽 bāolǎn	本源 běnyuán	贬低 biǎndī

匾 biǎn	钵 bō	采掘 cǎijué	拆卸 chāixiè
变压器 biànyāqì	剥蚀 bōshí	采摘 cǎizhāi	差使 chāishǐ
便秘 biànmì	菠萝 bōluó	彩绘 cǎihuì	柴油 cháiyóu
遍布 biànbù	播送 bōsòng	彩塑 cǎisù	搀扶 chānfú
辨证 biànzhèng	伯父 bófù	睬 cǎi	掺 chān
辩驳 biànbó	伯母 bómǔ	菜蔬 càishū	馋 chán
辫 biàn	驳斥 bóchì	菜肴 càiyáo	禅宗 chánzōng
标兵 biāobīng	泊 bó	参赛 cānsài	缠绕 chánrào
标的 biāodì	铂 bó	参与 cānyù	蝉 chán
标签 biāoqiān	脖 bó	餐厅 cāntīng	潺潺 chánchán
标新立异 biāoxīn-lìyì	博得 bódé	残留 cánliú	蟾蜍 chánchú
标识 biāozhì	博览会 bólǎnhuì	蚕食 cánshí	产销 chǎnxiāo
膘 biāo	搏击 bójī	惭愧 cánkuì	铲除 chǎnchú
表露 biǎolù	膊 bó	惨案 cǎn´àn	阐释 chǎnshì
表率 biǎoshuài	箔 bó	仓促 cāngcù	颤 chàn
憋 biē	帛 bó	沧桑 cāngsāng	颤动 chàndòng
鳖 biē	跛 bǒ	苍翠 cāngcuì	忏悔 chànhuǐ
别出心裁	补给 bǔjǐ	藏身 cángshēn	昌 chāng
biéchū-xīncái	捕杀 bǔshā	操持 cāochí	猖獗 chāngjué
别具一格 biéjù-yīgé	哺乳 bǔrǔ	嘈杂 cáozá	娼妓 chāngjì
别开生面	哺育 bǔyù	草丛 cǎocóng	长臂猿 chángbìyuán
biékāi-shēngmiàn	卜 bǔ	草率 cǎoshuài	长颈鹿 chángjǐnglù
别墅 biéshù	不啻 bùchì	厕所 cèsuǒ	长袍 chángpáo
瘪 biě	不得了 bùdéliǎo	策划 cèhuà	长衫 chángshān
宾馆 bīnguǎn	不得已 bùdéyǐ	层出不穷	长足 chángzú
滨 bīn	不动声色	céngchū-bùqióng	肠胃 chángwèi
濒临 bīnlín	bùdòng-shēngsè	蹭 cèng	常设 chángshè
摈弃 bìnqì	不符 bùfú	叉腰 chāyāo	尝新 chángxīn
鬓 bìn	不计其数 bùjì-qíshù	杈 chā	偿还 chánghuán
冰雹 bīngbáo	不胫而走 bùjìng´érzǒu	差错 chācuò	厂矿 chǎngkuàng
冰窖 bīngjiào	不祥 bùxiáng	差额 chā´é	场景 chǎngjǐng
兵役 bīngyì	不屑 bùxiè	插嘴 chāzuǐ	敞开 chǎngkāi
兵营 bīngyíng	不懈 bùxiè	茬 chá	怅惘 chàngwǎng
饼干 bǐnggān	不约而同 bùyuē´értóng	茶几 chájī	畅快 chàngkuài
屏息 bǐngxī	布匹 bùpǐ	查处 cháchǔ	倡议 chàngyì
禀 bǐng	步履 bùlǚ	查禁 chájìn	唱片 chàngpiàn
并发 bìngfā	部属 bùshǔ	查询 cháxún	抄袭 chāoxí
病菌 bìngjūn	埠 bù	查找 cházhǎo	钞票 chāopiào
病榻 bìngtà	簿 bù	察觉 chájué	超导体 chāodǎotǐ
病症 bìngzhèng	擦拭 cāshì	杈 chà	超声波 chāoshēngbō
摒弃 bìngqì	猜测 cāicè	岔 chà	剿 chāo
拨款 bōkuǎn	才智 cáizhì	刹那 chànà	巢穴 cháoxué
波澜 bōlán	财会 cáikuài	诧异 chàyì	朝野 cháoyě
波折 bōzhé	裁军 cáijūn	拆除 chāichú	嘲讽 cháofěng

潮汐 cháoxī
吵闹 chǎonào
车祸 chēhuò
扯皮 chěpí
彻 chè
撤回 chèhuí
澈 chè
抻 chēn
臣民 chénmín
尘埃 chén′āi
沉寂 chénjì
沉郁 chényù
辰 chén
陈列 chénliè
晨曦 chénxī
衬托 chèntuō
趁早 chènzǎo
称职 chènzhí
称霸 chēngbà
称道 chēngdào
称颂 chēngsòng
称谓 chēngwèi
撑腰 chēngyāo
成行 chéngxíng
成形 chéngxíng
丞相 chéngxiàng
逞 chěng
诚挚 chéngzhì
承袭 chéngxí
城楼 chénglóu
乘积 chéngjī
乘务员 chéngwùyuán
乘坐 chéngzuò
惩处 chéngchǔ
惩戒 chéngjiè
澄清 chéngqīng
橙 chéng
吃亏 chīkuī
嗤 chī
痴呆 chīdāi
驰骋 chíchěng
迟缓 chíhuǎn
持之以恒 chízhī-yǐhéng

齿龈 chǐyín
耻辱 chǐrǔ
斥责 chìzé
赤裸 chìluǒ
炽烈 chìliè
炽热 chìrè
冲锋 chōngfēng
充沛 chōngpèi
充塞 chōngsè
充血 chōngxuè
充溢 chōngyì
舂 chōng
憧憬 chōngjǐng
崇敬 chóngjìng
宠爱 chǒngài
抽搐 chōuchù
抽泣 chōuqì
抽穗 chōusuì
踌躇 chóuchú
仇 chóu
惆怅 chóuchàng
绸缎 chóuduàn
稠密 chóumì
愁苦 chóukǔ
筹划 chóuhuà
丑恶 chǒu′è
丑陋 chǒulòu
臭氧 chòuyǎng
出类拔萃 chūlèi-bácuì
出没 chūmò
出其不意 chūqí-bùyì
出生率 chūshēnglǜ
出资 chūzī
初春 chūchūn
初恋 chūliàn
除夕 chúxī
厨师 chúshī
锄 chú
雏形 chúxíng
橱窗 chúchuāng
处方 chǔfāng
处决 chǔjué
处女 chǔnǚ

处世 chǔshì
处事 chǔshì
处死 chǔsǐ
处置 chǔzhì
储藏 chǔcáng
处所 chùsuǒ
畜力 chùlì
触角 chùjiǎo
触觉 chùjué
触目惊心 chùmù-jīngxīn
矗立 chùlì
揣 chuāi
揣测 chuǎicè
揣摩 chuǎimó
踹 chuài
川剧 chuānjù
穿梭 chuānsuō
传承 chuánchéng
船舷 chuánxián
船闸 chuánzhá
喘气 chuǎnqì
喘息 chuǎnxī
创口 chuāngkǒu
疮疤 chuāngbā
窗帘 chuānglián
床铺 chuángpù
创举 chuàngjǔ
炊烟 chuīyān
吹佛 chuīfú
吹嘘 chuīxū
吹奏 chuīzòu
垂钓 chuídiào
捶 chuí
锤炼 chuíliàn
春耕 chūngēng
纯净 chúnjìng
淳朴 chúnpǔ
醇 chún
蠢事 chǔnshì
戳穿 chuōchuān
啜泣 chuòqì
绰号 chuòhào
瓷砖 cízhuān

祠堂 cítáng
辞典 cídiǎn
慈祥 cíxiáng
磁头 cítóu
雌蕊 círuǐ
雌性 cíxìng
雌雄 cíxióng
此起彼伏 cǐqǐ-bǐfú
次品 cìpǐn
刺骨 cìgǔ
赐予 cìyǔ
匆忙 cōngmáng
葱 cōng
聪慧 cōnghuì
从容 cóngróng
从众 cóngzhòng
丛林 cónglín
凑巧 còuqiǎo
粗笨 cūbèn
粗犷 cūguǎng
粗鲁 cūlǔ
醋 cù
簇拥 cùyōng
蹿 cuān
攒 cuán
篡夺 cuànduó
崔 Cuī
催眠 cuīmián
摧 cuī
璀璨 cuǐcàn
脆弱 cuìruò
萃取 cuìqǔ
啐 cuì
淬火 cuìhuǒ
翠绿 cuìlǜ
村寨 cūnzhài
皴 cūn
存折 cúnzhé
搓 cuō
磋商 cuōshāng
撮 cuō
挫伤 cuòshāng
锉 cuò
错综复杂

cuòzōng-fùzá
搭救 dājiù
搭配 dāpèi
答辩 dábiàn
答话 dáhuà
打搅 dǎjiǎo
打扰 dǎrǎo
打扫 dǎsǎo
打战 dǎzhàn
大抵 dàdǐ
大凡 dàfán
大方 dàfāng
大方 dàfang
大褂 dàguà
大汉 dàhàn
大陆架 dàlùjià
大气压 dàqìyā
大使 dàshǐ
大势 dàshì
大肆 dàsì
大相径庭
dàxiāng-jìngtíng
呆板 dāibǎn
呆滞 dāizhì
歹徒 dǎitú
逮 dǎi
代词 dàicí
玳瑁 dàimào
带劲 dàijìn
贷 dài
待命 dàimìng
怠工 dàigōng
逮 dài
丹顶鹤 dāndǐnghè
担忧 dānyōu
单薄 dānbó
掸 dǎn
胆固醇 dǎngùchún
胆囊 dǎnnáng
胆怯 dǎnqiè
胆汁 dǎnzhī
旦 dàn
诞辰 dànchén
淡薄 dànbó

淡漠 dànmò
弹药 dànyào
氮肥 dànféi
当差 dāngchāi
当量 dāngliàng
裆 dāng
党籍 dǎngjí
党纪 dǎngjì
当日 dàngrì
当晚 dàngwǎn
当夜 dàngyè
当真 dàngzhēn
荡漾 dàngyàng
档次 dàngcì
导航 dǎoháng
捣乱 dǎoluàn
倒塌 dǎotā
祷告 dǎogào
蹈 dǎo
倒挂 dàoguà
倒立 dàolì
倒数 dàoshǔ
倒数 dàoshù
倒转 dàozhuǎn
倒转 dàozhuàn
盗贼 dàozéi
悼念 dàoniàn
道谢 dàoxiè
得逞 déchěng
得天独厚
détiān-dúhòu
得心应手
déxīn-yìngshǒu
登载 dēngzài
澄 dèng
瞪眼 dèngyǎn
凳 dèng
低廉 dīlián
低劣 dīliè
低洼 dīwā
堤坝 dībà
敌寇 díkòu
涤纶 dílún
笛 dí

嫡 dí
诋毁 dǐhuǐ
抵挡 dǐdǎng
抵押 dǐyā
抵御 dǐyù
地道 dìdào
地道 dìdao
地幔 dìmàn
地毯 dìtǎn
地址 dìzhǐ
帝王 dìwáng
谛听 dìtīng
蒂 dì
缔结 dìjié
缔约 dìyuē
掂 diān
滇 Diān
颠簸 diānbǒ
巅 diān
典籍 diǎnjí
电磁场 diàncíchǎng
电镀 diàndù
电焊 diànhàn
电解质 diànjiězhì
电缆 diànlǎn
电筒 diàntǒng
电信 diànxìn
电讯 diànxùn
电影院 diànyǐngyuàn
店铺 diànpù
垫圈 diànquān
惦念 diànniàn
奠基 diànjī
佃 diàn
殿堂 diàntáng
貂 diāo
碉堡 diāobǎo
雕琢 diāozhuó
刁难 diāonàn
叼 diāo
钓竿 diàogān
调配 diàopèi
调遣 diàoqiǎn
跌落 diēluò

碟 dié
蝶 dié
叮嘱 dīngzhǔ
顶峰 dǐngfēng
鼎盛 dǐngshèng
订正 dìngzhèng
定罪 dìngzuì
锭 dìng
丢脸 diūliǎn
东正教 Dōngzhèngjiào
董事会 dǒngshìhuì
动画片 dònghuàpiàn
动辄 dòngzhé
冻疮 dòngchuāng
栋 dòng
洞穴 dòngxué
斗笠 dǒulì
抖擞 dǒusǒu
陡峭 dǒuqiào
逗留 dòuliú
痘 dòu
窦 dòu
都城 dūchéng
督军 dūjūn
毒蛇 dúshé
独裁 dúcái
独创 dúchuàng
独奏 dúzòu
犊 dú
笃信 dǔxìn
堵截 dǔjié
堵塞 dǔsè
赌博 dǔbó
睹 dǔ
杜鹃 dùjuān
妒忌 dùjì
度量 dùliàng
镀 dù
端详 duānxiáng
端庄 duānzhuāng
断层 duàncéng
缎 duàn
煅 duàn
锻 duàn

堆砌 duīqì	发泄 fāxiè	肥沃 féiwò	缝纫 féngrèn
对等 duìděng	乏味 fáwèi	肥皂 féizào	讽 fěng
对偶 duì´ǒu	伐木 fámù	诽谤 fěibàng	凤 fèng
对峙 duìzhì	罚金 fájīn	匪徒 fěitú	奉命 fèngmìng
兑换 duìhuàn	阀 fá	翡翠 fěicuì	缝隙 fèngxì
敦促 dūncù	筏 fá	吠 fèi	佛经 fójīng
墩 dūn	法治 fǎzhì	肺结核 fèijiéhé	佛寺 fósì
囤 dùn	发型 fàxíng	废物 fèiwù	佛像 fóxiàng
炖 dùn	帆船 fānchuán	废渣 fèizhā	佛学 fóxué
钝 dùn	番茄 fānqié	沸点 fèidiǎn	否决 fǒujué
盾 dùn	藩镇 fānzhèn	沸水 fèishuǐ	肤浅 fūqiǎn
顿悟 dùnwù	翻滚 fāngǔn	费劲 fèijìn	孵 fū
多寡 duōguǎ	烦闷 fánmèn	分娩 fēnmiǎn	敷衍 fūyǎn
夺目 duómù	烦躁 fánzào	分蘖 fēnniè	弗 fú
踱 duó	繁琐 fánsuǒ	分享 fēnxiǎng	伏贴 fútiē
垛 duǒ	繁衍 fányǎn	芬芳 fēnfāng	芙蓉 fúróng
躲闪 duǒshǎn	反刍 fǎnchú	纷飞 fēnfēi	扶桑 fúsāng
剁 duò	反倒 fǎndào	纷纭 fēnyún	扶助 fúzhù
垛 duò	反扑 fǎnpū	氛围 fēnwéi	拂晓 fúxiǎo
舵 duò	反省 fǎnxǐng	酚 fēn	服饰 fúshì
堕 duò	返还 fǎnhuán	坟头 féntóu	服侍 fú · shì
惰性 duòxìng	泛滥 fànlàn	焚毁 fénhuǐ	服役 fúyì
跺脚 duòjiǎo	梵文 Fànwén	粉饰 fěnshì	氟 fú
鹅卵石 éluǎnshí	贩运 fànyùn	分外 fènwài	浮雕 fúdiāo
额头 étóu	方兴未艾 fāngxīng-wèi´ài	份额 fèn´é	符 fú
厄运 èyùn		份儿 fènr	辐 fú
扼杀 èshā	芳香 fāngxiāng	奋不顾身 fènbùgùshēn	福音 fúyīn
恶果 èguǒ	防范 fángfàn	愤慨 fènkǎi	甫 fǔ
恶魔 èmó	防护林 fánghùlín	丰腴 fēngyú	抚摩 fǔmó
恶作剧 èzuòjù	防汛 fángxùn	风驰电掣 fēngchí-diànchè	抚慰 fǔwèi
萼片 èpiàn	防疫 fángyì		俯瞰 fǔkàn
遏止 èzhǐ	妨害 fánghài	风帆 fēngfān	辅导 fǔdǎo
愕然 èrán	房产 fángchǎn	风靡 fēngmǐ	腐烂 fǔlàn
腭 è	仿照 fǎngzhào	风起云涌 fēngqǐ-yúnyǒng	负荷 fùhè
鄂 È	放假 fàngjià		负载 fùzài
恩赐 ēncì	放哨 fàngshào	风韵 fēngyùn	负债 fùzhài
儿孙 érsūn	放肆 fàngsì	枫 fēng	附和 fùhè
尔后 ěrhòu	放纵 fàngzòng	封面 fēngmiàn	附庸 fùyōng
耳目 ěrmù	非得 fēiděi	疯 fēng	复核 fùhé
饵 ěr	非难 fēinàn	烽火 fēnghuǒ	复习 fùxí
二胡 èrhú	绯红 fēihóng	锋芒 fēngmáng	复兴 fùxīng
发疯 fāfēng	飞溅 fēijiàn	蜂巢 fēngcháo	复员 fùyuán
发酵 fājiào	飞禽 fēiqín	峰峦 fēngluán	复原 fùyuán
发愣 fālèng	妃 fēi	逢 féng	副作用 fùzuòyòng

赋税 fùshuì	膏 gào	勾勒 gōulè	归属 guīshǔ
富饶 fùráo	戈壁 gēbì	沟渠 gōuqú	归宿 guīsù
富庶 fùshù	搁置 gēzhì	篝火 gōuhuǒ	龟 guī
富翁 fùwēng	割据 gējù	苟且 gǒuqiě	规范化 guīfànhuà
腹膜 fùmó	柑 gān	构筑 gòuzhù	皈依 guīyī
腹泻 fùxiè	阁楼 gélóu	垢 gòu	瑰丽 guīlì
缚 fù	格调 gédiào	估价 gūjià	轨迹 guǐjì
覆灭 fùmiè	隔阂 géhé	姑息 gūxī	诡辩 guǐbiàn
改换 gǎihuàn	隔膜 gémó	孤寂 gūjì	诡秘 guǐmì
概况 gàikuàng	膈 gé	孤僻 gūpì	鬼魂 guǐhún
概述 gàishù	葛 Gě	辜负 gūfù	柜 guì
干瘪 gānbiě	各别 gèbié	古籍 gǔjí	贵宾 guìbīn
干涸 gānhé	根深蒂固	古迹 gǔjì	贵妃 guìfēi
甘露 gānlù	gēnshēn-dìgù	古朴 gǔpǔ	桂冠 guìguān
坩埚 gānguō	更改 gēnggǎi	骨盆 gǔpén	桂花 guìhuā
柑橘 gānjú	庚 gēng	骨气 gǔqì	棍棒 gùnbàng
竿 gān	耕耘 gēngyún	骨肉 gǔròu	锅炉 guōlú
杆菌 gǎnjūn	羹 gēng	骨髓 gǔsuǐ	国难 guónàn
秆 gǎn	埂 gěng	骨折 gǔzhé	国庆 guóqìng
感触 gǎnchù	耿 gěng	故障 gùzhàng	果真 guǒzhēn
橄榄 gǎnlǎn	哽咽 gěngyè	顾及 gùjí	过滤 guòlǜ
擀 gǎn	梗 gěng	顾忌 gùjì	过剩 guòshèng
干劲 gànjìn	工头 gōngtóu	顾名思义 gùmíng-sīyì	过失 guòshī
干流 gànliú	工友 gōngyǒu	雇佣 gùyōng	过瘾 guòyǐn
干线 gànxiàn	公差 gōngchāi	雇用 gùyòng	过硬 guòyìng
赣 Gàn	公函 gōnghán	寡 guǎ	哈密瓜 hāmìguā
刚劲 gāngjìng	公仆 gōngpú	卦 guà	孩提 háití
肛门 gāngmén	公寓 gōngyù	挂帅 guàshuài	海参 hǎishēn
钢盔 gāngkuī	公转 gōngzhuàn	乖 guāi	海市蜃楼
缸 gāng	功绩 gōngjì	拐棍 guǎigùn	hǎishì-shènlóu
岗 gǎng	功勋 gōngxūn	关卡 guānqiǎ	海棠 hǎitáng
杠 gàng	攻陷 gōngxiàn	关头 guāntóu	海豚 hǎitún
杠杆 gànggǎn	供销 gōngxiāo	观摩 guānmó	海啸 hǎixiào
高档 gāodàng	供需 gōngxū	官府 guānfǔ	海蜇 hǎizhé
高亢 gāokàng	供养 gōngyǎng	管弦乐 guǎnxiányuè	氦 hài
高耸 gāosǒng	宫殿 gōngdiàn	贯通 guàntōng	骇 hài
高血压 gāoxuèyā	恭敬 gōngjìng	惯例 guànlì	害羞 hàixiū
羔羊 gāoyáng	躬 gōng	灌输 guànshū	蚶 hān
膏 gāo	龚 Gōng	罐 guàn	酣睡 hānshuì
篙 gāo	拱桥 gǒngqiáo	光复 guāngfù	憨厚 hānhòu
糕 gāo	共振 gòngzhèn	光束 guāngshù	鼾声 hānshēng
糕点 gāodiǎn	贡 gòng	光速 guāngsù	含混 hánhùn
镐 gǎo	供奉 gòngfèng	广袤 guǎngmào	含蓄 hánxù
告诫 gàojiè	供养 gòngyǎng	广漠 guǎngmò	函授 hánshòu

涵义 hányì
韩 Hán
寒噤 hánjìn
寒暄 hánxuān
寒战 hánzhàn
罕 hǎn
汗流浃背 hànliú-jiābèi
悍然 hànrán
焊接 hànjiē
憾 hàn
行会 hánghuì
杭 Háng
航程 hángchéng
巷道 hàngdào
毫 háo
豪爽 háoshuǎng
壕沟 háogōu
号啕 háotáo
好歹 hǎodǎi
好似 hǎosì
郝 Hǎo
号称 hàochēng
好客 hàokè
好恶 hàowù
耗资 hàozī
浩劫 hàojié
呵斥 hēchì
禾 hé
合营 héyíng
何尝 hécháng
和蔼 hé´ǎi
和缓 héhuǎn
和睦 hémù
和约 héyuē
河滩 hétān
核准 hézhǔn
贺喜 hèxǐ
喝彩 hècǎi
赫然 hèrán
褐 hè
鹤 hè
壑 hè
黑洞 hēidòng
痕 hén
狠 hěn
恒定 héngdìng
横行 héngxíng
衡 héng
轰炸 hōngzhà
烘托 hōngtuō
弘扬 hóngyáng
红领巾 hónglǐngjīn
红润 hóngrùn
红晕 hóngyùn
宏大 hóngdà
虹 hóng
洪流 hóngliú
鸿沟 hónggōu
侯 hóu
喉 hóu
喉舌 hóushé
吼 hǒu
后盾 hòudùn
后顾之忧 hòugùzhīyōu
后劲 hòujìn
后裔 hòuyì
厚薄 hòubó
呼号 hūháo
呼啸 hūxiào
忽而 hū´ér
狐疑 húyí
弧光 húguāng
胡闹 húnào
花萼 huā´è
花冠 huāguān
花卉 huāhuì
花蕾 huālěi
花圃 huāpǔ
花蕊 huāruǐ
哗然 huárán
化纤 huàxiān
画廊 huàláng
桦 huà
怀孕 huáiyùn
淮 Huái
槐 huái
坏事 huàishì
欢腾 huānténg
欢心 huānxīn
欢欣 huānxīn
还击 huánjī
环绕 huánrào
缓刑 huǎnxíng
幻灯 huàndēng
宦官 huànguān
涣散 huànsàn
焕然一新 huànrán-yīxīn
豢养 huànyǎng
荒诞 huāngdàn
荒谬 huāngmiù
荒芜 huāngwú
慌张 huāngzhāng
皇冠 huángguān
黄疸 huángdǎn
黄澄澄 huángdèngdèng
黄鼠狼 huángshǔláng
黄莺 huángyīng
惶惑 huánghuò
蝗虫 huángchóng
簧 huáng
恍然 huǎngrán
谎话 huǎnghuà
晃动 huàngdòng
灰烬 huījìn
诙谐 huīxié
挥霍 huīhuò
辉映 huīyìng
徽 huī
回荡 huídàng
回升 huíshēng
回声 huíshēng
回旋 huíxuán
回应 huíyìng
回转 huízhuǎn
洄游 huíyóu
蛔虫 huíchóng
悔恨 huǐhèn
毁坏 huǐhuài
汇编 huìbiān
会晤 huìwù
讳言 huìyán
荟萃 huìcuì
绘制 huìzhì
贿赂 huìlù
彗星 huìxīng
惠 huì
喙 huì
慧 huì
昏暗 hūn´àn
荤 hūn
婚事 hūnshì
浑浊 húnzhuó
魂魄 húnpò
混凝土 hùnníngtǔ
混浊 hùnzhuó
豁 huō
豁口 huōkǒu
活塞 huósāi
活捉 huózhuō
火坑 huǒkēng
火葬 huǒzàng
伙 huǒ
货款 huòkuǎn
获悉 huòxī
祸 huò
惑 huò
霍 huò
霍乱 huòluàn
豁免 huòmiǎn
几率 jīlǜ
讥笑 jīxiào
击毙 jībì
饥 jī
机舱 jīcāng
肌肤 jīfū
肌腱 jījiàn
积聚 jījù
积蓄 jīxù
姬 jī
基本功 jīběngōng
激增 jīzēng
羁绊 jībàn
及格 jígé
吉利 jílì

吉他 jítā
汲取 jíqǔ
极限 jíxiàn
即兴 jíxìng
急促 jícù
急遽 jíjù
急中生智 jízhōng-shēngzhì
疾驰 jíchí
棘手 jíshǒu
集结 jíjié
集聚 jíjù
集镇 jízhèn
辑 jí
嫉妒 jídù
瘠 jí
几经 jǐjīng
纪 jǐ
给养 jǐyǎng
脊背 jǐbèi
脊髓 jǐsuǐ
脊椎 jǐzhuī
戟 jǐ
麂 jǐ
计较 jìjiào
计量 jìliàng
伎俩 jìliǎng
纪实 jìshí
技师 jìshī
妓女 jìnǚ
剂量 jìliàng
迹象 jìxiàng
继任 jìrèn
祭礼 jìlǐ
祭坛 jìtán
寄予 jìyǔ
寂 jì
暨 jì
髻 jì
冀 jì
忌 jì
加油 jiāyóu
夹攻 jiāgōng
夹击 jiājī
夹杂 jiāzá
佳肴 jiāyáo
枷锁 jiāsuǒ
家眷 jiājuàn
家禽 jiāqín
家喻户晓 jiāyùhù-xiǎo
嘉奖 jiājiǎng
荚 jiá
颊 jiá
甲虫 jiǎchóng
甲骨文 jiǎgǔwén
甲壳 jiǎké
甲状腺 jiǎzhuàngxiàn
贾 Jiǎ
钾肥 jiǎféi
假若 jiǎruò
驾驭 jiàyù
架设 jiàshè
假期 jiàqī
假日 jiàrì
尖端 jiānduān
奸商 jiānshāng
歼 jiān
坚韧 jiānrèn
坚贞 jiānzhēn
肩胛 jiānjiǎ
肩头 jiāntóu 间距 jiānjù
监察 jiānchá
监禁 jiānjìn
兼并 jiānbìng
缄默 jiānmò
煎熬 jiān´áo
柬 jiǎn
检察 jiǎnchá
检索 jiǎnsuǒ
减产 jiǎnchǎn
剪裁 jiǎncái
简陋 jiǎnlòu
简朴 jiǎnpǔ
见长 jiàncháng
间谍 jiàndié
间断 jiànduàn
间或 jiànhuò
间隙 jiànxì
间歇 jiànxiē
间作 jiànzuò
建树 jiànshù
荐 jiàn
贱 jiàn
涧 jiàn
健儿 jiàn´ér
舰艇 jiàntǐng
渐次 jiàncì
谏 jiàn
践踏 jiàntà
腱 jiàn
溅 jiàn
鉴赏 jiànshǎng
江山 jiāngshān
姜 jiāng
僵硬 jiāngyìng
缰 jiāng
疆域 jiāngyù
讲授 jiǎngshòu
奖惩 jiǎngchéng
奖券 jiǎngquàn
桨 jiǎng
匠 jiàng
降临 jiànglín
将领 jiànglǐng
绛 jiàng
酱油 jiàngyóu
犟 jiàng
交还 jiāohuán
交纳 jiāonà
交融 jiāoróng
交涉 jiāoshè
交响乐 jiāoxiǎngyuè
交易所 jiāoyìsuǒ
郊外 jiāowài
浇灌 jiāoguàn
娇嫩 jiāonèn
胶片 jiāopiàn
教书 jiāoshū
椒 jiāo
焦躁 jiāozào
焦灼 jiāozhuó
跤 jiāo
礁石 jiāoshí
角质 jiǎozhì
狡猾 jiǎohuá
绞 jiǎo
矫健 jiǎojiàn
矫揉造作 jiǎoróu-zàozuò
矫正 jiǎozhèng
矫治 jiǎozhì
皎洁 jiǎojié
脚手架 jiǎoshǒujià
脚趾 jiǎozhǐ
搅拌 jiǎobàn
剿 jiǎo
缴获 jiǎohuò
叫嚷 jiàorǎng
叫嚣 jiàoxiāo
校对 jiàoduì
校样 jiàoyàng
校正 jiàozhèng
轿车 jiàochē
较量 jiàoliàng
教诲 jiàohuì
教科书 jiàokēshū
窖 jiào
酵母 jiàomǔ
阶梯 jiētī
接洽 jiēqià
接壤 jiērǎng
接吻 jiēwěn
秸秆 jiēgǎn
揭晓 jiēxiǎo
街市 jiēshì
节拍 jiépāi
劫持 jiéchí
杰作 jiézuò
洁净 jiéjìng
结核 jiéhé
捷径 jiéjìng
睫毛 jiémáo
截止 jiézhǐ
截至 jiézhì
竭 jié

解雇 jiěgù
介入 jièrù
戒律 jièlǜ
诫 jiè
届时 jièshí
借贷 jièdài
巾 jīn
金黄 jīnhuáng
金丝猴 jīnsīhóu
金字塔 jīnzìtǎ
津液 jīnyè
矜持 jīnchí
筋骨 jīngǔ
禁 jīn
襟 jīn
尽早 jǐnzǎo
紧俏 jǐnqiào
紧缩 jǐnsuō
锦旗 jǐnqí
谨 jǐn
尽情 jìnqíng
进犯 jìnfàn
进行曲 jìnxíngqǔ
进驻 jìnzhù
近邻 jìnlín
劲头 jìntóu
晋升 jìnshēng
浸泡 jìnpào
靳 jìn
禁 jìn
禁锢 jìngù
禁忌 jìnjì
京城 jīngchéng
经纪人 jīngjìrén
经络 jīngluò
荆棘 jīngjí
惊诧 jīngchà
惊愕 jīng´è
惊骇 jīnghài
惊惶 jīnghuáng
惊吓 jīngxià
晶莹 jīngyíng
睛 jīng
精简 jīngjiǎn

精髓 jīngsuǐ
精微 jīngwēi
精湛 jīngzhàn
颈椎 jǐngzhuī
景观 jǐngguān
警戒 jǐngjiè
警觉 jǐngjué
警犬 jǐngquǎn
劲旅 jìnlǚ
径直 jìngzhí
净土 jìngtǔ
竞相 jìngxiāng
敬佩 jìngpèi
敬仰 jìngyǎng
静谧 jìngmì
静穆 jìngmù
境况 jìngkuàng
镜框 jìngkuàng
炯炯 jiǒngjiǒng
窘迫 jiǒngpò
纠缠 jiūchán
纠葛 jiūgé
揪 jiū
久远 jiǔyuǎn
灸 jiǔ
韭菜 jiǔcài
旧址 jiùzhǐ
臼齿 jiùchǐ
厩 jiù
就绪 jiùxù
就坐 jiùzuò
舅妈 jiùmā
拘谨 jūjǐn
拘泥 jūnì
拘束 jūshù
居室 jūshì
驹 jū
鞠躬尽瘁 jūgōng-jìncuì
局促 júcù
菊 jú
沮丧 jǔsàng
矩形 jǔxíng
举例 jǔlì

举足轻重 jǔzú-qīngzhòng
巨著 jùzhù
拒 jù
俱乐部 jùlèbù
剧变 jùbiàn
据悉 jùxī
惧怕 jùpà
锯齿 jùchǐ
聚餐 jùcān
聚积 jùjī
踞 jù
捐赠 juānzèng
卷烟 juǎnyān
倦 juàn
绢 juàn
眷恋 juànliàn
撅 juē
决赛 juésài
诀窍 juéqiào
抉择 juézé
角逐 juézhú
觉醒 juéxǐng
绝迹 juéjì
绝技 juéjì
绝缘 juéyuán
倔强 juéjiàng
掘 jué
崛起 juéqǐ
厥 jué
蕨 jué
爵士乐 juéshìyuè
攫取 juéqǔ
倔 juè
军属 jūnshǔ
均等 jūnděng
钧 jūn
俊俏 jùnqiào
郡 jùn
峻 jùn
骏马 jùnmǎ
竣工 jùngōng
卡车 kǎchē
卡片 kǎpiàn

咯 kǎ
开场 kāichǎng
开赴 kāifù
开掘 kāijué
开窍 kāiqiào
开凿 kāizáo
揩 kāi
凯旋 kǎixuán
慨然 kǎirán
慨叹 kǎitàn
楷模 kǎimó
刊载 kānzǎi
看管 kānguǎn
看护 kānhù
看守 kānshǒu
勘测 kāncè
堪 kān
坎坷 kǎnkě
看中 kànzhòng
看重 kànzhòng
康复 kāngfù
慷慨 kāngkǎi
糠 kāng
亢奋 kàngfèn
抗衡 kànghéng
抗争 kàngzhēng
考场 kǎochǎng
烤火 kǎohuǒ
靠拢 kàolǒng
苛求 kēqiú
科室 kēshì
磕头 kētóu
瞌睡 kēshuì
蝌蚪 kēdǒu
可耻 kěchǐ
可恶 kěwù
渴求 kěqiú
克己 kèjǐ
刻薄 kèbó
刻不容缓 kèbùrónghuǎn
恪守 kèshǒu
客商 kèshāng
课文 kèwén

垦荒 kěnhuāng
恳求 kěnqiú
坑道 kēngdào
吭声 kēngshēng
铿锵 kēngqiāng
空旷 kōngkuàng
空袭 kōngxí
孔隙 kǒngxì
恐吓 kǒnghè
空地 kòngdì
空隙 kòngxì
空闲 kòngxián
控诉 kòngsù
抠 kōu
口角 kǒujiǎo
口径 kǒujìng
口诀 kǒujué
口哨 kǒushào
口罩 kǒuzhào
叩头 kòutóu
寇 kòu
枯竭 kūjié
枯萎 kūwěi
枯燥 kūzào
哭泣 kūqì
窟 kū
苦闷 kǔmèn
苦涩 kǔsè
苦衷 kǔzhōng
库房 kùfáng
裤腿 kùtuǐ
酷暑 kùshǔ
酷似 kùsì
夸耀 kuāyào
垮台 kuǎtái
挎包 kuàbāo
跨度 kuàdù
快艇 kuàitǐng
脍炙人口 kuàizhì-rénkǒu
宽恕 kuānshù
宽慰 kuānwèi
宽裕 kuānyù
款项 kuǎnxiàng

狂热 kuángrè
旷工 kuànggōng
旷野 kuàngyě
况 kuàng
矿藏 kuàngcáng
矿工 kuànggōng
框架 kuàngjià
眶 kuàng
亏本 kuīběn
盔 kuī
窥探 kuītàn
奎 kuí
葵花 kuíhuā
傀儡 kuǐlěi
匮乏 kuìfá
溃疡 kuìyáng
愧 kuì
坤 kūn
昆曲 kūnqǔ
困扰 kùnrǎo
扩充 kuòchōng
括号 kuòhào
廓 kuò
腊梅 làméi
辣 là
来历 láilì
来龙去脉 láilóng-qùmài
癞 lài
兰花 lánhuā
拦截 lánjié
栏杆 lángān
蓝图 lántú
篮球 lánqiú
览 lǎn
揽 lǎn
缆 lǎn
懒惰 lǎnduò
懒散 lǎnsǎn
烂泥 lànní
滥用 lànyòng
郎 láng
狼狈 lángbèi
廊 láng

朗诵 lǎngsòng
浪涛 làngtāo
劳累 láolèi
劳役 láoyì
牢笼 láolóng
老天爷 lǎotiānyé
老鹰 lǎoyīng
烙印 làoyìn
涝 lào
乐趣 lèqù
勒令 lèlìng
勒索 lèsuǒ
勒 lēi
雷鸣 léimíng
擂 léi
镭 léi
垒 lěi
累积 lěijī
累及 lěijí
累计 lěijì
肋骨 lèigǔ
泪痕 lèihén
类推 lèituī
擂 lèi
棱角 léngjiǎo
棱镜 léngjìng
冷峻 lěngjùn
冷酷 lěngkù
冷凝 lěngníng
冷暖 lěngnuǎn
冷饮 lěngyǐn
厘 lí
离散 lísàn
梨园 líyuán
黎明 límíng
礼品 lǐpǐn
里程碑 lǐchéngbēi
理睬 lǐcǎi
理发 lǐfà
理应 lǐyīng
理直气壮 lǐzhí-qìzhuàng
锂 lǐ
鲤 lǐ

历届 lìjiè
厉声 lìshēng
立宪 lìxiàn
吏 lì
利弊 lìbì
利尿 lìniào
沥青 lìqīng
隶属 lìshǔ
荔枝 lìzhī
砾石 lìshí
连环画 liánhuánhuà
连累 liánlèi
连年 liánnián
怜悯 liánmǐn
帘 lián
莲花 liánhuā
涟漪 liányī
联姻 liányīn
廉洁 liánjié
镰刀 liándāo
敛 liǎn
脸颊 liǎnjiá
脸庞 liǎnpáng
脸谱 liǎnpǔ
练兵 liànbīng
恋人 liànrén
链条 liàntiáo
凉鞋 liángxié
粮仓 liángcāng
两口子 liǎngkǒuzi
两栖 liǎngqī
两翼 liǎngyì
亮相 liàngxiàng
谅解 liàngjiě
量刑 liàngxíng
晾 liàng
踉跄 liàngqiàng
撩 liāo
辽 liáo
疗程 liáochéng
疗养院 liáoyǎngyuàn
聊 liáo
撩 liáo
嘹亮 liáoliàng

潦倒 liáodǎo
缭绕 liáorào
燎 liáo
了如指掌 liǎorúzhǐzhǎng
燎 liǎo
料理 liàolǐ
撂 liào
廖 Liào
瞭望 liàowàng
列强 lièqiáng
劣质 lièzhì
烈焰 lièyàn
猎犬 lièquǎn
裂缝 lièfèng
裂痕 lièhén
裂隙 lièxì
拎 līn
邻舍 línshè
林立 línlì
临摹 línmó
淋巴结 línbājié
淋漓尽致 línlí-jìnzhì
琳琅满目 línláng-mǎnmù
嶙峋 línxún
霖 lín
磷脂 línzhī
鳞片 línpiàn
吝啬 lìnsè
伶 líng
灵芝 língzhī
玲珑 línglóng
凌晨 língchén
陵园 língyuán
聆听 língtīng
菱形 língxíng
羚羊 língyáng
绫 líng
零散 língsǎn
零碎 língsuì
领悟 lǐngwù
另行 lìngxíng
蹓 liū

浏览 liúlǎn
留恋 liúliàn
留神 liúshén
流浪 liúlàng
流失 liúshī
流逝 liúshì
流淌 liútǎng
流转 liúzhuǎn
硫黄 liúhuáng
绺 liǔ
蹓 liù
龙灯 lóngdēng
聋 lóng
隆冬 lóngdōng
隆重 lóngzhòng
陇 Lǒng
垄 lǒng
笼络 lǒngluò
楼阁 lóugé
篓 lǒu
陋 lòu
漏洞 lòudòng
卢 Lú
芦笙 lúshēng
芦苇 lúwěi
炉灶 lúzào
颅 lú
卤水 lǔshuǐ
卤素 lǔsù
虏 lǔ
掳 lǔ
鲁莽 lǔmǎng
录像机 lùxiàngjī
绿林 lùlín
禄 lù
路径 lùjìng
麓 lù
露骨 lùgǔ
露珠 lùzhū
吕 lǚ
捋 lǚ
旅程 lǚchéng
屡次 lǚcì
屡见不鲜 lǚjiàn-bùxiān
履 lǚ
虑 lǜ
绿洲 lǜzhōu
峦 luán
孪生 luánshēng
卵石 luǎnshí
掠 lüè
略微 lüèwēi
抡 lūn
沦陷 lúnxiàn
轮换 lúnhuàn
论著 lùnzhù
捋 luō
罗盘 luópán
锣鼓 luógǔ
箩筐 luókuāng
螺丝 luósī
螺旋桨 luóxuánjiǎng
裸露 luǒlù
洛 Luò
落差 luòchā
摞 luò
抹布 mābù
麻痹 mábì
麻疹 mázhěn
马铃薯 mǎlíngshǔ
马匹 mǎpǐ
马蹄 mǎtí
玛瑙 mǎnǎo
埋藏 máicáng
埋没 máimò
埋葬 máizàng
买主 mǎizhǔ
卖主 màizhǔ
脉搏 màibó
脉络 màiluò
蛮横 mánhèng
鳗 mán
满腹 mǎnfù
满载 mǎnzài
螨 mǎn
曼 màn
谩骂 mànmà

蔓延 mànyán
漫不经心 mànbùjīngxīn
慢条斯理 màntiáo-sīlǐ
忙乱 mángluàn
盲流 mángliú
蟒 mǎng
猫头鹰 māotóuyīng
毛发 máofà
毛骨悚然 máogǔ-sǒngrán
毛驴 máolǘ
毛囊 máonáng
矛头 máotóu
茅草 máocǎo
锚 máo
卯 mǎo
铆 mǎo
茂盛 màoshèng
冒充 màochōng
冒昧 màomèi
贸然 màorán
貌似 màosì
没劲 méijìn
眉飞色舞 méifēi-sèwǔ
眉开眼笑 méikāi-yǎnxiào
梅雨 méiyǔ
媒 méi
煤气 méiqì
霉菌 méijūn
美景 měijǐng
昧 mèi
媚 mèi
闷热 mēnrè
门槛 ménkǎn
门框 ménkuàng
门帘 ménlián
门诊 ménzhěn
萌动 méngdòng
蒙蔽 méngbì
蒙昧 méngmèi
盟 méng

猛兽 měngshòu
蒙古包 měnggǔbāo
锰 měng
梦寐以求 mèngmèiyǐqiú
梦呓 mèngyì
眯 mī
弥散 mísàn
迷蒙 míméng
迷惘 míwǎng
猕猴 míhóu
糜烂 mílàn
觅 mì
秘诀 mìjué
密封 mìfēng
幂 mì
蜜月 mìyuè
眠 mián
绵延 miányán
棉絮 miánxù
免税 miǎnshuì
勉励 miǎnlì
缅怀 miǎnhuái
面颊 miànjiá
面庞 miànpáng
苗圃 miáopǔ
描 miáo
描摹 miáomó
瞄准 miáozhǔn
渺茫 miǎománg
藐视 miǎoshì
庙会 miàohuì
蔑 miè
蔑视 mièshì
民警 mínjǐng
民谣 mínyáo
民政 mínzhèng
皿 mǐn
抿 mǐn
泯灭 mǐnmiè
闽 Mǐn
名副其实 míngfùqíshí
名列前茅 míngliè-qiánmáo

名目 míngmù
名气 míngqì
名下 míngxià
名誉 míngyù
明矾 míngfán
明媚 míngmèi
明晰 míngxī
冥想 míngxiǎng
铭文 míngwén
命脉 mìngmài
命中 mìngzhòng
谬论 miùlùn
谬误 miùwù
摹 mó
摩登 módēng
摩托 mótuō
磨难 mónàn
魔爪 mózhǎo
抹杀 mǒshā
末梢 mòshāo
沫 mò
蓦然 mòrán
漠然 mòrán
墨水 mòshuǐ
默契 mòqì
默然 mòrán
眸 móu
谋略 móulüè
模板 múbǎn
牡蛎 mǔlì
拇指 mǔzhǐ
木柴 mùchái
木筏 mùfá
木偶 mù´ǒu
目不转睛 mùbùzhuǎnjīng
目瞪口呆 mùdèng-kǒudāi
沐浴 mùyù
牧场 mùchǎng
募捐 mùjuān
墓碑 mùbēi
墓葬 mùzàng
幕后 mùhòu

暮色 mùsè
穆斯林 mùsīlín
纳粹 Nàcuì
娜 nà
捺 nà
奶粉 nǎifěn
奶牛 nǎiniú
奶油 nǎiyóu
氖 nǎi
奈何 nàihé
耐力 nàilì
南半球 nánbànqiú
难堪 nánkān
难看 nánkàn
难为情 nánwéiqíng
难民 nànmín
难友 nànyǒu
囊括 nángkuò
挠 náo
恼怒 nǎonù
脑髓 nǎosuǐ
闹钟 nàozhōng
内疚 nèijiù
内省 nèixǐng
嫩绿 nènlǜ
能干 nénggàn
尼姑 nígū
尼龙 nílóng
呢绒 níróng
泥浆 níjiāng
泥泞 nínìng
泥塑 nísù
倪 ní
霓虹灯 níhóngdēng
拟订 nǐdìng
拟定 nǐdìng
逆流 nìliú
逆转 nìzhuǎn
腻 nì
溺爱 nì´ài
拈 niān
蔫 niān
年岁 niánsuì
黏 nián

捻 niǎn
碾 niǎn
撵 niǎn
廿 niàn
酿 niàng
鸟瞰 niǎokàn
袅袅 niǎoniǎo
尿素 niàosù
捏造 niēzào
聂 Niè
涅槃 nièpán
啮 niè
镍 niè
孽 niè
狞笑 níngxiào
凝神 níngshén
宁可 nìngkě
宁肯 nìngkěn
宁愿 nìngyuàn
牛犊 niúdú
牛仔裤 niúzǎikù
扭曲 niǔqū
拗 niù
农闲 nóngxián
浓缩 nóngsuō
浓郁 nóngyù
弄虚作假 nòngxū-zuòjiǎ
奴仆 núpú
怒气 nùqì
女郎 nǚláng
女生 nǚshēng
暖流 nuǎnliú
虐待 nüèdài
挪 nuó
诺言 nuòyán
懦弱 nuòruò
糯米 nuòmǐ
讴歌 ōugē
鸥 ōu
殴打 ōudǎ
呕吐 ǒutù
偶像 ǒuxiàng
藕 ǒu

趴 pā
耙 pá
帕 pà
拍照 pāizhào
排练 páiliàn
排忧解难 páiyōu-jiěnàn
派头 pàitóu
攀援 pānyuán
盘踞 pánjù
盘旋 pánxuán
判刑 pànxíng
叛逆 pànnì
畔 pàn
膀 pāng
庞 páng
旁听 pángtīng
膀胱 pángguāng
磅礴 pángbó
刨 páo
咆哮 páoxiào
炮制 páozhì
袍 páo
泡沫 pàomò
炮楼 pàolóu
胚芽 pēiyá
陪衬 péichèn
培植 péizhí
赔款 péikuǎn
裴 Péi
佩戴 pèidài
配角 pèijué
配偶 pèi´ǒu
喷涂 pēntú
盆景 pénjǐng
抨击 pēngjī
烹饪 pēngrèn
蓬乱 péngluàn
硼 péng
篷 péng
膨大 péngdà
碰巧 pèngqiǎo
批驳 pībó
坯 pī

披露 pīlù
劈 pī
霹雳 pīlì
皮革 pígé
毗邻 pílín
疲惫 píbèi
啤酒 píjiǔ
脾胃 píwèi
匹配 pǐpèi
劈 pǐ
癖 pǐ
屁 pì
辟 pì
媲美 pìměi
僻静 pìjìng
偏颇 piānpō
片段 piànduàn
片断 piànduàn
漂泊 piāobó
漂浮 piāofú
飘忽 piāohū
飘散 piāosàn
飘逸 piāoyì
朴 Piáo
瓢 piáo
漂白粉 piǎobáifěn
瞟 piǎo
票据 piàojù
撇 piē
瞥 piē
瞥见 piējiàn
撇 piě
拼搏 pīnbó
拼音 pīnyīn
贫瘠 pínjí
贫血 pínxuè
频道 píndào
品尝 pǐncháng
聘请 pìnqǐng
平衡木 pínghéngmù
平庸 píngyōng
评审 píngshěn
坪 píng
凭吊 píngdiào

屏风 píngfēng
萍 píng
坡地 pōdì
泊 pō
泼 pō
迫不及待 pòbùjídài
破碎 pòsuì
魄 pò
剖析 pōuxī
仆 pū
扑克 pūkè
铺设 pūshè
仆 pú
仆役 púyì
匍匐 púfú
蒲公英 púgōngyīng
蒲扇 púshàn
朴实 pǔshí
圃 pǔ
浦 pǔ
普选 pǔxuǎn
谱写 pǔxiě
堡 bǎo
瀑布 pùbù
沏 qī
栖息 qīxī
凄楚 qīchǔ
戚 qī
欺侮 qīwǔ
漆黑 qīhēi
齐名 qímíng
奇观 qíguān
歧途 qítú
祈祷 qídǎo
祈求 qíqiú
畦 qí
崎岖 qíqū
旗袍 qípáo
鳍 qí
乞丐 qǐgài
乞求 qǐqiú
企鹅 qǐ´é
启迪 qǐdí
起哄 qǐhòng

起劲 qǐjìn
绮丽 qǐlì
气喘 qìchuǎn
气概 qìgài
气囊 qìnáng
气恼 qìnǎo
气馁 qìněi
气泡 qìpào
气魄 qìpò
气旋 qìxuán
迄今 qìjīn
汽艇 qìtǐng
泣 qì
契机 qìjī
器皿 qìmǐn
器械 qìxiè
器乐 qìyuè
掐 qiā
洽谈 qiàtán
恰似 qiàsì
千钧一发 qiānjūn-yīfà
千卡 qiānkǎ
扦 qiān
迁就 qiānjiù
牵制 qiānzhì
谦逊 qiānxùn
签名 qiānmíng
签署 qiānshǔ
前臂 qiánbì
前仆后继 qiánpū-hòujì
前沿 qiányán
虔诚 qiánchéng
钱财 qiáncái
钳工 qiángōng
乾坤 qiánkūn
潜藏 qiáncáng
潜伏 qiánfú
潜艇 qiántǐng
潜移默化 qiányí-mòhuà
黔 Qián
浅薄 qiǎnbó

谴责 qiǎnzé	侵吞 qīntūn	丘陵 qiūlíng	热忱 rèchén
欠缺 qiànquē	亲笔 qīnbǐ	邱 Qiū	热血 rèxuè
纤 qiàn	亲昵 qīnnì	仇 Qiú	人称 rénchēng
歉收 qiànshōu	亲子 qīnzǐ	囚禁 qiújìn	人伦 rénlún
呛 qiāng	禽兽 qínshòu	求教 qiújiào	人参 rénshēn
枪毙 qiāngbì	勤俭 qínjiǎn	裘皮 qiúpí	人中 rénzhōng
枪弹 qiāngdàn	擒 qín	区间 qūjiān	仁慈 réncí
强渡 qiángdù	噙 qín	曲解 qūjiě	忍痛 rěntòng
强劲 qiángjìng	寝室 qǐnshì	曲面 qūmiàn	刃 rèn
强硬 qiángyìng	沁 qìn	曲轴 qūzhóu	任凭 rènpíng
墙头 qiángtóu	青稞 qīngkē	驱除 qūchú	韧性 rènxìng
抢劫 qiǎngjié	青睐 qīnglài	驱散 qūsàn	妊娠 rènshēn
强求 qiángqiú	青霉素 qīngméisù	屈辱 qūrǔ	日渐 rìjiàn
呛 qiàng	青苔 qīngtái	祛 qū	荣幸 róngxìng
跷 qiāo	轻而易举 qīng ′ éryìjǔ	蛆 qū	绒毛 róngmáo
锹 qiāo	轻浮 qīngfú	躯干 qūgàn	容积 róngjī
乔木 qiáomù	轻描淡写	躯壳 qūqiào	溶化 rónghuà
侨眷 qiáojuàn	qīngmiáo-dànxiě	曲调 qǔdiào	溶血 róngxuè
桥头 qiáotóu	轻蔑 qīngmiè	曲目 qǔmù	熔化 rónghuà
翘 qiáo	轻骑 qīngqí	曲牌 qǔpái	融化 rónghuà
悄然 qiǎorán	轻率 qīngshuài	曲艺 qǔyì	冗长 rǒngcháng
悄声 qiǎoshēng	轻盈 qīngyíng	取缔 qǔdì	柔情 róuqíng
俏 qiào	氢弹 qīngdàn	取悦 qǔyuè	蹂躏 róulìn
峭壁 qiàobì	倾倒 qīngdǎo	趣 qù	如释重负 rúshìzhòngfù
窍门 qiàomén	倾倒 qīngdào	圈套 quāntào	儒学 rúxué
翘 qiào	卿 qīng	权衡 quánhéng	蠕动 rúdòng
撬 qiào	清澈 qīngchè	全盘 quánpán	汝 rǔ
鞘 qiào	清净 qīngjìng	拳击 quánjī	乳牛 rǔniú
切除 qiēchú	清静 qīngjìng	痊愈 quányù	辱 rǔ
切磋 qiēcuō	清瘦 qīngshòu	蜷缩 quánsuō	入睡 rùshuì
切点 qiēdiǎn	清真寺 qīngzhēnsì	犬齿 quǎnchǐ	软禁 ruǎnjìn
切割 qiēgē	蜻蜓 qīngtíng	劝慰 quànwèi	蕊 ruǐ
切口 qiēkǒu	情不自禁 qíngbùzìjīn	券 quàn	锐利 ruìlì
切面 qiēmiàn	情侣 qínglǚ	缺憾 quēhàn	瑞 ruì
切片 qiēpiàn	情谊 qíngyì	瘸 qué	闰 rùn
切线 qiēxiàn	情意 qíngyì	雀 què	润滑 rùnhuá
切合 qièhé	晴朗 qínglǎng	确凿 quèzáo	若无其事 ruòwúqíshì
切忌 qièjì	擎 qíng	阙 què	弱小 ruòxiǎo
切身 qièshēn	顷刻 qǐngkè	裙 qún	仨 sā
妾 qiè	请假 qǐngjià	冉冉 rǎnrǎn	撒谎 sāhuǎng
怯懦 qiènuò	庆贺 qìnghè	染料 rǎnliào	撒娇 sājiāo
窃取 qièqǔ	磬 qìng	饶恕 ráoshù	撒手 sāshǒu
惬意 qièyì	穷尽 qióngjìn	扰 rǎo	卅 sà
钦差 qīnchāi	琼 qióng	绕道 ràodào	腮 sāi

赛场 sàichǎng
三角洲 sānjiǎozhōu
散漫 sǎnmàn
散场 sànchǎng
散落 sànluò
散失 sànshī
丧事 sāngshì
丧葬 sāngzàng
桑 sāng
嗓音 sǎngyīn
丧气 sàngqì
搔 sāo
骚扰 sāorǎo
缫 sāo
臊 sāo
扫兴 sǎoxìng
臊 sào
色盲 sèmáng
涩 sè
瑟 sè
森严 sēnyán
僧尼 sēngní
杀菌 shājūn
杀戮 shālù
杉木 shāmù
纱锭 shādìng
刹车 shāchē
煞 shā
傻瓜 shǎguā
煞 shà
霎时 shàshí
筛选 shāixuǎn
山坳 shān ′ ào
山涧 shānjiàn
山麓 shānlù
山峦 shānluán
山系 shānxì
山崖 shānyá
山楂 shānzhā
杉 shān
衫 shān
珊瑚 shānhú
扇动 shāndòng
煽动 shāndòng
闪耀 shǎnyào
陕 Shǎn
扇贝 shànbèi
善战 shànzhàn
禅 shàn
擅长 shàncháng
擅自 shànzì
膳食 shànshí
赡养 shànyǎng
伤疤 shāngbā
伤痕 shānghén
商贩 shāngfàn
商贾 shānggǔ
商榷 shāngquè
晌 shǎng
赏赐 shǎngcì
上缴 shàngjiǎo
上座 shàngzuò
尚且 shàngqiě
捎 shāo
烧毁 shāohuǐ
勺 sháo
少将 shàojiàng
哨所 shàosuǒ
奢侈 shēchǐ
舌苔 shétāi
舍弃 shěqì
设防 shèfáng
社团 shètuán
射箭 shèjiàn
涉外 shèwài
赦免 shèmiǎn
摄取 shèqǔ
麝 shè
申诉 shēnsù
伸张 shēnzhāng
呻吟 shēnyín
砷 shēn
深奥 shēn ′ ào
深邃 shēnsuì
深渊 shēnyuān
神经病 shénjīngbìng
神龛 shénkān
神像 shénxiàng
神韵 shényùn
审核 shěnhé
审慎 shěnshèn
肾脏 shènzàng
甚而 shèn ′ ér
渗入 shènrù
慎 shèn
升任 shēngrèn
生发 shēngfā
生根 shēnggēn
生疏 shēngshū
生肖 shēngxiāo
生涯 shēngyá
生硬 shēngyìng
声称 shēngchēng
声乐 shēngyuè
笙 shēng
绳索 shéngsuǒ
省份 shěngfèn
圣诞节 Shèngdànjié
圣旨 shèngzhǐ
胜任 shèngrèn
盛怒 shèngnù
尸 shī
失传 shīchuán
失散 shīsàn
失陷 shīxiàn
失血 shīxuè
失踪 shīzōng
师母 shīmǔ
施舍 shīshě
湿热 shīrè
十足 shízú
什 shí
石膏 shígāo
石窟 shíkū
石笋 shísǔn
时分 shífèn
识破 shípò
实惠 shíhuì
实习 shíxí
食粮 shíliáng
食物链 shíwùliàn
蚀 shí
史诗 shǐshī
矢 shǐ
使者 shǐzhě
驶 shǐ
屎 shǐ
士气 shìqì
世故 shìgù
世故 shìgu
世袭 shìxí
仕 shì
市镇 shìzhèn
市政 shìzhèng
侍从 shìcóng
侍奉 shìfèng
侍候 shìhòu
侍卫 shìwèi
饰 shì
试卷 shìjuàn
视网膜 shìwǎngmó
拭 shì
适量 shìliàng
适中 shìzhōng
恃 shì
逝 shì
舐 shì
嗜好 shìhào
誓言 shìyán
噬 shì
螫 shì
收藏 shōucáng
收缴 shōujiǎo
收敛 shōuliǎn
手背 shǒubèi
手铐 shǒukào
手帕 shǒupà
手腕 shǒuwàn
手下 shǒuxià
手足 shǒuzú
守候 shǒuhòu
首届 shǒujiè
寿 shòu
受挫 shòucuò
受贿 shòuhuì
受累 shòulěi

受累 shòulèi
受难 shòunàn
授予 shòuyǔ
售 shòu
兽医 shòuyī
瘦弱 shòuruò
书卷 shūjuàn
书桌 shūzhuō
抒发 shūfā
枢纽 shūniǔ
倏然 shūrán
梳理 shūlǐ
舒畅 shūchàng
疏导 shūdǎo
疏松 shūsōng
孰 shú
赎罪 shúzuì
熟睡 shúshuì
暑假 shǔjià
署名 shǔmíng
蜀 shǔ
曙光 shǔguāng
述评 shùpíng
树丛 shùcóng
树冠 shùguān
树脂 shùzhī
竖立 shùlì
恕 shù
庶民 shùmín
刷新 shuāxīn
衰竭 shuāijié
衰亡 shuāiwáng
摔跤 shuāijiāo
帅 shuài
率先 shuàixiān
栓 shuān
涮 shuàn
霜冻 shuāngdòng
爽朗 shuǎnglǎng
水泵 shuǐbèng
水晶 shuǐjīng
水井 shuǐjǐng
水龙头 shuǐlóngtóu
水陆 shuǐlù
水路 shuǐlù
水渠 shuǐqú
水獭 shuǐtǎ
水闸 shuǐzhá
税率 shuìlǜ
睡梦 shuìmèng
吮 shǔn
顺应 shùnyìng
舜 shùn
瞬时 shùnshí
说谎 shuōhuǎng
硕大 shuòdà
硕士 shuòshì
司空见惯 sīkōng-jiànguàn
丝绒 sīróng
私塾 sīshú
思辨 sībiàn
思忖 sīcǔn
厮杀 sīshā
撕毁 sīhuǐ
嘶哑 sīyǎ
死寂 sǐjì
四散 sìsàn
寺庙 sìmiào
似是而非 sìshì´érfēi
伺机 sìjī
祀 sì
饲 sì
俟 sì
嗣 sì
肆无忌惮 sìwújìdàn
松懈 sōngxiè
怂恿 sǒngyǒng
耸立 sǒnglì
讼 sòng
送行 sòngxíng
诵读 sòngdú
颂扬 sòngyáng
搜捕 sōubǔ
搜罗 sōuluó
搜寻 sōuxún
苏醒 sūxǐng
酥 sū
俗名 súmíng
诉苦 sùkǔ
肃穆 sùmù
素描 sùmiáo
宿营 sùyíng
粟 sù
塑像 sùxiàng
溯 sù
酸雨 suānyǔ
蒜 suàn
算账 suànzhàng
绥 suí
随处 suíchù
随心所欲 suíxīnsuǒyù
隧道 suìdào
损坏 sǔnhuài
笋 sǔn
唆使 suōshǐ
梭 suō
蓑衣 suōyī
索性 suǒxìng
琐碎 suǒsuì
锁链 suǒliàn
塌 tā
拓 tà
榻 tà
太子 tàizǐ
汰 tài
态势 tàishì
钛 tài
泰山 tàishān
坍塌 tāntā
贪婪 tānlán
摊派 tānpài
滩涂 tāntú
瘫痪 tānhuàn
坛 tán
谈吐 tántǔ
弹劾 tánhé
谭 Tán
潭 tán
叹气 tànqì
炭 tàn
探究 tànjiū
探寻 tànxún
探询 tànxún
堂皇 tánghuáng
搪瓷 tángcí
搪塞 tángsè
螳螂 tángláng
倘使 tǎngshǐ
淌 tǎng
烫伤 tàngshāng
绦虫 tāochóng
逃窜 táocuàn
逃难 táonàn
桃李 táolǐ
陶瓷 táocí
淘气 táoqì
特赦 tèshè
疼爱 téng´ài
腾飞 téngfēi
滕 Téng
藤萝 téngluó
剔除 tīchú
梯 tī
提纯 tíchún
提琴 tíqín
提携 tíxié
啼哭 tíkū
啼笑皆非 tíxiào-jiēfēi
蹄 tí
体魄 tǐpò
体形 tǐxíng
体型 tǐxíng
体液 tǐyè
体育馆 tǐyùguǎn
剃 tì
天赋 tiānfù
天花板 tiānhuābǎn
天经地义 tiānjīng-dìyì
天幕 tiānmù
天涯 tiānyá
天职 tiānzhí
天资 tiānzī
添置 tiānzhì
田赋 tiánfù

田埂 tiángěng
田亩 tiánmǔ
恬静 tiánjìng
填空 tiánkòng
填塞 tiánsè
舔 tiǎn
挑剔 tiāotī
条理 tiáolǐ
调剂 tiáojì
调皮 tiáopí
挑拨 tiǎobō
挑衅 tiǎoxìn
眺望 tiàowàng
贴近 tiējìn
贴切 tiēqiè
帖 tiě
铁轨 tiěguǐ
铁蹄 tiětí
铁锨 tiěxiān
帖 tiè
听筒 tīngtǒng
廷 tíng
亭 tíng
庭审 tíngshěn
停泊 tíngbó
停歇 tíngxiē
停滞 tíngzhì
挺拔 tǐngbá
艇 tǐng
通宵 tōngxiāo
同龄 tónglíng
同性 tóngxìng
同姓 tóngxìng
佟 Tóng
铜臭 tóngxiù
瞳孔 tóngkǒng
统筹 tǒngchóu
统帅 tǒngshuài
统率 tǒngshuài
统辖 tǒngxiá
统制 tǒngzhì
捅 tǒng
偷懒 tōulǎn
偷窃 tōuqiè

偷袭 tōuxí
头盔 tóukuī
头颅 tóulú
头衔 tóuxián
投奔 tóubèn
投掷 tóuzhì
透彻 tòuchè
秃顶 tūdǐng
突围 tūwéi
图腾 túténg
徒步 túbù
徒刑 túxíng
途 tú
涂抹 túmǒ
屠宰 túzǎi
土著 tǔzhù
吐露 tǔlù
吐血 tùxiě
湍急 tuānjí
团聚 tuánjù
推崇 tuīchóng
推卸 tuīxiè
颓废 tuífèi
颓然 tuírán
颓丧 tuísàng
退却 tuìquè
蜕变 tuìbiàn
蜕化 tuìhuà
蜕皮 tuìpí
褪 tuì
吞并 tūnbìng
吞没 tūnmò
吞噬 tūnshì
吞吐 tūntǔ
吞咽 tūnyàn
屯 tún
囤积 túnjī
臀 tún
拖累 tuōlěi
拖延 tuōyán
驮 tuó
陀螺 tuóluó
驼背 tuóbèi
妥善 tuǒshàn

椭圆 tuǒyuán
拓 tuò
唾液 tuòyè
挖潜 wāqián
洼地 wādì
蛙 wā
瓦解 wǎjiě
瓦砾 wǎlì
袜 wà
外露 wàilù
外婆 wàipó
外延 wàiyán
外债 wàizhài
弯路 wānlù
剜 wān
湾 wān
丸 wán
完结 wánjié
玩弄 wánnòng
玩耍 wánshuǎ
顽固 wángù
宛如 wǎnrú
挽救 wǎnjiù
惋惜 wǎnxī
婉转 wǎnzhuǎn
皖 Wǎn
万恶 wàn ′ è
万紫千红 wànzǐ-qiānhóng
腕 wàn
蔓 wàn
汪洋 wāngyáng
亡灵 wánglíng
王冠 wángguān
网罗 wǎngluó
枉 wǎng
往昔 wǎngxī
妄图 wàngtú
忘恩负义 wàng ′ ēn-fùyì
忘怀 wànghuái
旺季 wàngjì
危及 wēijí
危急 wēijí

危难 wēinàn
威吓 wēihè
微妙 wēimiào
巍峨 wēi ′ é
韦 wéi
为害 wéihài
违章 wéizhāng
围困 wéikùn
桅杆 wéigān
帷幕 wéimù
惟恐 wéikǒng
唯一 wéiyī
唯有 wéiyǒu
唯系 wéixì
伪造 wěizào
苇 wěi
尾随 wěisuí
纬线 wěixiàn
委婉 wěiwǎn
萎缩 wěisuō
未尝 wèicháng
未遂 wèisuì
味觉 wèijué
畏惧 wèijù
畏缩 wèisuō
胃液 wèiyè
蔚蓝 wèilán
慰藉 wèijiè
温馨 wēnxīn
瘟疫 wēnyì
文凭 wénpíng
文娱 wényú
纹饰 wénshì
闻名 wénmíng
蚊帐 wénzhàng
吻合 wěnhé
紊乱 wěnluàn
稳妥 wěntuǒ
翁 wēng
瓮 wèng
涡流 wōliú
窝头 wōtóu
蜗牛 wōniú
卧床 wòchuáng

乌鸦 wūyā
乌贼 wūzéi
污秽 wūhuì
污蔑 wūmiè
污辱 wūrǔ
污浊 wūzhuó
巫师 wūshī
呜咽 wūyè
诬蔑 wūmiè
诬陷 wūxiàn
屋脊 wūjǐ
屋檐 wūyán
无辜 wúgū
无赖 wúlài
无聊 wúliáo
无奈 wúnài
无能 wúnéng
无暇 wúxiá
无须 wúxū
无需 wúxū
无遗 wúyí
无益 wúyì
无垠 wúyín
毋 wú
梧桐 wútóng
五行 wǔxíng
午餐 wǔcān
伍 wǔ
武艺 wǔyì
捂 wǔ
舞弊 wǔbì
舞曲 wǔqǔ
务必 wùbì
物件 wùjiàn
悟性 wùxìng
晤 wù
雾气 wùqì
夕阳 xīyáng
兮 xī
西红柿 xīhóngshì
西域 xīyù
吸食 xīshí
吸吮 xīshǔn
希冀 xījì

昔日 xīrì
析出 xīchū
唏嘘 xīxū
奚落 xīluò
悉 xī
惜 xī
稀薄 xībó
稀疏 xīshū
犀利 xīlì
溪流 xīliú
蜥蜴 xīyì
熄灯 xīdēng
膝 xī
嬉戏 xīxì
袭 xí
洗涤 xǐdí
铣 xǐ
喜讯 xǐxùn
戏谑 xìxuè
细胞核 xìbāohé
细腻 xìnì
匣 xiá
峡谷 xiágǔ
狭长 xiácháng
遐想 xiáxiǎng
辖区 xiáqū
霞 xiá
下流 xiàliú
吓人 xiàrén
夏令 xiàlìng
仙鹤 xiānhè
先驱 xiānqū
纤细 xiānxì
掀 xiān
鲜嫩 xiānnèn
闲散 xiánsǎn
闲暇 xiánxiá
贤 xián
咸菜 xiáncài
涎 xián
娴熟 xiánshú
衔接 xiánjiē
舷窗 xiánchuāng
嫌弃 xiánqì

显赫 xiǎnhè
险恶 xiǎn′ è
险峻 xiǎnjùn
现役 xiànyì
宪兵 xiànbīng
陷阱 xiànjǐng
馅儿 xiànr
霰 xiàn
乡镇 xiāngzhèn
相称 xiāngchèn
相处 xiāngchǔ
相得益彰
xiāngdé-yìzhāng
相符 xiāngfú
相间 xiāngjiàn
相宜 xiāngyí
香蕉 xiāngjiāo
厢房 xiāngfáng
湘 Xiāng
镶嵌 xiāngqiàn
详情 xiángqíng
祥 xiáng
翔 xiáng
享福 xiǎngfú
响动 xiǎngdòng
饷 xiǎng
想来 xiǎnglái
向日葵 xiàngrìkuí
项链 xiàngliàn
巷 xiàng
相片 xiàngpiàn
像样 xiàngyàng
肖 Xiāo
逍遥 xiāoyáo
消遣 xiāoqiǎn
消散 xiāosàn
消逝 xiāoshì
消瘦 xiāoshòu
消长 xiāozhǎng
萧条 xiāotiáo
硝烟 xiāoyān
销路 xiāolù
箫 xiāo
潇洒 xiāosǎ

嚣张 xiāozhāng
小丑 xiǎochǒu
小贩 xiǎofàn
小节 xiǎojié
小结 xiǎojié
小夜曲 xiǎoyèqǔ
晓 xiǎo
孝敬 xiàojìng
肖像 xiàoxiàng
校舍 xiàoshè
哮喘 xiàochuǎn
效验 xiàoyàn
啸 xiào
楔 xiē
歇脚 xiējiǎo
协奏曲 xiézòuqǔ
邪恶 xié ′ è
胁迫 xiépò
挟 xié
偕 xié
谐调 xiétiáo
携手 xiéshǒu
写照 xiězhào
泄漏 xièlòu
泄露 xièlòu
泻 xiè
卸 xiè
械斗 xièdòu
亵渎 xièdú
谢绝 xièjué
心不在焉 xīnbùzàiyān
心得 xīndé
心悸 xīnjì
心坎 xīnkǎn
心旷神怡
xīnkuàng-shényí
心律 xīnlǜ
心率 xīnlǜ
心疼 xīnténg
心弦 xīnxián
芯 xīn
辛辣 xīnlà
欣慰 xīnwèi
新月 xīnyuè

薪金 xīnjīn	绣花 xiùhuā	血泪 xuèlèi	腌 yān
信风 xìnfēng	锈 xiù	血脉 xuèmài	湮没 yānmò
信封 xìnfēng	嗅觉 xiùjué	血泊 xuèpō	燕 Yān
信奉 xìnfèng	戌 xū	血气 xuèqì	延缓 yánhuǎn
信函 xìnhán	须要 xūyào	血亲 xuèqīn	严惩 yánchéng
信赖 xìnlài	须臾 xūyú	血清 xuèqīng	严禁 yánjìn
兴衰 xīngshuāi	虚妄 xūwàng	血肉 xuèròu	言传 yánchuán
星辰 xīngchén	虚伪 xūwěi	血色 xuèsè	阎 Yán
星座 xīngzuò	嘘 xū	血糖 xuètáng	岩层 yáncéng
腥 xīng	许诺 xǔnuò	血统 xuètǒng	岩浆 yánjiāng
刑侦 xíngzhēn	旭日 xùrì	血腥 xuèxīng	炎症 yánzhèng
邢 xíng	序幕 xùmù	血型 xuèxíng	沿途 yántú
行进 xíngjìn	叙事 xùshì	血压 xuèyā	研读 yándú
行径 xíngjìng	畜牧 xùmù	血缘 xuèyuán	盐分 yánfèn
行销 xíngxiāo	绪 xù	勋章 xūnzhāng	筵席 yánxí
醒悟 xǐngwù	续 xù	熏陶 xūntáo	颜面 yánmiàn
兴高采烈	絮 xù	熏 xūn	檐 yán
xìnggāo-cǎiliè	蓄电池 xùdiànchí	循 xún	俨然 yǎnrán
兴致 xìngzhì	蓄积 xùjī	旬 xún	衍 yǎn
杏儿 xìngr	宣泄 xuānxiè	寻觅 xúnmì	掩蔽 yǎnbì
杏仁 xìngrén	喧哗 xuānhuá	巡逻 xúnluó	掩映 yǎnyìng
幸而 xìng′ér	喧嚷 xuānrǎng	训斥 xùnchì	眼睑 yǎnjiǎn
幸运 xìngyùn	喧嚣 xuānxiāo	讯号 xùnhào	眼眶 yǎnkuàng
姓氏 xìngshì	玄 xuán	汛期 xùnqī	眼帘 yǎnlián
凶狠 xiōnghěn	悬殊 xuánshū	迅猛 xùnměng	眼圈 yǎnquān
匈奴 xiōngnú	悬崖 xuányá	驯服 xùnfú	演示 yǎnshì
汹涌 xiōngyǒng	旋即 xuánjí	驯化 xùnhuà	厌倦 yànjuàn
胸襟 xiōngjīn	选票 xuǎnpiào	驯鹿 xùnlù	砚 yàn
胸膛 xiōngtáng	癣 xuǎn	驯养 xùnyǎng	艳丽 yànlì
胸有成竹	炫耀 xuànyào	逊色 xùnsè	宴席 yànxí
xiōngyǒuchéngzhú	绚丽 xuànlì	压榨 yāzhà	验收 yànshōu
雄浑 xiónghún	眩晕 xuànyūn	押韵 yāyùn	谚语 yànyǔ
雄蕊 xióngruǐ	旋风 xuànfēng	牙龈 yáyín	堰 yàn
熊猫 xióngmāo	渲染 xuànrǎn	蚜虫 yáchóng	雁 yàn
休假 xiūjià	削价 xuējià	崖 yá	焰 yàn
修长 xiūcháng	削减 xuējiǎn	哑 yǎ	燕麦 yànmài
修缮 xiūshàn	靴 xuē	雅致 yǎzhì	秧苗 yāngmiáo
羞愧 xiūkuì	薛 xuē	轧 yà	扬弃 yángqì
羞怯 xiūqiè	穴位 xuéwèi	亚热带 yàrèdài	羊羔 yánggāo
羞辱 xiūrǔ	雪茄 xuějiā	咽喉 yānhóu	杨柳 yángliǔ
羞涩 xiūsè	血汗 xuèhàn	殷红 yānhóng	佯 yáng
朽 xiǔ	血红 xuèhóng	烟灰 yānhuī	洋葱 yángcōng
秀美 xiùměi	血迹 xuèjì	焉 yān	洋溢 yángyì
袖珍 xiùzhēn	血浆 xuèjiāng	淹没 yānmò	仰慕 yǎngmù

养育 yǎngyù
痒 yǎng
漾 yàng
夭折 yāozhé
妖 yāo
要挟 yāoxié
邀 yāo
尧 Yáo
姚 Yáo
窑洞 yáodòng
谣言 yáoyán
摇曳 yáoyè
徭役 yáoyì
遥控 yáokòng
瑶 yáo
舀 yǎo
窈窕 yǎotiǎo
药剂 yàojì
要好 yàohǎo
耀眼 yàoyǎn
掖 yē
噎 yē
冶 yě
野性 yěxìng
业绩 yèjì
业已 yèyǐ
叶绿素 yèlǜsù
叶脉 yèmài
曳 yè
夜市 yèshì
掖 yè
液化 yèhuà
液晶 yèjīng
腋 yè
一筹莫展 yīchóu-mòzhǎn
一帆风顺 yīfān-fēngshùn
一瞥 yīpiē
一瞬 yīshùn
伊 yī
衣襟 yījīn
衣着 yīzhuó
依偎 yīwēi

仪表 yíbiǎo
夷 yí
宜人 yírén
贻误 yíwù
胰岛素 yídǎosù
胰腺 yíxiàn
遗存 yícún
遗漏 yílòu
疑虑 yílǜ
疑难 yínán
已然 yǐrán
倚靠 yǐkào
忆 yì
议决 yìjué
屹立 yìlì
异己 yìjǐ
抑或 yìhuò
抑扬顿挫 yìyáng-dùncuò
抑郁 yìyù
邑 yì
役使 yìshǐ
译本 yìběn
驿站 yìzhàn
疫苗 yìmiáo
益虫 yìchóng
逸 yì
翌日 yìrì
意愿 yìyuàn
意蕴 yìyùn
意旨 yìzhǐ
溢 yì
毅力 yìlì
熠熠 yìyì
臆造 yìzào
因袭 yīnxí
阴间 yīnjiān
阴霾 yīnmái
阴森 yīnsēn
阴郁 yīnyù
音译 yīnyì
音韵 yīnyùn
姻缘 yīnyuán
殷切 yīnqiè

吟 yín
银杏 yínxìng
淫秽 yínhuì
寅 yín
尹 yǐn
引擎 yǐnqíng
引申 yǐnshēn
引诱 yǐnyòu
隐瞒 yǐnmán
隐秘 yǐnmì
隐没 yǐnmò
瘾 yǐn
印发 yìnfā
印花 yìnhuā
印染 yìnrǎn
荫庇 yìnbì
应届 yīngjiè
应允 yīngyǔn
英镑 yīngbàng
英俊 yīngjùn
婴 yīng
樱花 yīnghuā
鹦鹉 yīngwǔ
膺 yīng
迎风 yíngfēng
迎头 yíngtóu
荧屏 yíngpíng
盈亏 yíngkuī
萤 yíng
营垒 yínglěi
萦绕 yíngrào
蝇 yíng
赢利 yínglì
影像 yǐngxiàng
应变 yìngbiàn
应对 yìngduì
应急 yìngjí
应考 yìngkǎo
应邀 yìngyāo
应战 yìngzhàn
应征 yìngzhēng
映照 yìngzhào
硬性 yìngxìng
拥戴 yōngdài

痈 yōng
庸俗 yōngsú
壅 yōng
臃肿 yōngzhǒng
甬道 yǒngdào
咏叹调 yǒngtàndiào
泳 yǒng
勇猛 yǒngměng
蛹 yǒng
踊跃 yǒngyuè
用场 yòngchǎng
用劲 yòngjìn
佣金 yōngjīn
优厚 yōuhòu
忧愁 yōuchóu
幽灵 yōulíng
悠闲 yōuxián
由衷 yóuzhōng
邮电 yóudiàn
邮寄 yóujì
犹疑 yóuyí
油腻 yóunì
油脂 yóuzhī
游览 yóulǎn
游乐 yóulè
游牧 yóumù
友邦 yǒubāng
有偿 yǒucháng
有的放矢 yǒudì-fàngshǐ
有形 yǒuxíng
有幸 yǒuxìng
酉 yǒu
黝黑 yǒuhēi
右倾 yòuqīng
右翼 yòuyì
幼稚 yòuzhì
佑 yòu
诱发 yòufā
诱惑 yòuhuò
诱因 yòuyīn
釉 yòu
迂回 yūhuí
淤泥 yūní

余年 yúnián
鱼鳞 yúlín
俞 yú
渔村 yúcūn
隅 yú
逾期 yúqī
逾越 yúyuè
愉悦 yúyuè
愉 yú
虞 yú
愚昧 yúmèi
与日俱增 yǔrì-jùzēng
宇航 yǔháng
羽毛球 yǔmáoqiú
雨伞 yǔsǎn
禹 Yǔ
语重心长 yǔzhòng-xīncháng
与会 yùhuì
郁闷 yùmèn
育才 yùcái
狱 yù
浴 yù
浴池 yùchí
预兆 yùzhào
欲念 yùniàn
谕 yù
遇难 yùnàn
喻 yù
愈合 yùhé
寓所 yùsuǒ
寓于 yùyú
豫 yù
御 yù
誉 yù
冤案 yuān ˊ àn
渊博 yuānbó
元宵 yuánxiāo
垣 yuán
原稿 yuángǎo
原形 yuánxíng
原型 yuánxíng
圆锥 yuánzhuī
援兵 yuánbīng

缘由 yuányóu
猿猴 yuánhóu
源头 yuántóu
远近 yuǎnjìn
苑 yuàn
怨恨 yuànhèn
乐谱 yuèpǔ
岳父 yuèfù
岳母 yuèmǔ
阅历 yuèlì
悦耳 yuè ˊ ěr
越轨 yuèguǐ
晕 yūn
云端 yúnduān
允 yǔn
陨石 yǔnshí
孕育 yùnyù
运筹 yùnchóu
运载 yùnzài
晕 yùn
酝酿 yùnniàng
韵律 yùnlǜ
蕴含 yùnhán
蕴涵 yùnhán
咂 zā
杂居 zájū
灾荒 zāihuāng
哉 zāi
栽种 zāizhòng
宰割 zǎigē
崽 zǎi
再会 zàihuì
再婚 zàihūn
在行 zàiháng
载体 zàitǐ
载重 zàizhòng
攒 zǎn
暂且 zànqiě
赞颂 zànsòng
脏腑 zàngfǔ
葬礼 zànglǐ
遭殃 zāoyāng
糟糕 zāogāo
糟粕 zāopò

凿 záo
早熟 zǎoshú
枣 zǎo
澡 zǎo
造诣 zàoyì
噪音 zàoyīn
燥 zào
躁 zào
责难 zénàn
择优 zéyōu
泽 zé
啧啧 zézé
仄 zè
增生 zēngshēng
增收 zēngshōu
憎恨 zēnghèn
憎恶 zēngwù
赠送 zèngsòng
扎根 zhāgēn
轧 zhá
闸门 zhámén
铡 zhá
眨眼 zhǎyǎn
乍 zhà
诈骗 zhàpiàn
炸药 zhàyào
榨取 zhàqǔ
蚱蜢 zhàměng
摘除 zhāichú
斋 zhāi
宅 zhái
择菜 zháicài
债券 zhàiquàn
占卜 zhānbǔ
粘连 zhānlián
毡 zhān
瞻仰 zhānyǎng
斩 zhǎn
展翅 zhǎnchì
辗转 zhǎnzhuǎn
战壕 zhànháo
战栗 zhànlì
站岗 zhàngǎng
蘸 zhàn

张贴 zhāngtiē
樟脑 zhāngnǎo
长老 zhǎnglǎo
涨潮 zhǎngcháo
掌舵 zhǎngduò
障 zhàng
丈量 zhàngliáng
杖 zhàng
账房 zhàngfáng
招徕 zhāolái
招募 zhāomù
招聘 zhāopìn
昭 zhāo
着火 zháohuǒ
着迷 zháomí
爪 zhǎo
爪牙 zhǎoyá
沼气 zhǎoqì
沼泽 zhǎozé
召 zhào
召唤 zhàohuàn
召见 zhàojiàn
兆 zhào
诏书 zhàoshū
照看 zhàokàn
罩 zhào
肇事 zhàoshì
遮蔽 zhēbì
遮挡 zhēdǎng
遮掩 zhēyǎn
折叠 zhédié
折扣 zhékòu
哲理 zhélǐ
辙 zhé
褶皱 zhězhòu
浙 Zhè
蔗糖 zhètáng
贞操 zhēncāo
针头 zhēntóu
侦探 zhēntàn
真菌 zhēnjūn
真挚 zhēnzhì
砧 zhēn
斟酌 zhēnzhuó

臻 zhēn
诊所 zhěnsuǒ
枕 zhěn
阵容 zhènróng
振作 zhènzuò
朕 zhèn
震颤 zhènchàn
震耳欲聋
zhèn′ěr-yùlóng
震撼 zhènhàn
镇定 zhèndìng
正月 zhēngyuè
争鸣 zhēngmíng
争执 zhēngzhí
征询 zhēngxún
征兆 zhēngzhào
症结 zhēngjié
蒸馏水 zhēngliúshuǐ
拯救 zhěngjiù
整洁 zhěngjié
正轨 zhèngguǐ
正派 zhèngpài
正中 zhèngzhōng
正宗 zhèngzōng
证券 zhèngquàn
郑重 zhèngzhòng
政局 zhèngjú
支柱 zhīzhù
只身 zhīshēn
汁液 zhīyè
知己 zhījǐ
知了 zhīliǎo
知晓 zhīxiǎo
肢体 zhītǐ
织物 zhīwù
脂粉 zhīfěn
执拗 zhíniù
执着 zhízhuó
直率 zhíshuài
侄 zhí
值勤 zhíqín
职称 zhíchēng
植被 zhíbèi
旨意 zhǐyì

址 zhǐ
纸浆 zhǐjiāng
纸烟 zhǐyān
指控 zhǐkòng
指南针 zhǐnánzhēn
指摘 zhǐzhāi
趾 zhǐ
志愿军 zhìyuànjūn
帜 zhì
制裁 zhìcái
质地 zhìdì
质朴 zhìpǔ
炙 zhì
致敬 zhìjìng
桎梏 zhìgù
掷 zhì
窒息 zhìxī
滞销 zhìxiāo
稚嫩 zhìnèn
稚气 zhìqì
中间人 zhōngjiānrén
中介 zhōngjiè
中药 zhōngyào
中庸 zhōngyōng
中转 zhōngzhuǎn
忠厚 zhōnghòu
终结 zhōngjié
终了 zhōngliǎo
盅 zhōng
衷心 zhōngxīn
肿胀 zhǒngzhàng
种姓 zhǒngxìng
冢 zhǒng
中风 zhòngfēng
中肯 zhòngkěn
中意 zhòngyì
仲裁 zhòngcái
重担 zhòngdàn
舟 zhōu
洲 zhōu
周而复始
zhōu′ ér fùshǐ
周末 zhōumò
周旋 zhōuxuán

周延 zhōuyán
周折 zhōuzhé
粥 zhōu
轴线 zhóuxiàn
肘 zhǒu
咒骂 zhòumà
昼 zhòu
皱纹 zhòuwén
骤然 zhòurán
诛 zhū
珠宝 zhūbǎo
株连 zhūlián
诸侯 zhūhóu
诸如此类 zhūrú-cǐlèi
诸位 zhūwèi
蛛网 zhūwǎng
竹竿 zhúgān
竹笋 zhúsǔn
烛 zhú
主干 zhǔgàn
主角 zhǔjué
主人翁 zhǔrénwēng
主宰 zhǔzǎi
主旨 zhǔzhǐ
拄 zhǔ
嘱托 zhǔtuō
伫立 zhùlì
住宿 zhùsù
贮备 zhùbèi
注册 zhùcè
注射器 zhùshèqì
注释 zhùshì
注销 zhùxiāo
驻防 zhùfáng
驻扎 zhùzhā
祝福 zhùfú
著称 zhùchēng
蛀 zhù
铸造 zhùzào
抓获 zhuāhuò
爪 zhuǎ
拽 zhuài
专横 zhuānhèng
专注 zhuānzhù

专著 zhuānzhù
砖头 zhuāntóu
转嫁 zhuǎnjià
转瞬 zhuǎnshùn
转折 zhuǎnzhé
传记 zhuànjì
转速 zhuànsù
转轴 zhuànzhóu
撰写 zhuànxiě
篆刻 zhuànkè
妆 zhuāng
庄重 zhuāngzhòng
装潢 zhuānghuáng
装束 zhuāngshù
装卸 zhuāngxiè
装载 zhuāngzài
壮举 zhuàngjǔ
撞击 zhuàngjī
追捕 zhuībǔ
追悼 zhuīdào
追溯 zhuīsù
追踪 zhuīzōng
椎 zhuī
锥 zhuī
坠落 zhuìluò
缀 zhuì
赘述 zhuìshù
准绳 zhǔnshéng
准许 zhǔnxǔ
拙 zhuō
捉拿 zhuōná
灼热 zhuórè
茁壮 zhuózhuàng
卓著 zhuózhù
浊 zhuó
酌 zhuó
啄 zhuó
着力 zhuólì
着陆 zhuólù
着落 zhuóluò
着实 zhuóshí
着想 zháoxiǎng
着眼 zhuóyǎn
着意 zhuóyì

姿 zī	宗室 zōngshì	诅咒 zǔzhòu	遵照 zūnzhào
兹 zī	棕榈 zōnglǘ	阻挡 zǔdǎng	左倾 zuǒqīng
资助 zīzhù	踪影 zōngyǐng	阻隔 zǔgé	左翼 zuǒyì
滋润 zīrùn	鬃 zōng	阻挠 zǔnáo	佐 zuǒ
籽 zǐ	总称 zǒngchēng	阻塞 zǔsè	撮 zuǒ
紫外线 zǐwàixiàn	总得 zǒngděi	钻探 zuāntàn	作恶 zuò′è
自得 zìdé	纵横 zònghéng	钻石 zuànshí	作祟 zuòsuì
自给 zìjǐ	走私 zǒusī	钻头 zuàntóu	座舱 zuòcāng
自始至终 zìshǐ-zhìzhōng	奏鸣曲 zòumíngqǔ	攥 zuàn	做工 zuògōng
	揍 zòu	嘴脸 zuǐliǎn	做功 zuògōng
自以为是 zìyǐwéishì	租赁 zūlìn	罪孽 zuìniè	
自尊 zìzūn	足见 zújiàn	醉心 zuìxīn	
渍 zì	卒 zú	尊称 zūnchēng	

附录2　声母类推字表

平翘舌声母代表字类推表

z声母

匝—匝，砸。

赞—赞，攒（积～）。

澡—澡、藻，噪、燥、躁。

造—造/糙。

责—责、啧（例外：债）。

则—则/厕、测（例外：铡）。

曾—曾（姓～）、憎，增，赠/曾（～经）。

兹—兹（～定于）、滋/慈、磁。

资—资、咨、姿。

子—子、仔（～细）、籽，孜/仔（牛～）。

宗—宗、综（～合）、棕、踪，棕/淙、琮（例外：祟）。

卒—卒、（小～）/醉。

祖—祖、诅、阻、组，租/粗。

尊—尊、遵。

c声母

擦—擦、嚓（象声词）/蔡（例外：察）。

才—才、材、财。

采—采、彩、睬、踩，菜。

曹—曹、漕、槽/糟、遭。

参—参（～观），惨/参（～差）（例外：参［人～］，渗）。

仓—仓、伧（～俗）、沧、苍、舱（例外：疮、创［～伤］，创［～造］/伧［寒～］）。

从—从（～容）、丛。

此—此，龇（例外/柴）。

卒—卒（仓～）、猝/萃、翠、粹、啐、瘁。

s声母

散—散（～漫），馓，散（～会）/撒（～手），撒（～种）。

桑—桑，搡、嗓。

司—司，伺（～敌）、饲、嗣/词、祠，伺（～候）。

思—思/腮、鳃。

斯—斯、厮、撕、嘶。

四—四、泗、驷。

松—松、忪（惺～），颂（例外：忪［怔～］）。

叟—叟，嫂，搜、嗖、馊（例外：瘦）。

素—素、愫、嗉。

遂—遂（半身不～），遂（～心）、隧。

孙—孙、荪、狲(猢~)。
唆—唆、梭/酸。
锁—锁、唢(~呐)、琐。

zh 声母

占—占、站,沾、毡、粘(~贴标语)/砧(例外:钻[~研],钻[~石])。
章—章、漳、彰、樟、蟑,障、嶂。
长—长(生~、班~)、涨(~潮),张,胀、帐、涨(豆子泡~了)/长(~短、特~)。
丈—丈、仗、杖。
召—召(号~)、诏、照,招、昭、沼、韶,召(姓)、邵、绍。
折—折(~跟头)、蜇(被蝎子~),折(~磨)、哲、蜇(海~),浙/折(棍子~了)/誓。
者—者,赭、锗/诸、猪,煮、著、箸/储。
贞—贞、侦、祯、帧。
珍—珍,诊、疹/趁。
真—真,缜,镇/慎。
正—正(~月)、怔、征、症(~结),整,正(方~)、证、政、症(~候)/惩。
争—争、挣(~扎)、峥、睁、筝,诤、挣(~脱)。
支—支、枝、肢/翅。
只—只(两~手、~身)、织,职,只(~有),帜/识(~别),炽。
知—知、蜘,智/痴。
执—执,势,挚/蛰。
直—直、值、殖,置。
止—止、址、趾/耻。
至—至、致、窒,侄/室。
志—志、痣。
中—中(~央)、忠、钟、盅、衷,种(~子)、肿,中(打~、~暑)、种(~植)、仲/冲(锋),冲(~劲儿)。
朱—朱、诛、珠、株、蛛/姝、殊。
主—主,拄,住、注、柱、驻、蛀。
专—专、砖,转(~身、~达),转(~动)、传(~记)/传(宣~)。
啄—啄、诼、琢、涿。

ch 声母

叉—叉(鱼~)、杈,叉(~住)、衩(衣~)/钗。
谗—谗、馋,搀。
产—产、铲。
昌—昌、猖,倡、唱。
场—场(~院),肠,场(会~),畅。
抄—抄、吵(~~)、钞,吵(~架)、炒。
朝—朝(~前、~鲜)、潮、嘲/朝(~气)。
辰—辰、晨/唇/振、赈、震。
成—成、诚、城、盛(~东西)/盛(茂~,姓~)。
呈—呈、程,逞。
池—池、弛、驰。
斥—斥/拆(~信)/坼。
筹—筹、俦、畴、踌(~躇)。

绸—绸、惆(～怅)、稠。

出—出,础,黜/拙,茁。

除—除、滁、蜍。

厨—厨、橱。

喘—喘/揣(～在怀里),揣(～测)。

垂—垂、陲、捶、锤。

春—春、椿,蠢。

啜—啜、辍。

sh 声母

山—山、舢,讪、汕。

珊—珊、删、跚(蹒～)/栅(～栏)(例外:册)。

扇—扇(～动)、煽,扇(～子、两～窗)。

善—善、膳。

尚—尚、绱,赏,裳(衣～)/徜(～徉)

捎—捎、梢、稍(～微)、艄,哨、稍(～息)。

少—少(～数),少(～年)/沙(～土)、纱、砂、莎、裟、鲨(例外:娑)。

舍—舍(～己求人),舍(宿～)/啥。

申—申、伸、呻、绅,神,审、婶。

生—生、牲、笙,胜(～利)。

师—师、狮/筛(例外:蛳)。

诗—诗,时,侍、恃(例外:寺)。

市—市、柿。

式—式、试、拭、轼。

受—受、授、绶。

抒—抒、纾、舒。

叔—叔、淑、菽。

孰—孰、塾、熟(熟又音)。

署—署、薯、曙、暑。

刷—刷,刷(～白)/涮。

率—率(～领)、蟀,摔。

鼻边音声母代表字类推表

n 声母

那—那,哪/挪、娜。

乃—乃、奶、氖。

奈—奈、捺。

南—南、喃、楠,蝻(～子)(例外:罱[～泥])。

脑—脑、恼、瑙。

内—内/讷/呐、纳。

尼—尼、泥、呢(～绒),伲、泥(拘～)。

倪—倪、霓。

念—念,捻。

捏—捏,涅。

聂—聂、蹑、颞、镊。
宁—宁、拧、咛、狞、柠，宁（～可）、泞。
纽—纽、扭、忸，妞。
农—农、浓、脓、侬。
奴—奴、孥、驽，努，弩，怒。
诺—诺、喏/匿。
懦—懦、糯。
虐—虐、疟。

l 声母

剌—刺、辣，喇/赖、癞、籁。
腊—腊、蜡/猎。
兰—兰、拦、栏，烂。
蓝—蓝、篮、滥。
览—览、揽、缆、榄（橄～）。
老—老、佬、姥。
劳—劳、痨、崂、唠（～叨），捞，涝，唠（～～）。
乐—乐/砾。
垒—垒。
累—累/骡、螺，裸，漯、摞。
雷—雷、擂、镭，蕾。
离—离、漓、篱、璃（玻～）。
里—里、理、鲤，厘、狸/量。
力—力、荔/劣/肋/勒。
历—历、沥、坜、呖、枥。
立—立、粒、笠/拉、垃、啦。
厉—厉、励、蛎、疠。
利—利、俐、痢、莉，梨、犁、蜊，蜊（蛤～）。
连—连、莲、涟、鲢，琏，链。
廉—廉、濂、镰。
脸—脸、敛、裣，殓、潋。
炼—练、炼。
恋—恋/娈、孪、鸾、滦。
良—良、粮/郎、廊、狼、琅、螂（螳～），朗，浪。
凉—凉，谅、晾/掠。
梁—梁、粱。
两—两、俩（会～），辆/俩（咱～）。
鳞—鳞、嶙、磷、麟。
菱—菱、凌、陵/棱。
令—令，伶、玲、聆、零、龄，岭、领、令（一～纸）/邻/冷/怜。
龙—龙、咙、聋、笼、胧，陇、垄、拢。
隆—隆，窿（窟～）。
娄—娄、喽、楼，搂、篓/缕、屡。
流—流、琉、硫。

留—留、馏、榴、瘤,溜。
柳—柳,聊。
卢—卢、泸、颅、鲈、轳。
鲁—鲁、橹。
录—录、禄、碌/绿(～豆)、氯。
鹿—鹿、漉、麓、辘。
路—路、露、潞、璐/露(～脸)。
仑—仑、伦、沦、轮、抡,论。
罗—罗、逻、箩、锣。
洛—洛、落、络、骆/烙/酪/略。
吕—吕、侣、铝。
虑—虑、滤。

f 声母

发—发(～达),发(理～)/废。
伐—伐、阀、筏。
乏—乏/泛。
番—番、蕃、藩、翻。
凡—凡、矾、钒,帆。
反—反、返,饭、贩、畈。
方—方、芳、坊(埠～),防、妨、房,访、仿、纺、舫,放。
非—非、菲、啡、扉、霏、蜚、绯,诽、菲、斐、翡、菲(～薄),痱。
分—分、芬、吩、纷,粉,忿。
风—风、枫、疯,讽。
蜂—蜂、峰、烽、锋。
夫—夫、肤、麸,芙、扶。
孚—孚、俘,孵。
弗—弗、佛(仿～)/佛(～教)/沸、费、狒。
伏—伏、袱。
福—福、幅、辐、蝠,副、富。
甫—甫、辅、敷,傅、缚。
付—付、附、驸,符,府、俯、腑、腐,咐(吩～)。
父—父,斧、釜。
复—复、腹、馥、覆。

h 声母

禾—禾、和(他～她),和(～诗)/和(～面)。
红—红、虹、鸿。
洪—洪,哄(～动)、烘,哄(～骗)。
乎—乎、呼、滹。
忽—忽、惚、唿。
胡—胡、湖、葫、猢、瑚、糊(～涂)。
狐—狐、弧。
虎—虎、唬、琥。
户—户、沪、护。

化—化、华(姓～)、桦,花、哗(～啦)/华、哗、铧/货。

话—话/活。

坏—坏,怀。

还—还(归～)、环/还(～是)。

奂—奂、涣、换、唤、焕、痪。

荒—荒、慌,谎。

皇—皇、凰、湟、惶、徨、蝗。

黄—黄、璜、潢、磺、簧。

晃—晃(～眼)、恍、幌,晃(摇～)。

灰—灰、恢、诙。

挥—挥、辉/浑。

回—回、茴、蛔/徊。

悔—悔,诲、晦。

会—会、绘、烩。

惠—惠、蕙。

昏—昏、阍、婚。

混—混,馄。

火—火、伙。

或—或、惑。

附录3　必读轻声词表

助词和语气词：

似的　懒得　为了　除了

量词"个"：

这个

方位名词和趋向动词：

后头　里头　前头　上头　晚上　早上　乡下

叠音词：

舅舅　姥姥　婆婆　娃娃　爸爸　弟弟　姑姑　哥哥　姐姐　妈妈　妹妹　奶奶　叔叔　太太　谢谢　星星　爷爷　老太太　猩猩

称呼人的名词：

裁缝　弟兄　寡妇　闺女　和尚　伙计　家伙　老婆　老爷　特务　爱人　大夫　姑娘　护士　朋友　师傅　兄弟　先生　学生　丈夫　财主　道士　干事　姐夫　喇嘛　奴才　女婿　师父　少爷　上司　秀才　哑巴　妖精　祖宗　丈人　状元　大爷　东家　对头　废物　公公　怪物　皇上　老子　媒人　媳妇　老头子

称呼物的名词：

苍蝇　灯笼　风筝　甘蔗　高粱　狐狸　核桃　骆驼　牲口　唾沫　相声　钥匙　招牌　芝麻　点心　豆腐　萝卜　月亮　庄稼　簸箕　棒槌　扁担　刺猬　柴火　膏药　胡琴　蛤蟆　戒指　嫁妆　口袋　疟疾　铺盖　牌楼　石榴　首饰　扫帚　衙门　烟筒　胭脂　秧歌　月饼　作坊　帐篷　栅栏　胡萝卜

称呼身体器官的名词：

脊梁　眉毛　屁股　嘴巴　指甲　指头　耳朵　骨头　胳膊　脑袋　舌头　头发　尾巴　眼睛　下巴

联绵词：

疙瘩　窟窿　篱笆　喇叭　蘑菇　嘟囔　吆喝　张罗

联合结构的合成词：

动静　叫唤　衣裳　窗户　东西　关系　告诉　名字　买卖　热闹　认识　收拾　喜欢　学问　衣服　知识　拨弄　算计　挑剔　稀罕

常见的词缀和类似词缀的词尾：

多么　什么　那么　这么　怎么　你们　人们　他们　她们　它们　我们　咱们　跟头　念头　拳头　枕头　罐头　码头　馒头　木头　石头　锄头　浪头　丫头　妥当　稳当　行当　福气　运气　客气　力气　脾气　阔气　秀气　小气　帮手　铁匠　扎实　结实　老实　壮实　爽快　凉快　勤快　木匠　石匠　含糊　迷糊　模糊　娘家　婆家　亲家　折腾　部分　养活　暖和　快活　忙活　记性　白净　转悠　工夫　功夫　凑合　在乎　把子　班子　鞭子　辫子　步子　村子　绸子　尺子　窗子　带子　钉子　笛子　胆子　担子　稻子　凳子　豆子　缎子　肚子　蛾子　贩子　疯子　斧子　份子　杆子　格子　鸽子　钩子　盖子　柜子　银子　弓子　锅子　果子　棍子　鬼子　稿子　谷子　架子　夹子　尖子　口子　篮子　笼子　帘子　两口子　林子　翎子　聋子　炉子　路子　轮子　骡子　栗子　领子　面子　麻子　拍子　牌子　盆子　胖子　圈子　曲子　钳子　茄子　身子　婶子　虱子　梳子　扇子　傻子　孙子　条子　亭子　头子

蚊子 靴子 小子 袖子 燕子 鸭子 柚子 珠子 镇子 庄子 侄子 爪子 柱子 一辈子
包子 杯子 被子 本子 鼻子 脖子 虫子 刀子 肚子 儿子 房子 个子 孩子 猴子
橘子 句子 镜子 饺子 裤子 筷子 例子 帽子 脑子 瓶子 盘子 旗子 裙子 日子
沙子 狮子 勺子 绳子 嗓子 嫂子 兔子 毯子 屋子 袜子 箱子 样子 叶子 院子
椅子 影子 桌子 种子 竹子 小伙子 案子 板子 梆子 膀子 棒子 把子 饼子 豹子
车子 肠子 场子 厂子 池子 锤子 袋子 调子 单子 底子 杆子 杠子 褂子 罐子
汉子 盒子 幌子 金子 剪子 茧子 毽子 卷子 轿子 空子 扣子 框子 料子 麦子
镊子 骗子 片子 票子 皮子 痞子 狍子 棚子 褥子 塞子 哨子 柿子 桃子 梯子
台子 坛子 蹄子 摊子 挑子 位子 瞎子 席子 匣子 性子 银子 椰子 寨子 帐子
主子 锥子 粽子 不由得 不在乎

习惯读轻声的词：

巴掌 包袱 比方 别扭 称呼 打发 打量 大方 打算 耽误 地道 地方 动弹 规矩
机灵 街坊 记号 见识 明白 欺负 人家 收成 疏忽 岁数 心思 委屈 冤枉 云彩
应酬 琢磨 本事 答应 打扮 打听 队伍 对付 故事 糊涂 活泼 合同 咳嗽 困难
粮食 麻烦 马虎 便宜 漂亮 亲戚 清楚 生意 舒服 时候 事情 商量 位置 休息
消息 笑话 行李 意思 主意 招呼 补丁 差事 畜生 耷拉 打点 提防 官司 火候
厚道 架势 将就 交情 累赘 厉害 利索 利落 麻利 眯缝 苗条 名堂 难为 能耐
念叨 盘算 舒坦 拾掇 使唤 思量 吓唬 字号 眨巴 红火 精神 痢疾 连累 溜达
冒失 门道 苗头 晌午 烧饼 实在 世故 跳蚤 挖苦 自在

附录4　儿化词语表

说　明

1. 本表参照《普通话水平测试用普通话词语表》和《现代汉语词典》编制。

2. 本表仅供普通话水平测试第二项——读多音节词语（100个音节）测试使用。本表儿化音节，在书面上一律加"儿"，但并不表明所列词语在任何语用场合都必须儿化。

3. 本表共收词189条，按儿化韵母的汉语拼音顺序排列。

4. 本表列出原形韵母和所对应的儿化韵，用 > 表示条目中儿化音节的注音，只在基本形式后面加 r，如"一会儿 yīhuìr"，不标语音上的实际变化。

一

a > ar

刀把儿 dāobàr　号码儿 hàomǎr　戏法儿 xìfǎr　在哪儿 zàinǎr　找茬儿 zhǎochár
打杂儿 dǎzár　板擦儿 bǎncār

ia > iar

掉价儿 diàojiàr　一下儿 yīxiàr　豆芽儿 dòuyár

ua > uar

脑瓜儿 nǎoguār　大褂儿 dàguàr　麻花儿 máhuār　笑话儿 xiàohuar　牙刷儿 yáshuār

ao > aor

红包儿 hóngbāor　灯泡儿 dēngpàor　半道儿 bàndàor　手套儿 shǒutàor
跳高儿 tiàogāor　叫好儿 jiàohǎor　口罩儿 kǒuzhàor　绝招儿 juézhāor
口哨儿 kǒushàor　蜜枣儿 mìzǎor

iao > iaor

鱼漂儿 yúpiāor　火苗儿 huǒmiáor　跑调儿 pǎodiàor　面条儿 miàntiáor
豆角儿 dòujiǎor　开窍儿 kāiqiàor

uo > uor

火锅儿 huǒguōr　做活儿 zuòhuór　大伙儿 dàhuǒr　邮戳儿 yóuchuōr
小说儿 xiǎoshuōr　被窝儿 bèiwōr

（o）> or

耳膜儿 ěrmór　粉末儿 fěnmòr

e > er

模特儿 mótèr　逗乐儿 dòulèr　唱歌儿 chànggēr　挨个儿 āigèr　打嗝儿 dǎgér
饭盒儿 fànhér　在这儿 zàizhèr

ie > ier

半截儿 bànjiér　小鞋儿 xiǎoxiér

üe > üer

旦角儿 dànjuér　主角儿 zhǔjuér

u > ur

碎步儿 suìbùr　没谱儿 méipǔr　儿媳妇儿 érxífur　梨核儿 líhúr　泪珠儿 lèizhūr
有数儿 yǒushùr

ou > our

衣兜儿 yīdōur　老头儿 lǎotóur　年头儿 niántóur　小偷儿 xiǎotōur　门口儿 ménkǒur

纽扣儿 niǔkòur　线轴儿 xiànzhóur　小丑儿 xiǎochǒur　加油儿 jiāyóur

iou > iour

顶牛儿 dǐngniúr　抓阄儿 zhuājiūr　棉球儿 miánqiúr

二

ai > ar

名牌儿 míngpáir　鞋带儿 xiédàir　壶盖儿 húgàir　小孩儿 xiǎoháir　加塞儿 jiāsāir

ei > er

刀背儿 dāobèir　摸黑儿 mōhēir

uai > uar

一块儿 yīkuàir

uei > uer

跑腿儿 pǎotuǐr　一会儿 yīhuìr　耳垂儿 ěrchuír　墨水儿 mòshuǐr

围嘴儿 wéizuǐr　走味儿 zǒuwèir

an > ar

快板儿 kuàibǎnr　老伴儿 lǎobànr　蒜瓣儿 suànbànr　脸盘儿 liǎnpánr　脸蛋儿 liǎndànr

收摊儿 shōutānr　栅栏儿 zhàlánr　包干儿 bāogānr　笔杆儿 bǐgǎnr　门槛儿 ménkǎnr

ian > iar

小辫儿 xiǎobiànr　照片儿 zhàopiānr　扇面儿 shànmiànr　差点儿 chàdiǎnr　一点儿 yīdiǎnr

雨点儿 yǔdiǎnr　聊天儿 liáotiānr　拉链儿 lāliànr　冒尖儿 màojiānr　牙签儿 yáqiānr

坎肩儿 kǎnjiānr　露馅儿 lòuxiànr　心眼儿 xīnyǎnr

uan > uar

茶馆儿 cháguǎnr　饭馆儿 fànguǎnr　火罐儿 huǒguànr　落款儿 luòkuǎnr　打转儿 dǎzhuǎnr

拐弯儿 guǎiwānr　好玩儿 hǎowánr　大腕儿 dàwànr

üan > üar

烟卷儿 yānjuǎnr　手绢儿 shǒujuànr　出圈儿 chūquānr　包圆儿 bāoyuánr

人缘儿 rényuánr　绕远儿 ràoyuǎnr　杂院儿 záyuànr

en > er

老本儿 lǎoběnr　花盆儿 huāpénr　嗓门儿 sǎngménr　把门儿 bǎménr　哥们儿 gēmenr

纳闷儿 nàmènr　后跟儿 hòugēnr　高跟儿鞋 gāogēnrxié　别针儿 biézhēnr

一阵儿 yīzhènr　走神儿 zǒushénr　大婶儿 dàshěnr　小人儿书 xiǎorénrshū

杏仁儿 xìngrénr　刀刃儿 dāorènr

uen > uer

打盹儿 dǎdǔnr　胖墩儿 pàngdūnr　砂轮儿 shālúnr　冰棍儿 bīnggùnr

没准儿 méizhǔnr　开春儿 kāichūnr

三

in > i：er

有劲儿 yǒujìnr　送信儿 sòngxìnr　脚印儿 jiǎoyìnr

üen > ü：er

合群儿 héqúnr

四

i > i：er

针鼻儿 zhēnbír　垫底儿 diàndǐr　肚脐儿 dùqír　玩意儿 wányìr

ü > ü:er

毛驴儿 máolǘr　小曲儿 xiǎoqǔr　痰盂儿 tányúr

五

–i(前) > er

瓜子儿 guāzǐr　石子儿 shízǐr　没词儿 méicír　挑刺儿 tiāocìr

–i(后) > er

墨汁儿 mòzhīr　锯齿儿 jùchǐr　记事儿 jìshìr

六

ang > ar(鼻化)

药方儿 yàofāngr　赶趟儿 gǎntàngr　香肠儿 xiāngchángr　瓜瓤儿 guārángr

iang > iar(鼻化)

鼻梁儿 bíliángr　透亮儿 tòuliàngr　花样儿 huāyàngr

uang > uar(鼻化)

蛋黄儿 dànhuángr　打晃儿 dǎhuàngr　天窗儿 tiānchuāngr

eng > er(鼻化)

钢镚儿 gāngbèngr　夹缝儿 jiāfèngr　脖颈儿 bógěngr　提成儿 tíchéngr

ueng > uer(鼻化)

小瓮儿 xiǎowèngr

ong > or(鼻化)

果冻儿 guǒdòngr　门洞儿 méndòngr　胡同儿 hútòngr　抽空儿 chōukòngr

酒盅儿 jiǔzhōngr　小葱儿 xiǎocōngr

iong > ior(鼻化)

* 小熊儿 xiǎoxióngr

七

ing > i:er(鼻化)

花瓶儿 huāpíngr　打鸣儿 dǎmíngr　图钉儿 túdīngr　门铃儿 ménlíngr

眼镜儿 yǎnjìngr　蛋清儿 dànqīngr　火星儿 huǒxīngr　人影儿 rényǐngr

附录5　话题训练题目

1. 我的愿望(或理想)
2. 我的学习生活
3. 我尊敬的人
4. 我喜爱的动物(或植物)
5. 童年的记忆
6. 我喜爱的职业
7. 难忘的旅行
8. 我的朋友
9. 我喜爱的文学(或其他)艺术形式
10. 谈谈卫生与健康
11. 我的业余生活
12. 我喜欢的季节(或天气)
13. 学习普通话的体会
14. 谈谈服饰
15. 我的假日生活
16. 我的成长之路
17. 谈谈科技发展与社会生活
18. 我知道的风俗
19. 我和体育
20. 我的家乡(或所熟悉的地方)
21. 谈谈美食
22. 我喜欢的节日
23. 我所在的集体(学校、机关、公司等)
24. 谈谈社会公德(或职业道德)
25. 谈谈个人修养
26. 我喜欢的明星(或其他知名人士)
27. 我喜爱的书刊
28. 谈谈对环境保护的认识
29. 我向往的地方
30. 购物(消费)的感受

附录6　计算机辅助普通话水平测试

计算机辅助普通话水平测试(以下简称“机测”),是利用计算机作为测试工具辅助开展国家普通话的测试和管理工作,通过信息技术手段来推进普通话测试和管理手段的科学化和现代化。2007年,该系统由教育部、国家语委推出,科大讯飞公司研发。目前全国绝大部分省份均已采用“机测”。与传统的人工测试相比,该系统优化了测试手段,提高了测试管理信息化水平,体现了国家级考试的权威性、客观性、公正性,是普通话水平测试手段的根本性变革和测试发展的必然趋势。

一、测前注意事项

(一)考试证件

考生要准备好准考证和身份证(或学生证)参加测试,两证缺一不可。

(二)测试过程

1. 考生必须按考试指定时间准时到候测室集中,按到场先后顺序入座,听从考务人员安排。

2. 考务人员宣布测试程序、考场规则。

3. 准备:

(1)考生应听从考务人员指导,携带随身物品离开候测室,进备测室前,将物品放在门口“物品存放处”,仅带准考证、身份证(或学生证进入);

(2)考生进入备测室需经考务人员检查有关证件后,按考号、考试机号对号入座;

(3)考生开始阅读试卷准备测试。

4. 测试:

(1)准备时间到,在考务工作人员引导下,考生列队到考试机房参加考试;

(2)考生进入测试室按照指定考试机号就座,佩带耳麦开始准备考试;

(3)考生认真测试;

(4)测试结束,考生回到备测室门口将放在此的物品随身带走,即离开考试区域。

二、计算机辅助普通话水平测试流程

(一)佩戴耳机

1. 应试人就座后戴上耳机(麦克风应在脸颊左侧),并将麦克风置于距离嘴巴2~3厘米的位置。

2. 戴好耳机后单击“下一步”按钮。

（二）应试人登录

1. 屏幕出现登录界面后，考生填入自己的准考证号。准考证号的前几位系统会自动显示，考生只需填写最后四位数字。输入后，单击“进入”按钮登录。

2. 如果输入有误，单击“修改”按钮重新输入。

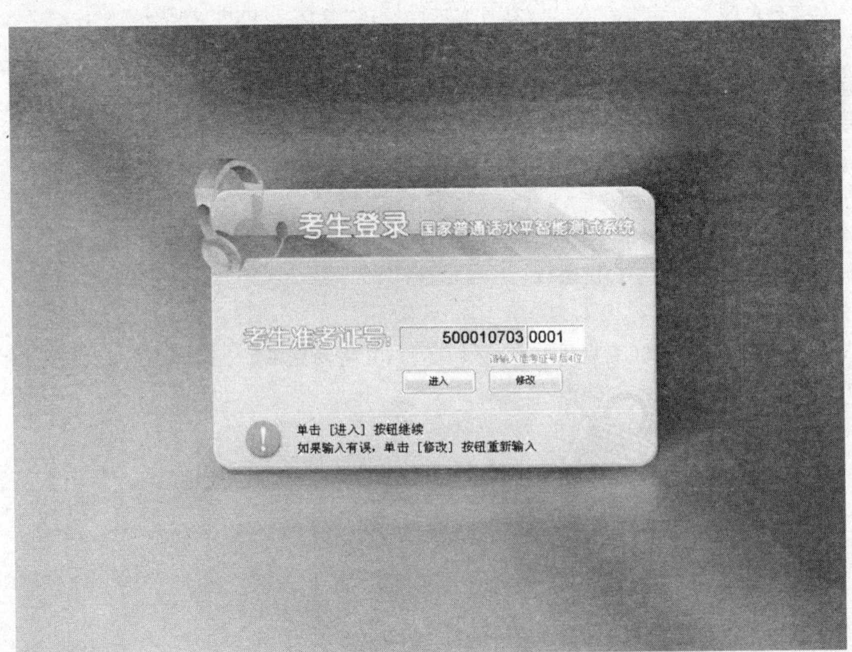

（三）核对信息

1. 考生登录成功后，考试机屏幕上会显示考生个人信息，应试人请仔细核对所显示信息是否与自己相符。

2. 核对无误后,请单击"确认"按钮继续。

3. 核对时若发现错误,请单击"返回"按钮重新登录。

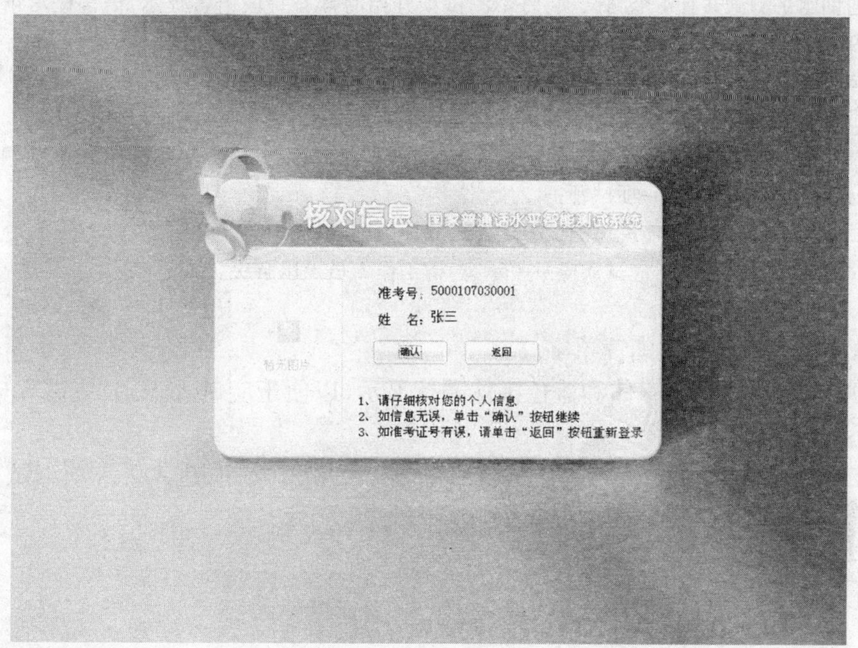

(四)应试人试音

1. 进入试音页面后,考生会听到系统的提示语,提示语结束后,请以适中的音量和语速朗读页面呈现的句子,进行试音。

2. 如试音顺利,系统会出现"试音结束"的对话框。请单击"确认"按钮,进入下一程序。

3. 若试音失败,请提高朗读音量并根据系统提示重新进行试音。

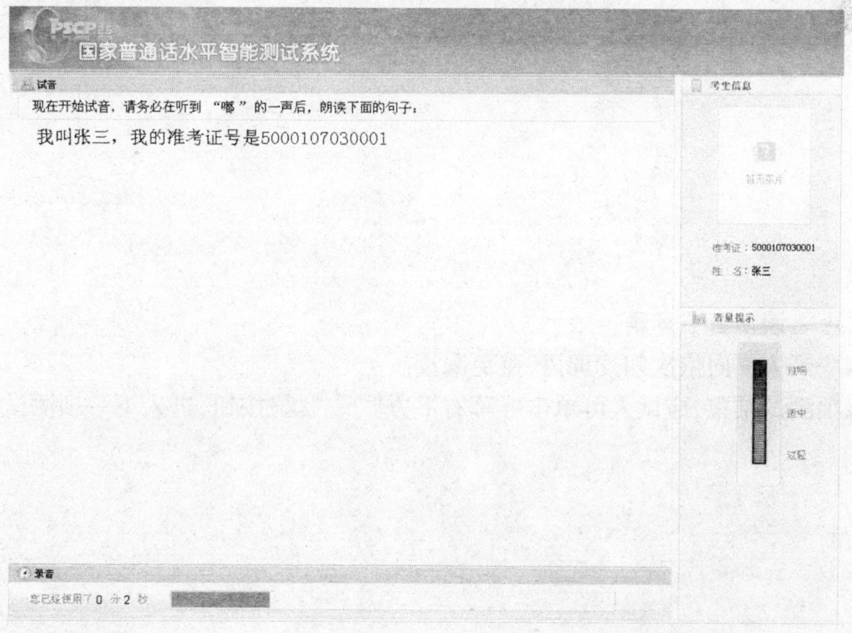

(五)开始测试

特别提示:

1. 普通话水平测试共有4个测试项,每个测试项开始时都有一段语言提示,语言提示结束会发出“嘟”的结束提示音,这时,应试人才可以开始测试;

2. 测试过程中,应试人应做到吐字清晰,语速适中,音量与试音时保持一致;

3. 测试过程中,应试人应根据屏幕下方时间提示条的提示,注意掌握时间;

4. 如某项测试结束,应试人可单击屏幕右下方“下一题”按钮,进入下一项测试,如某项测试规定的时间用完,系统会自动进入下一项试题;

5. 测试过程中,应试人不能说该测试项之外的其他内容,以免影响评分;

6. 测试过程中,如有问题,应试人应举手示意,请工作人员予以解决。

第一项　读单音节字词

1. 请应试人横向依次朗读单字。

2. 100个单字以黑色字体和蓝色字体隔行显示,以便于应试人识别,应试人应逐行朗读,避免漏字、漏行。

3. 该项测试结束,应试人可单击屏幕右下方“下一题”按钮,进入下一项测试。

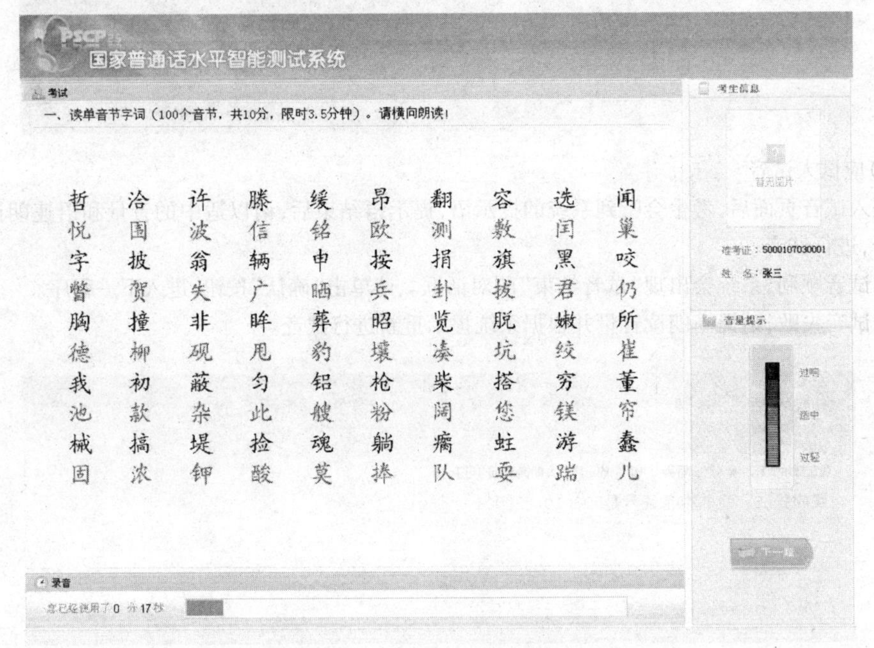

第二项　读多音节词语

1. 请应试人横向依次朗读词语,避免漏读。

2. 该项测试结束,应试人可单击屏幕右下方“下一题”按钮,进入下一项测试。

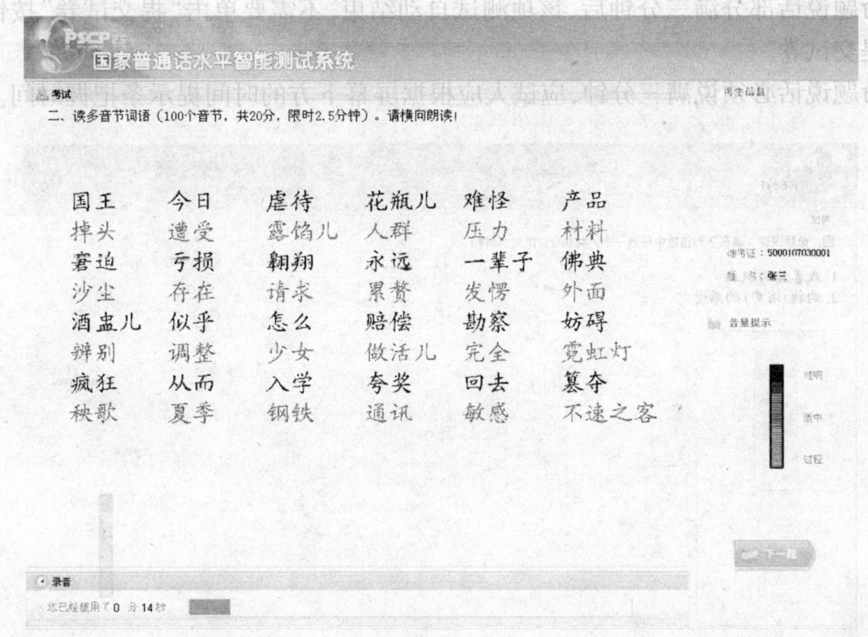

第三项　朗读短文

1. 请应试人注意语音清晰、语义连贯，防止添字、漏字、改字。

2. 该项测试结束，应试人可单击屏幕右下方“下一题”按钮，进入下一项测试。

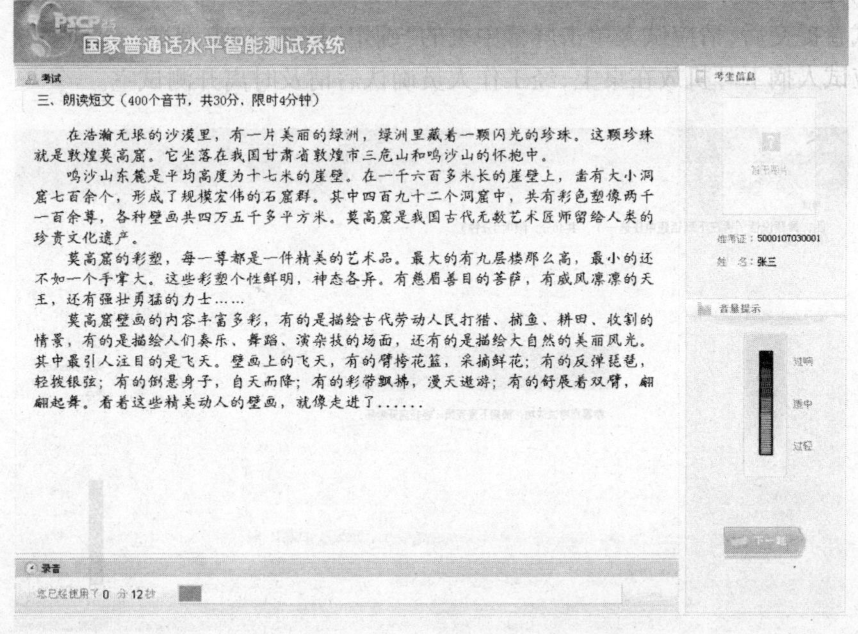

第四项　命题说话

1. 该项测试开始后，应试人应先说所选的话题。如：我说的话题是“我喜欢的节日”。应试人的说话内容不得同时包括试卷提供的两个话题。

2. 命题说话部分满三分钟后，该项测试自动结束，不需要单击“提交试卷”按钮，系统会自动提交试卷。

3. 命题说话必须说满三分钟，应试人应根据屏幕下方的时间提示条把握时间。

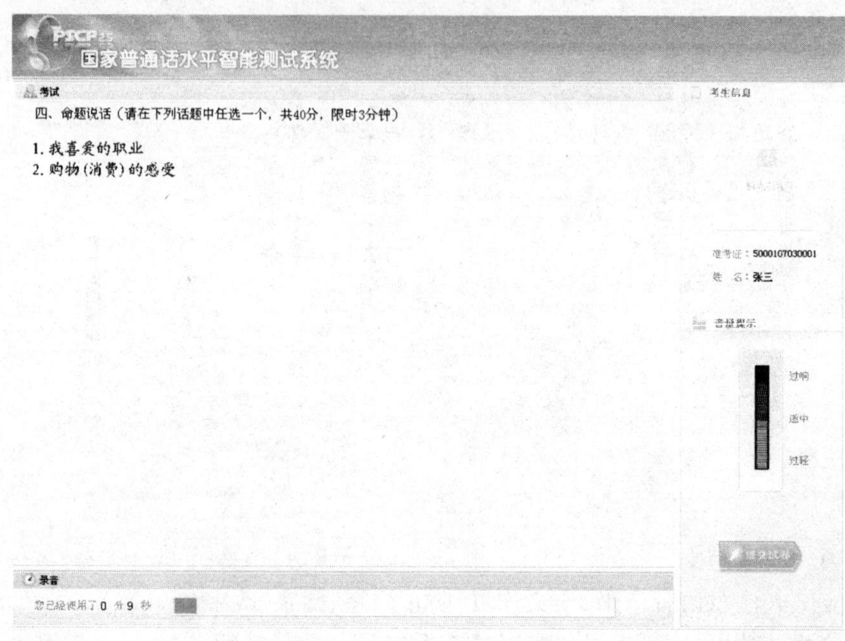

（六）结束考试

1. 试卷提交后，请应试人单击屏幕中央的“确定”按钮，结束测试。

2. 应试人摘下耳机放在桌上，经工作人员确认后请及时离开测试室。

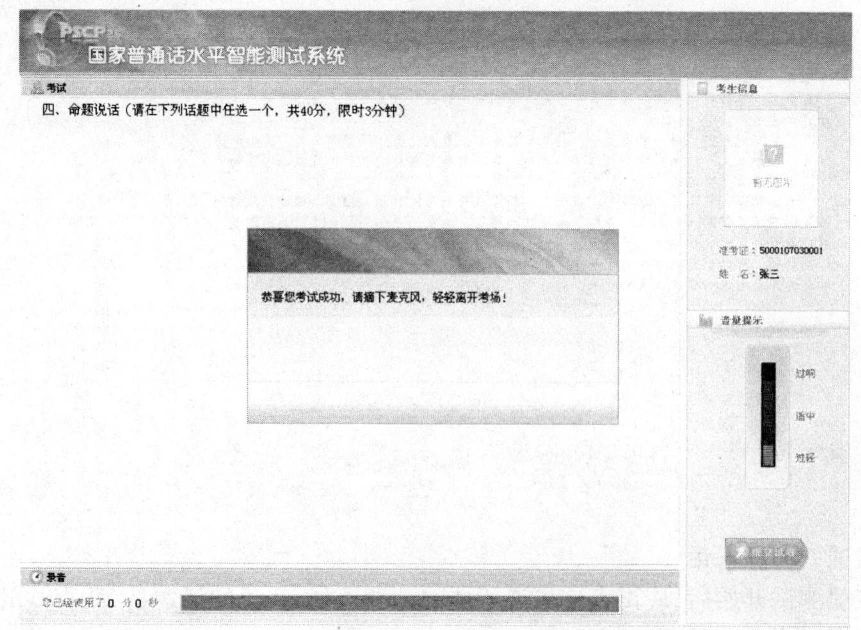

参考文献

[1] 黄伯荣,廖序东.现代汉语[M].北京:高等教育出版社,2002.
[2] 徐青.现代汉语[M].上海:华东师范大学出版社,1997.
[3] 国家语言文字工作委员会普通话培训测试中心.普通话水平测试实施纲要[M].北京:商务印书馆,2004.
[4] 湖南省普通话培训测试中心.普通话训练与测试[M].北京:高等教育出版社,2005.
[5] 付程.实用播音教程:语言表达[M].北京:中国传媒大学出版社,2002.
[6] 刘胜国,李晓峰.语声形象的塑造[M].长沙:国防科技大学出版社,2002.
[7] 吴洁敏,朱宏达.汉语节律学[M].北京:语文出版社,2001.
[8] 林焘,王理嘉.语音学教程[M].北京:北京大学出版社,1992.
[9] 张颂.中国播音学[M].北京:中国传媒大学出版社,2003.
[10] 陈晖.普通话测试与训练[M].长沙:湖南大学出版社,2012.